나주의
기억을 걷다

나주의 기억을 걷다

역사·문화·생태의 보물창고 나주 답사 안내서

초판 1쇄 발행 2022년 12월 22일
초판 2쇄 발행 2023년 9월 29일

지은이 박영희
펴낸이 김승희
펴낸곳 도서출판 살림터

기획 정광일
편집 송승호·조현주
디자인 유나의숲

인쇄·제본 (주)신화프린팅
종이 (주)명동지류

주소 서울시 양천구 목동동로 293, 2215-1호
전화 02-3141-6553
팩스 02-3141-6555

출판등록 2008년 3월 18일 제313-1990-12호
이메일 gwang80@hanmail.net
블로그 http://blog.naver.com/dkffk1020

ISBN 979-11-5930-243-5(03910)

나주의 기억을 걷다

역사·문화·생태의 보물창고 나주 답사 안내서

박영희 지음

알림터

책을 내면서 ━━━━━━━━

지나온 삶의 역사를 알아보는 것은 지금 우리가 어디에 서 있는가를 확인하기 위함이요, 앞으로 어떻게 살아가야 할지를 찾기 위함입니다.

나주는 역사·문화·생태의 보물창고입니다. 하나의 주제를 들고 찾다 보면 다가오는 역사들이 어마어마합니다. 알아갈수록 많아지고 깊어집니다. 또 알아갈수록 나주가 소중하고 사랑스럽습니다. 보물입니다. 그 애쓴 삶들에 절로 고개가 숙여지고 숙연해집니다.

이 책이 만들어지기까지 많은 일 가운데 손꼽히는 것은, 전라남도교육연수원의 남도민주평화길과 전라남도교육청 역사문화체험하자 전문적학습공동체 활동 그리고 나주학회에서의 분반 활동과 전체활동을 통해 남도 역사와 나주 역사에 대한 배움이 시작된 것입니다. 특히 2021년 역사문화체험하자 전문적학습공동체 나주팀의 작업으로 이루어진 나주답사 자료집이 토대가 되어, 전라남도교육청의 〈수업혁신, 한 권의 책이 되다〉에 응모하여 이 책이 만들어지게 되었습니다. 모두의 정성이 모여진 것입니다.

그 시작은 2019년 전라남도교육청에서 실시한 통일희망열차학교에 지도교사로 참여하면서였습니다. 거기에 더해 10·19 여순항쟁과 관련한 가족사 그리고 제가 직접 겪은 5·18 민주화운동, 1989년 전국교직원노동조합 해직 등이 역사를 깊이 들여다보게 했습니다.

이 책을 쓴 계기는 교실에서 선생님들이 학생들과 지역 알기를 이끌어가기 쉽게 하는 데 도움이 되고 싶어서였습니다. 교사란 그 지역에 올해 부임해 왔어도, 지역을 알고 학생들과 얘기해야 하기에 도움이 되는 자료가 필요했습니다. 더 나아가 저 자신이 퇴임 후 민주시민교육의 일환으로 학생과 시민들의 나주 답사를 여러분과 함께 추진하고 싶어서입니다. 하나 더 얘기하자면, 역사문화체험하자 전학공 대표로서 지역 답사자료의 모형을 만들고 싶었습니다.

자그마한 이 책이 나주를 알고자 하는 선생님, 학생, 시민들께 도움이 되기를 바라며, 전라남도교육청, 전라남도, 나주시, 나주시문화원과 여러 저자의 자료를 모아 정리하는 데 초점을 두었습니다.

나주 답사를 통해 이 지역에 살고 있는 청소년과 어른들이 나주를 알아가면서 지역에 대해 자부심을 갖고 사랑하는 마음으로 성장해가면 좋겠습니다. 그리하여 자신과 주변 사람들을 사랑하고 소중히 여기며 지역공동체와 함께 즐겁게 살아가기를 소망합니다. 긍정적인 정체성을 형성하기를 바랍니다.

이 책이 나올 수 있었던 것은 누구보다 김남철 선생님의 지원과 인도가 있었기에 가능했습니다. 선생님은 몇 년 동안 방대한 자료를 챙겨주셨고, 넓고 깊게 공부할 수 있는 나주학회에 가입을 인도하셨으며, 상황별 쪽집게 안내를 해주셨습니다.

2021년 역사문화체험하자 전문적학습공동체 자료집 작업을 함께 했던 최진연 교장선생님, 최정은 선생님, 이태영 선생님, 김현옥 수석선생님, 신선화 교감선생님이 있었기에 후속 작업을 할 수 있었습니다. 도반들이 있어서 든든합니다.

2020년부터 이루어진 3년 동안의 나주학회 활동도 큰 도움이 되었습니다. 배움이 가득한 나주학회 회원님들께 큰절 올립니다.

전남교육연수원에서 남도민주평화길을 기획하여 운영했던 정성일 연구사님과 역사문화체험하자 전문적학습공동체 선생님들과 함께하면서 남도인의 삶과 역사를 깊이 들여다보게 되었기에 나주를 좀더 이해할 수 있었습니다.

　방학 동안 지도를 그리기 위해 애쓴 사랑하는 아들 박승범에게 마음 깊이 고마움을 전하고, 글을 쓸 수 있도록 건강 관리를 해 준 오라버님 박양규 의사 선생님께 늘 사랑과 존경의 마음을 보냅니다.

　부족하나마 이 한 권의 책이 나올 수 있도록 지켜주신 전라남도교육청과, 살림터출판사 사장님과 직원 여러분 그리고 주님께 감사드립니다.

2022년 동짓달 남도에서
박영희

걸어서 나주 한 바퀴

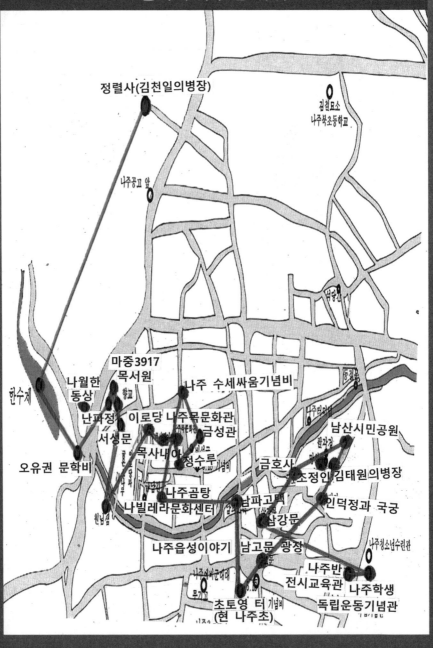

1장
걸어서 나주 시내 한 바퀴

정렬사(김천일의병장) ➜ 한수제(나월한) ➜ 오유권 문학비 ➜ 난파정 ➜

목서원과 마중3917 ➜ 나주향교 ➜ 서성문 ➜ 원님샘(장군샘, 왕건샘)

➜ 이로당과 굽은 소나무 ➜ 목사내아 ➜ 나주목문화관 ➜ 정수루

➜ 금성관 ➜ 나주 수세싸움기념비 ➜ 나주곰탕의 유래(점심) ➜ 나

빌레라문화센터 ➜ 남파고택 ➜ 호남초토영 터(현 나주초) ➜ 남고문

광장과 나주읍성 ➜ 인덕정과 국궁 ➜ 남산시민공원(김태원, 조정인 의

병장) ➜ 금호사 ➜ 나씨 삼강문 ➜ 나주학생독립운동기념관 ➜ 나주

반 전수교육관

나주는 전라도의 핵심 거점 도시였으며, 인재가 많은 곳이다. 나주 사람들은 나주를 소경(小京)이라 한다. 소경은 작은 서울이라는 말이다. 뒤에는 주산인 금성산이, 가운데는 나주 시내 전체를 바라볼 수 있는 안산인 남산이 있다. 서울에 한강이 있듯이 나주에는 영산강이 흐른다. 나주는 성벽으로 둘러쳐져 있으며, 동서남북으로 성문이 있다. 한양을 축소해 놓은 듯 동점문, 서성문(영금문), 남고문, 북망문의 사대문이 있다. 이렇게 조그마한 한양처럼 모든 게 갖추어져 있어서, 전라도 사람들은 나주를 소경이라 불렀고, 이곳이 작은 서울이라는 마음으로 이 땅을 지켜왔다.

이 코스는 역사가 집약되어 있는 나주 시내를 둘러볼 수 있는 코스다. 먼저 정렬사에 들러 임진의병인 김천일 의병장에게 배향하고, 한수제 주차장에서 답사를 시작하면 된다. 금성산 시민공원에는 중국에서 광복군으로 항일투쟁을 한 나월한 장군 동상이 있다. 한말 의병과 관련한 곳은 나주향교와 금성관, 김태원 의병장과 조정인 의병장의 기념물이 있는 남산시민공원, 학생독립운동 관련 남파고택과 나주학생독립기념관이 있다.

나주에는 우리나라 민주주의의 출발점이라 할 수 있는 동학과 관련한 곳이 많다. 동학군과 수성군의 치열한 전투가 벌어졌던 나주 서성문, 서성문에서 동학군을 물리친 정석진과 관련된 난파정, 전봉준 장군과 민종렬 목사가 담판을 지었던 목사내아, 나주 관군이 동학군과 싸워 나주성을 지킨 것을 기념하여 세운 '금성토평비'가 세워진 금성관, 나주 동학 교장 나동환과 부인의 기념비가 있는 금호사, 동학교도를 수감하고 처형했던 호남초토영 터 등이 있다.

문화와 문학과 관련한 곳은 오유권 문학비와 국궁을 할 수 있는 인덕정, 김춘식 나주반 인간문화재 전시관이 있다. 오유권 문학비는 한수제 주차장에서 한수제방을 향해 왼쪽 숲속에 있다. 눈에 잘 띄지 않지만 찬찬히 살펴보면 오유권 문학사상을 집약하여 담아냈음을 알 수 있다.

김천일 의병장과 함께 출병하는 300여 나주 의병들(사진 이우철)

우리나라 전통 무예인 국궁은 나주시민회관 입구 인덕정에서 할 수 있다. 남녀노소 누구나 할 수 있는 스포츠이므로 학교에서나 개인적으로 관심 있는 분들이 운동을 하고 있다.

나주반은 우리 조상들이 사용하던 상이다. 생활용품으로, 아주 작지만 모양새가 참 아름답다. 옹골지게 생긴 나주반을 보고 있으면 대학 시절 밥상 겸 책상으로 쓰던 상이 생각난다. 다리 연결 부위가 여러 번 빠져서 고치려 하지 않고 버렸는데, 이제는 구하려 해도 구할 수 없어 안타깝기 그지없고 더욱 소중해 보인다.

나주는 전라도의 중심지인 목사 고을인 만큼, 걸어서 나주 시내 한 바퀴 코스는 나주의 다양한 역사와 문화를 압축적으로 체험할 수 있는 최상의 하루 코스다. 출발해보자.

◆ **정렬사**(나주시 정렬사길 43)

정렬사(旌烈祠)는 임진전쟁 당시 호남 최초의 의병장 김천일을 모시는 사당이다. 1592년 임진전쟁이 발발했을 때 56세였던 김천일은 나주에 있었는데, 선조가 피난을 떠났다는 소식을 듣고 고경명, 박광옥, 정심, 최경회 등에게 글을 보내 거사할 뜻을 나타냈고, 이후 송제민, 양산룡, 양산숙, 임환, 이광주, 서정후 등이 합류했다.

"나라에 환란이 있어 임금께서 파천했는데, 나는 신하로서 새나 짐승처럼 도망하여 살기를 원해서야 되겠는가?"

이렇게 말한 김천일은 나주에서 300 의병을 모아 1592년 6월 3일 금성
관 망화루 앞에서 출정식을 하고 북진했다. 이후 계속 의병을 충원하여
천안에 이르렀을 때는 수천 명에 달했다. 그는 선조로부터 '창의사'라는
군호를 받고 경기와 한양 일대에서 일본군을 견제하는 역할을 했다.

호남 의병들은 경상도까지 진출하여 진주성 전투에서 목숨을 걸고 싸
웠지만 1593년 6월 2차 진주성 전투에서 치열한 접전 끝에 진주성이 함
락되었다. 김천일은 고종후, 최경회, 황진, 아들 김상건과 남강에 투신하
여 순절했다. 진주 지역민들은 진주성을 지킨 호남 출신 세 대장 김천일,
최경회, 황진을 '진주 삼장사'로 기억했으며, 그들을 위해 정충단이라는 제
단을 설치하고 성이 함락된 날 제사를 지냈다. '삼장사 혼이 깃든 진주의
서북~'으로 시작하는 진주 봉원초등학교 교가뿐 아니라 진주의 중학교와
고등학교 교가에도 '이 강산 비바람에 머문 촉석루, 세월도 강물인데 넋
은~'이라는 구절이 있다. 이렇게 각 학교 교가에도 삼장사 얘기를 담아 감
사한 마음과 그 정신을 이어가고자 했다.

김천일 의병장은 아들 김상건과 함께 묻혔는데, 묘소는 그를 키우고 지
원했던 외가가 있는 영산포의 양성 이씨 문중 묘소(운전면허시험장 근처) 아
래쪽에 있다.

◈ 광복군 나월환 장군 동상(경현동 806)

한수제 주차장 한편에는 광복군 나월환(1912~1942) 장군 동상이 있다.
나월환 장군은 1939년 중국 충칭에서 창설된 한국청년전지공작대 대장이
자 대한민국 임시정부 직속부대인 한국광복군 제5지대장이다. 나 장군의
빛나는 구국 정신을 기리기 위해 2005년 나주 금성산 시민공원(한수제 주
차장)에 동상을 세웠다.

나월환은 나주시 왕곡면 송죽리에서 나종성의 4남 3녀 중 막내로 태

어났다. 1922년 나주시 왕곡면 양산보통학교에 입학하여 1928년 졸업 후 일본에 유학하면서 박열을 면회하고 아나키즘 성향을 갖춘 한인 학생들과 사귀며 독립운동에 참여한다.

후에 그는 도쿄에서 열린 웅변대회에 참가했는데, 장제스의 친위대장 전대균이 '장래에 큰 인재가 될 재목'이라고 본 나월환을 설득하여 1931년 9월 상하이로 데려간다.

중국으로 건너간 나월환은 30여 명의 아나키스트들과 남화한인청년연맹에 가입하여 일제에 빌붙은 민족반역자들을 처단했다. 1934년 2월 중앙육군군관학교 졸업 후 중국 헌병 장교가 되었다. 1937년, 사업차 중국에 들렀다가 귀국길에 오른 형 나일환을 상하이 부두에서 배웅하는 그를 일본 형사가 체포하여 배로

금성산 시민공원에 세워진 광복군 나월환 장군 동상

호송한다. 나월환은 출항한 배에서 바다로 뛰어들어 탈출에 성공한 뒤 난징에 돌아와 탁월한 용기와 대담함을 인정받고, 중앙육군군관학교 교수가 되는 특별대우를 받는다.

1939년 10월, 나월환은 군관학교 출신 박기성 등과 한국청년전지공작대를 결성하고 대장에 취임하여 활발한 활동을 전개했다. 공작대원 중에는 김구의 장남 김인과 조소앙의 장남 조시제도 있었다.

1941년 1월 1일 신년 단배식이 끝난 후 나월환은 한국청년전지공작대원 200여 명을 이끌고 한국광복군에 합류한 뒤 5지대로 편성되어 지대장으로 임명된다. 당시 한국광복군은 50여 명에 불과했으므로 제5지대가 주력이었음을 알 수 있다.

광복군 제5지대는 시안에 본부를 두고 총사령부를 호위하면서 장병들을 훈련시켰다. 한편으로는 하남·화북성 등지로 나가 선전 및 첩보활동을 했다. 1941년 5월에는 시안에서 군민 위안 및 일선 장병 위문품 모집 공연을 했는데, 그는 이 대회 주임으로 '국경의 밤', '한국의 1용사', '아리랑'

등을 공연하게 하여 크게 호평을 받았다.

1942년 3월 1일, 나월환 장군은 3·1운동 기념식을 마친 뒤 제5지대 본 주에서 호종남 부대가 제공한 영화관람권을 대원들에게 나눠주다 실종 되어 시신으로 발견되었다. 조직 내 반대세력의 짓이었다. 그날은 "하늘도 땅도 동지 모두가 울었다."고 추모글에 새겨져 있다.

광복 후 김구 주석 등 임시정부 일행이 나월환 장군의 유해를 화장하 여 유골함에 넣어 국내로 들어왔으며, 여러 과정을 거쳐 2003년 대전 현 충원에 이장되었다. 1963년 건국훈장 독립장이 추서되었고, 2014년 9월 의 독립운동가로 선정되었다.

◆ 오유권 문학비(경현동 806)

한수제 주차장에서 한수제방 을 향하여 왼쪽 숲 안에 오유권 문학비가 있다. 오유권(1928~1999) 은 나주시 영산면에서 태어났다. 영산포우체국에 근무하며 김동 리, 황순원에게 소설을 사사했 다. 1955년 황순원의 추천을 받 아 『현대문학』에 「두 나그네」와

오유권 문학비

「참외」를 발표하며 문학 활동을 시작했다.

영산강을 오른편에 끼고 서쪽으로 시오리를 나가면 사막재라고 하는 조그 만 영이 있고 그 영 밑에 마을이 하나 있었다. 애송이골이라고 하는 호수 겨우 예닐곱 가호에 지나지 않는 조그만 마을 오른편에는 영산강이 철썩거 리고 뒤에는 누런 대숲이 강바람에 쏠려 쉴 새 없이 휘청거리고 있었다.

_오유권 소설 「젊은 홀어미들」에서

그는 1966년 퇴임 후 왕성한 집필 활동으로 「옹배기」, 「가을 길」, 「월광」, 「돌방구네」, 「젊은 홀어미들」, 「소문」 등 서정적인 단편소설 150여 편과 「이역의 산장」 등 여러 편의 중편소설, 장편 「방앗골혁명」, 「여기수」, 「황토의 아침」, 「송잇골의 젊은이들」, 「과수원집 딸들」, 「대륙의 주인」 등을 남겼다. 전라남도 문화상과 한국 창작문학상을 수상했다.

오유권 소설의 특징은 체험의 진실한 반영에 있다. 주로 농촌을 소재로 한국의 전통적이고 향토적인 정서를 형상화했다.

◈ 난파정(나주시 나주천1길 21)

일설에 의하면 조선시대 사서 김선(1568~1642)이 서문 밖 3리에 만든, 오락정이라고 추정되는 정자가 있었는데, 이 정자를 난파 정석진(1851~1896)이 1890년대에 난파정(蘭坡亭)으로 사용하게 되었다고 한다. 1915년 의관을 지낸 아들 정우찬이 부친을 기리기 위

월정봉이 보이는 난파정 옆 모습

해 아버지가 쓰던 정자를 재건축하고, 도로 쪽인 난파정 뒤에 아버지 영정과 유고를 모시는 사당과 비문을 세웠다. 난파정은 한말 의병 운동을 했던 정석진의 큰아들 정우찬과 손자 정덕중까지 3대에 걸친 지역 지도층의 선행과 가족사가 함께 지역 유산의 가치를 담고 있다.

정석진은 구한말 나주 향리의 호장으로, 1893년(고종 30) 큰 흉년이 들자 가산을 털어 빈민을 구제했다. 1894년 동학농민운동이 일어나 동학도들이 나주로 쳐들어오자 목사 민종렬의 천거로 수성군 도통장이 되어 여덟 달 동안 방어하면서 여섯 번이나 승전을 거두어 나주를 방어했다.

동학농민혁명이 평정된 후 송사 기우만이 수성군 도통장으로 활약한 정석진의 공을 기리는 글을 지었으며, 나주지역 유림 대표 25명은 연명

으로 포상을 청하는 장계를 올렸다. 그 결과 정석진은 농민군 진압 공로로 1896년 1월 해남군수에 임명되었다. 정석진뿐만 아니라 향리층의 많은 사람이 동학농민군을 진압한 공로로 포상을 받음으로써, 지역사회에서 지위를 강화함과 동시에 결속을 다져갔다. 기득권세력인 향리들이 수성에 적극 협력한 것이다.

1895년 8월, 명성황후 시해사건에 이어 단발령이 시행되었다. 나주에는 참사관으로 개화파 안종수가 내려와 거리에 가는 사람을 붙잡고 머리카락을 자르는 등 악행을 저질러, 정석진을 비롯한 김창균, 김석현 등 나주 향리들과 뜻있는 사람들이 모여, 장성 기우만 등과 더불어 의병을 일으켜 국모의 원수를 갚고자 했다.

정석진은 향교에서 "500년 문명의 고장으로 이처럼 위급한 때를 당하여 거의(擧義)의 일이 늦었으니, 의당 의병을 모집하여 하루빨리 적을 토벌하고 원수를 갚아야 하며, 성패를 미리 따지고 관망만 해서는 안 된다"고 했다. 그리고 해남군수에 부임하면서 의병장 이학상 등의 지도부를 만나 "급한 일이 있으면 밤중에라도 달려 오겠다."고 하며 매우 적극적인 태도를 보였다.

하지만 나주의병은 선유사로 파견된 신기선의 해산 권고와 친위대의 압박으로 2월 26일 해산했다. 그 후 의병에 가담한 유생과 향리들에 대해 가혹한 조치가 내려졌다. 1896년 3월 친위대 대장 김병욱은 정석진이 참서관 안종수 등을 처단하는 일을 주도했다고 여겼다. 해남군수 정석진을 체포하여 수레에 태워서 나주로 오자 백성들이 모두 분노하여 정석진을 구하려고 했다. 이에 정석진은 손을 저으며 이렇게 말했다.

"나는 조정에서 임명한 관리이니 진실로 마땅히 추국할 것이다. 하물며 죄가 있어도 그러한데 죄가 전혀 없는 나를 어떻게 하겠는가?"

그러나 정석진이 나주에 도착하자 김병욱은 조사 없이 그를 곧바로 사형에 처했다. 정석진은 의병이 해산한 후 가장 먼저 체포되어 효수되었다. 기우만을 비롯하여 많은 선비는 이 소식을 듣고 눈물을 닦으며 이렇게 탄식했다. "하늘이여, 결국 우리를 죽게 만드는가, 내가 장차 누구를 믿고 훗날을 도모하겠는가."

대한제국 의관이었던 아들 정우찬과 겸산 이병수 등이 정석진의 신원 복원 운동을 하여 1913년 신원이 복원되었다. 1915년 정우찬이 원래 난파정 자리에 사랑채 형태로 중건하면서, 도로 쪽인 난파정 뒤에 아버지 영정과 유고를 모시는 사당과 비문을 세웠다. 정석진의 『난파유고(蘭坡遺稿)』 서문을 기우만이 썼다.

정공은 호가 난파이고, 이름은 석진이며, 자는 태완이다. 나는 일찍이 그를 보았는데, 많은 사람 가운데 특출한 용모가 난새가 멈춰있고 고니가 우뚝 서 있는 모습 같았다. 그의 말을 들어보면 강개하고 호통하여 흐린 분위기를 밝게 하는 힘이 있었다. 그의 업적 기록을 보면 조그마한 나주 금성을 영산강 지역의 방어막으로 삼아, 육전 육승에도 낭비하는 무기가 없어, 마침내 임금의 외적에 대한 분노에 호응하여 국난을 평정하고, 사설을 물리치고 정도를 지켰으니, 옛날에 장수들을 살펴보아도 용병은 그에 미칠 수 있으나, 공적은 미칠 수 없었다.(…후략…)

다음은 정석진이 편액에 남긴 시 「난파원운(蘭坡原韻)」이다. 『난파유고 권 1』에 실려 있다.

아아, 한 떨기 의란 섬돌 둘레에 피어나니
사랑스럽고 그윽한 향기 멀리서도 청초하구나
이보 슬픈 마음 옛 의란조에 남겼으며
영균은 난초를 차고 향기로운 명성 독차지했네
지초와 향기가 같음이 난형난제 같으며
국화와 명성을 나란히 하니 어느 것이 무겁고 가벼운가
고고한 절개와 곧은 자태가 범상한 꽃을 초월하니
나의 집에 편액하여 나의 정을 기탁하네

지금은 도로로 편입되어 사랑채 형태인 난파정만 남아 있고, 여행자 플랫폼을 운영 중인 '3917마중'에서 숙박 장소로 대여하고 있어 하룻밤을 지내며 동학농민혁명과 한말 의병 활동을 상상해볼 수 있는 귀한 장소가 되었다.

2010년 정석진에게 건국훈장 애국장이 추서되었다.

◈ 목서원과 마중3917(나주시 향교길 42-16)

난파정 아래 오른쪽으로 쑥 들어가면 정원을 지나 저 안에 목서원이 있다. 나주향교 바로 옆이다. 금목서, 은목서 향기가 나는 나무가 아주 많았다 한다.

목서원은 한옥, 일식, 양식의 세 가지 건축 양식을 시대별로 보여주는 매우 독특한 건축물이다. 1939년 당시 세계적으로 유

한옥, 일식, 양식이 어우러진 목서원. 마중3917에 있다.

명한 전라남도의 유일한 건축가 박영만이 난파정과 함께 설계하고, 대목장 김영창이 시공했다.

목서원은 1939년 정석진의 손자 정덕중이 홀로 계신 어머니를 위해 지은 집이다. 나주 정씨가 짓고 금하 서상록을 거쳐 남우진이란 사람이 매입하여 현재에 이르며, 주변 주택을 개보수하여 공간을 넓히고 있다.

1939년에 지은 집을 남우진이 2017년에 매입하여 '3917 마중'이라는 이름의 카페로 새롭게 탈바꿈했으며, 정씨, 최씨, 김씨, 양씨, 박씨, 서씨, 최씨 등 일곱 집의 가옥 터 옛 건물을 복원하면서 새로운 형태로 태어나고 있다. 그 집터에 산 사람만도 100여 명에 이른다. 나주향교와 담장을 같이한 4천여 평의 넓은 공간에서 전통과 현대가 공존하는 시간여행을 할 수 있는 곳이다.

지극한 효심이 깃든 목서원은 정비를 거쳐 현재 한옥 체험과 숙박, 세미나실을 비롯해 대관 빛 전시실로 활용되고 있다. 목서원 운영 주체인 '3917 마중'은 문화가 있는 한옥체험을 할 수 있는 곳으로, 전통한옥 숙박 체험, 고택에서의 다도 피크닉, 작은 도서관 운영 등 다양한 프로그램이 있다. 나주를 상징하는 로컬 자원인 나주 배를 재료로 한 다양한 음료와 빵을 맛볼 수 있다. 지역 가치를 발견하며 공감할 수 있고, 고풍스럽고 넓은 옛 공간에서 한껏 여유와 멋을 부릴 수 있는 좋은 쉼의 공간이다.

◈ 나주향교(향교길 38)

(왼쪽) 나주향교 입구 하마비 (오른쪽) 명륜당 출입구 비석군과 충복사 유허비(사진 이우철)

　3917 마중에서 왼쪽 담장 쪽으로 고풍스러운 커다란 한옥과 노거수 은행나무가 보인다. 바로 밑이 향교다. 배움의 공간이므로 조금 자세히 살펴보자.

　나주향교에 이르면 먼저 하마비가 눈에 띈다. 모든 사람은 말에서 내려 몸과 마음을 가다듬고 공경하는 마음으로 들어오라는 의미를 담고 있다. 공자님을 모시는 대성전과 학생들이 공부하는 공간인 명륜당이 있기 때문이다. 한 번 더 마음을 가다듬게 된다.

　향교는 지방 교육기관으로, 성현에 대한 제사를 담당하는 '문묘'와 공부를 가르치는 '강학'의 기능을 하는 곳이다. 나주향교는 남평향교와 달리 위패를 모시는 대성전이 앞에 있고 강학 공간인 명륜당이 뒤에 있는 전묘

후학(前廟後學, 대성전이 앞, 명륜당이 뒤)의 배치다. 전주향교와 함평향교도 같은 구조다.

건물 배치 기준은 평지냐 경사지냐에 따라 다르다. 나주향교같이 평지에 있는 경우 제향 공간을 강학 공간의 앞쪽에 두어 제향 공간이 높은 위상을 갖게 한다. 경사지에 있는 향교는 반대로 제향 공간을 강학 공간보다 높은 터에 두어 높이 차이를 이용해 위상에 차이를 두는 것이 특색이다.[평지에 위치한 나주향교는 전묘후학, 경사지에 건축된 남평향교는 전학후묘(前學後廟, 명륜당이 앞이고 대성전이 뒤)의 배치다.] 나주향교 명륜당을 들어가려면 정문이 아니라 동재 옆으로 난 문으로 들어가야 한다. 향교든 절이든 옛 건물을 들어가려면 모두 우측통행이다. 오른쪽 문으로 들어가서 오른쪽 문으로 나온다.

명륜당 출입구 오른쪽에는 다양한 비석들이 있는데, 가장 오른쪽에 노비 김애남을 기리는 '충복사 유허비'가 있다.

조선 선조 31년(1597), 향교 노비였던 김애남이 정유전쟁으로 향교가 위태롭게 되자 죽음을 무릅쓰고 대성전의 위폐를 금성산으로 옮겼다가 왜병이 물러간 후 다시 안전하게 대성전에 모셨다. 이 사실을 알게 된 조정에서는 그를 위해 사우(제사 지내는 집)를 건립토록 했다. 현재 사우는 없어졌으나 그것을 알리는 비가 향교에 서 있으니 그 비가 '충복사 유허비'다.

나주향교는 987년(고려 성종 6) 8월 전국 12목에 향교를 설치할 때 창건되어, 조선 태조 7년인 1398년에 문묘 공간과 강학 공간을 갖추어 중수된 것으로 알려져 있다. 조선시대 관립 교육기관으로, 국가로부터 토지와 전적·노비 등을 지급받아 교관(현 교사)이 교생(현 학생)을 가르쳤다.

나주향교는 나주읍성 서문 밖에 있으며, 금성산 줄기인 장원봉(壯元峯)의 산자락이 향교를 둥글게 감싸고 있는 안온한 분위기다.

대성전은 1963년 보물로 지정되었다. 앞면 5칸, 옆면 4칸의 단층건물로, 지붕은 팔작지붕이다. 공자를 비롯한 중국의 5성, 송조 4현, 우리나라 선현 18명의 위패 즉 27명의 위패를 모신 건물이며, 나주향교 배향 공

(왼쪽) 나주향교 대성전 (오른쪽) 명륜당(사진 이우철)

간의 중심이다. 이 건물은 향교 대성전 가운데 규모가 가장 크며, 서울 문묘 대성전, 강릉향교 대성전과 함께 향교 대성전 건물의 원형으로 손꼽힌다.

나주향교는 정유전쟁으로 큰 피해를 겪었으나, 인조·현종·숙종 때 여러 차례 중수되었다. 이 시기에 대성전과 명륜당, 동재, 서재가 중수되었고, 사마재가 신축되었다. 1894년(고종 31) 과거제도 폐지와 함께 교육기관으로서의 향교의 기능이 거의 무의미해졌다.

「굽은 소나무 학교」에 있는 나주 고지도

그렇지만 나주향교는 유림이 모이는 곳으로, 한말 의병 때 기삼연의 호남창의회맹소와 나주의병인 나주의소가 연합하여 거병의 의견을 모으고 맹세하는 회맹 장소였다.

현재 나주향교는 학교 교장에 해당하는 전교(현 교장) 1명과 장의(현 임원) 여러분이 운영을 맡고 있다. 소장 전적 145종 195책 등은 지방 향토사 연구에 귀중한 자료다. 나주향교는 1985년 전라남도 유형문화재로 지정되어 보호되고 있다.

지금도 향교에서는 문화재청의 향교·서원 문화재 활용사업으로 동신대학교 굽은소나무학교센터에서 주관하는 '나주향교 굽은 소나무 학교'를 열고 있다. 지역 아이들과 청소년들이 향교의 넓은 공간에서 마음껏 뛰놀며 다양한 활동을 하는 모습에서 지역이 살아있음을 느끼게 한다. 아이들과 청소년들이 건강하게 커갈 수 있도록 지역 어른들이 함께 노력하고 있는 모습이 참 좋다. 큰 박수를 보낸다.

◈ 서성문(서내동 117)

향교를 나와서 금성관 쪽으로 50m쯤 내려오면 서성문이 보인다. 서성문은 동점문, 남고문, 북망문과 함께 나주성을 지키는 사대문의 하나다. 성문은 적들이 성으로 들어오기 어려운 구조로 되어 있고, 양옆으로는 성벽 밖으로 해자가 있다. 해자는 성벽

서성문

밖으로 깊이 파서 물을 채워 적들의 침입을 어렵게 하는 역할을 한다.

서성문 안에는 326cm 높이의 석등이 있다. 이 석등은 1093년(고려 선종 10년)에 만든 것으로, 보물 제364호로 지정되어 있다. 고려 2대 왕 혜종을 기리는 흥룡사라는 절에 있었던 석등으로 전한다. 일제강점기인 1929년 서울 경복궁으로 옮겨졌다가 88년 만인 2017년에 나주로 돌아왔다. 석등에는 "읍성의 안정과 부귀를 얻고자 불감 1좌를 세우고 삼세의 여러 부처에게 영원히 헌납하고 공양하기 위해 대안 9년 7월에 조성한다"고 기록되어 있다.

서성문은 동학농민혁명 때 서성문 전투로 유명하다. 1894년 7월 5일 나주 서성문 전투를 시작으로 11월 말까지 나주 일대에서 일곱 번에 걸친 치열한 전투가 벌어졌고, 전봉준이 나주읍성을 찾아 민종렬과 담판을 벌이기도 했다. 서성문에서는 금성산이 보이는데, 이 산길을 따라 동학군들이 파죽지세로 몰려왔다. 서성문은 동학군이 패전하여 위세가 꺾인 곳이기도 하다.

◆ 이로당과 굽은 소나무 (나주시 금남길 51, 서내동)

서성문에서 시내 쪽으로 쭉 내려오
다 오른쪽으로 방향을 틀어 걸어오다
보면, 길가에 예사롭지 않아 보이는
굽은 소나무가 몸을 내밀고 있다. 이
소나무의 뿌리가 내려앉은 곳이 바로
이로당(頤老堂)이다.

이로당은 1925년 창설된 나주노인
회의 본거지이지만, 과거에는 나주목
의 지방관원인 육방이속의 우두머리
격인 호장(戶長)과 호방(戶房)이 근무하
던 주사청이 있었다. 해방 후 나주국
악원을 두어 나주 국악의 맥을 잇기

이로당과 굽은 소나무

도 했다. 지금은 일부만 남아 노인당 건물로 사용되고 있으며, 오래된 소
나무가 역사의 향기를 전해주고 있다.

주사청은 지금보다 더 넓었지만 새 도로가 생기면서 주사청 부지가 도
로에 편입되었다. 문 옆의 굽은 소나무가 ㄴ자로 굽어 있어서 원래는 마
당 한가운데 있었을지도 모른다.

이곳에는 조선시대 나주 향리 관련 고문서들(나주향토문화유산 1호)이 있
다. 1940년 나주읍사무소 천장을 수리하는 과정에서 발견된 21점의 고문
서를 옮겨 온 것이다.

이로당은 역사적 가치가 매우 높은 이 자료들뿐 아니라 나주노인회 관
련 근현대 자료들도 보관하고 있다.

◈ 목사내아 금학헌(금성관길 13-8)

나주 목사내아 금학헌(琴鶴軒)은 조선 시대 목사가 살던 살림집으로, 상류주택의 안채와 같은 모습을 갖추고 있다. 내아의 건립 연대는 알 수 없으나 안채 상량문에 순조 25년(1825) 상량했다는 기록이 보인다. 동학농민혁명 때 전봉준 장군과 민종렬 목사의 담판 장소로 전해진다.

목사내아 금학헌

목사내아 금학헌의 벼락 맞은 팽나무 이야기

마당 오른쪽에는 벼락 맞은 팽나무가 서 있는데, 이 팽나무는 500년 넘는 세월 동안 나주를 지켜온 터줏대감이다. 1980년대, 태풍이 몰아치던 어느 날 이 팽나무는 벼락을 맞아 두 쪽으로 갈라지는 아픔을 겪었다. 나주 사람들은 팽나무를 잘 묶어 소생하기를 기원했는데, 기적처럼 팽나무가 생생하게 살아났다. 영험한 금성산 기운을 받은 명당이자 천년 동안 나주목사가 살았던 금학헌 기운이 팽나무를 살린 것이다.

사람들은 나주가 앞으로 모든 일이 잘될 징조이며, 벼락 맞고 살아난 팽나무가 행운을 가져다준다고 믿었다. 최근 금학헌에서 숙박하거나 팽나무를 안고 소원을 빌어 좋은 일이 생겨난 사람들이 늘고 있다고 한다.

금학헌의 팽나무 기운을 빌어 소원을 빌어보면 어떨까. 힘차고 영험한 금성산과 나주의 기운을 느끼게 될 것이다.

금학헌은 한식 고택으로, 이곳에서 묵을 수 있다. 비싸지 않은 가격이다. 모임 단위나 가족 단위가 함께해도 좋다.

금학헌 옆길 벼락 맞은 팽나무 옆을 지나면 옛 동헌 자리로 이어진다. 금학헌이라는 이름에서 거문고와 학은 청렴한 관리를 상징한다. 수령은 부임지에 가족을 데려올 수 없는데, 청렴함을 강조하는 이름을 지은 것으로 보인다. 금학헌에는 유석증 방과 김성일 방이 있다.

*나주 목사 독송 유석증 방

청렴하고 바른 정치로 나주 백성을 감동시킨 나주목사 독송 유석증을 기리기 위한 방이다. 나주목사로는 유일하게 두 번이나 부임한 유석증 목사는 나주 백성이 십시일반으로 쌀 3백 석을 바쳐 재부임을 요구했을 만큼 선정을 베푼 목민관으로 유명하다.

*나주목사 학봉 김성일 방

경현서원 창건, 정수루에 신문고 설치 등 훌륭한 치적을 많이 남긴 나주목사 학봉 김성일을 기념하는 방이다. 김성일 목사는 정수루에 북을 설치하여 백성들의 억울한 이야기를 들었다. 송사를 현명하게 해결하여 아무리 어리석은 백성도 그의 판결을 들으면 고개를 끄덕이며 수긍했다고 전해진다. 이 방에서 자면 어려운 일도 잘 풀린다고 한다.

◈ 나주목문화관(금성관길 15)

나주 목사내아를 나와서 금성관 쪽으로 50m쯤 내려오면 나주목문화관이 있다. 목사내아 금학헌 바로 옆이다.

2006년 영산강 문화축제를 시작하면서 천년 세월 동안 호남의 중심이었던 나주목을 재조명하고 행정단위인 목(牧)의 역사는 물론 목으로서의 나주 구실을 대내외에 알리고자 나주목의 중심에 있던 금남동사무소를 이전하고 그곳을 개조, 문화관을 설치하여 2006년 10월 19일에 개관했다.

본래 이곳은 나주목 관리들이 행정업무를 보던 이청이 있던 곳이다. 나주목문화관에 들어가면 나주에 대하여 전반적으로 알 수 있도록 지도와 설명이 되어 있다. 입구에는 홍보관으로 나주 지도와 안내서를 받을 수 있다.

나주목문화관 입구

◈ **정수루**(금계동 13-18)

나주목문화관 건너편에 정수루(正綏樓)가 있다. 위층에는 큰 북이 매달려 있다. 이 북은 김성일 목사가 설치한 것으로, 어려움에 처한 백성이 북을 치면 관원이 직접 나와서 그 사연을 듣고 적극적으로 해결해주어 나주 인들에게는 그 이름이 회자되고 있다.

큰 북이 있는 정수루

1603년(선조 36)에 건축되었다고 하지만 현재 정수루는 조선 후기 건축 양식을 띠어, 후대에 중건한 것으로 보인다. 지방관아에는 공공행사를 치르거나 국가 주요 정책을 선포하는 누각이 한 개 정도 있기 마련인데, 나주는 큰 고을이라 두 개나 있었다. 동헌 정문 정수루와 객사 정문 망화루가 그것이다.

지금도 매년 12월 31일 각 단체 대표들이 모여 새해가 시작되는 시간에 맞춰 돌아가면서 북을 치며 새해를 맞이한다. 코로나 국면에서는 하지 못했지만, 앞으로 한 해의 마지막 날 새해를 알리며 북소리가 퍼져나가기를 기대한다.

◈ 금성관(금성관길 8)

금성관은 나주목의 상징적인 건물로, 나주목사가 행정을 펼치던 공간이다. 고려 때부터 이곳에 정청이 있었다고 추정된다.

공적인 행사뿐 아니라 임진 의병과 한말 의병이 출정할 때도 금성관에 모여 출정식을 갖고 출발했다. 구한말 단발령 의거, 일제강점기 항일학생운동, 5·18민주화운동 등 역사적 사건의 주 무대로, 나주인들의 의향(義鄕) 정신을 상징하는 공간이다.

금성관 정문 망화루

금성관 입구에는 망화루가 있다. 2층에 오르면 시내 전경이 한눈에 들어온다.

금성관 중앙에는 정청(政廳)이 있고 양옆으로 좌·우익헌을 배치했다.

서익헌, 정청, 동익헌

용상에 앉은 임금 시선을 기준으로 동쪽은 좌측이고 서쪽은 우측이다. 동익헌은 서익헌보다 크며 문관이, 서익헌은 무관이 머물렀다. 동익헌에서는 다양한 연회를 열 수 있도록 넓은 마루를 갖추고 주변 경관을 꾸미기도 했다.

금성관은 임금을 상징하는 '전(殿)'패 또는 '궐(闕)'패를 걸어두고 매월 1일과 15일 임금께 망궐례를 올리는 장소이자 손님이 머무르는 객사다. 금성관은 나주의 별호인 금성에서 유래한다.

우측 정문으로 들어오면 넓은 마당에는 얇고 넓적한 돌을 깔아 만든 길이 있는데, 가운데 돌출된 부분은 임금만이 다닐 수 있는 어도(御道)다. 금성관 지붕은 팔작지붕이고, 건물 앞에는 궁궐이나 종묘에서 볼 수 있는 넓은 기단 형태인 월대(月臺)을 마련했다. 천장과 단청 등에는 궁궐 건축과

금성관 한쪽에 모아 놓은 비석군

금성관 앞 5·18 민주화운동 표지석

비슷한 양식을 많이 찾아볼 수 있다. 18세기 이하곤이 남긴 '광해군이 행차 때 머물 수 있는 별궁으로 사용할 수 있도록 나주 객사를 중건하라는 지시를 내렸다'는 기록이 이를 뒷받침한다. 금성관은 규모가 크고 양식이 독특하여, 나주목사들이 감탄한 글이 많이 남아 있다. 2019년 10월 25일 그 중요성이 인정되어 보물 제2037호로 지정되었다.

정청과 객사를 둘러보고 돌아 나오다 보면 우측에 샘이 있고, 그 뒤로 여러 비석이 모여 있다. 그중 가장 오른쪽에 있는 사마교비(四馬橋碑)와 금성토평비를 주의 깊게 살펴보면 나주 역사를 이해하는 데 도움이 될 것이다.

사마교비 안내판에는 서내동 일부를 사매기라 부르게 된 유래가 있다. 1011년 거란의 침입을 받아 현종이 남쪽으로 피란 가다 제2대 왕 혜종의 고향 나주에 와서 10여 일 머물렀다. 이때 네 마리 말이 끄는 수레를 타고 다리를 지나갔는데, 이 다리를 사마교라 한다고 한다. 금성관 옆 주차장 길 옆으로 걷다 보면 사마교 표지판이 있다. 이곳이 물길이었으리라.

금성토평비는 민종렬 목사를 중심으로 수성군과 동학군이 싸워 나주성을 지킨 것을 기념하기 위해 세운 것으로, 수성군의 방어 계획과 나주성 전투 상황을 자세하게 기록하고 있다.

정문으로 나오면 오른쪽에 5·18 민주화운동 표지석이 있다. 아래쪽에 새겨진 김준태 시인의 시 「나주, 그대 영원한 참세상의 고향이여」는 나주 정신을 잘 표현하고 있다.(다음 페이지) 1980년 5·18민주화운동 때도 나주는 수많은 차량과 시민이 금성관 앞에 집결하여 차량과 주먹밥, 음료수 등을 시민군에게 지원하는 등, 5·18민주화운동의 중요한 역할을 했다.

금성관은 임진전쟁 당시 김천일 의병장과 한말 의병 기우만 의병장 및 나주 의병의 출정 장소였다.

잊지 말자 기억하자/ 불의의 무리들이 쳐내려와 해와 달마저 피투성이로 뒹굴던,/ 그러나 손에 손잡고 / 참세상 민주주의를 향하여/ 불기둥처럼 타오르던/ 1980년 5월 의향 나주를!/ 사랑과 평화 자유를 위해/ 온몸으로 결사 항쟁의 깃발을/ 높이 들어올린, 나주 사람들…/ 천년을 지나간들 어이 잊으랴/ 천년이 지나간들 어이 빛나지 않으랴.

1980년 5월(5·18민주항쟁)에 무고한 광주시민들을 학살하는 불의의 무리들에 대항하여 가장 빛나는 투혼과 업적을 남긴 그 넋들과 [나주 시민들]에게 이 시를 바친다.

-김준태, 「나주, 그대 영원한 참세상의 고향이여」

◈ 나주 수세거부운동기념비(금성관길 36, 구 나주농지개량조합 앞)

정수루에서 나주성당 방향으로 가다가 사마교를 지나 50m쯤 가면 나주 수세거부운동기념비가 있다. 비문에는 다음과 같이 새겨져 있다.

못내 못내 절대 못내 부당수세 절대 못내
한목소리로 외쳤던 이 함성은
농민들이 이 땅의 주인임을 당당하게 선언한 의지였다.
뜨거운 가슴으로 나주를 보듬었던 이들을 기억하며 다시 우리가 모였다.

2007년 수세거부운동 20주년 기념행사 때 이 기념비를 제작, 설치했다. 나주 수세거부운동은 1987년 하반기부터 시작하여 1989년 2월 여의도 전국농민대회로 '수세인하'라는 승리를 쟁취하기까지 1년 6개월 동안 나주 농민들이 전개한 투쟁이다.

수세거부운동기념비와 비문

수세거부운동은 농민들이 스스로 삶의 주인임을 자각하고 부당한 제도에 맞서 당당하게 역사의 주역으로 우뚝 섰던 농민운동이다. 80년대 중반 해남 등지의 모색기를 지나 1987년 나주에서 도도하게 진행되었고, 이를 바탕으로 이듬해 전남 전지역 및 전북을 비롯한 전국적 운동으로 확산했다.

나주 수세거부운동은 나주천주교회에서 1만 명이 넘는 농민들이 모여 새로운 농민운동을 촉발하는 시발점이 되었다. 나주는 87~89년 수세거부운동의 발원지이자 중심지이며 지역사회에도 여러 가지 영향을 미쳤다.

수세거부운동으로 수세는 폐지되었고, 수세징수기관이던 농지개량조합은 농어촌공사로 편입되었다. 또한 농민운동연합에서 전국농민회총연맹으로 한 단계 비약적으로 발전하는 단초가 되었고, 농민의 권익 증진을 위한 농민운동의 대중화와 지역별 활성화에 기여했다.

◈ 나주곰탕을 먹으며 유래를 생각하다

정수루 주변에는 나주곰탕집이 많이 모여 있다. 나주곰탕이 유명해진 것은 일찌기 시장이 발달한 행정 중심 도시 나주의 축산업 발달과 관계가 깊다. 나주는 지금도 동네마다 소를 많이 키워, 곳곳에서 축사를 쉽게 발견할 수 있다.

일제강점기 때 나주에 화남산업이라는 소고기 통조림 공장이 나주 동점문과 삼성아파트 중간에 있었다. 하루 200~300마리의 소를 도축하고 통조림으로 만들어 군대에 납품했는데, 통조림으로 가공하고 남은 부산물인 소머리와 내장, 뼈 등이 장터로 나오게 되고, 그것을 재료로 국밥으로 만들어 팔던 것이 나주곰탕이 보다 활성화하는 계기가 되었다.

나주곰탕은 다른 곳과 달리 맑은 국물이 특징이다. 일반적으로 곰탕이라고 하면 소뼈를 달여 낸 뽀얀 하얀색 국물이 특징인데, 나주곰탕은 쇠고기 살을 주재료로 만든 맑은 국물이다. 비싼 쇠고기 살로 곰탕을 끓일 수 있는 것은 이 지역에 쇠고기가 풍부하기 때문에 가능하다. 영산포에 가면 우시장이 따로 있을 만큼 나주는 축산업이 활성화되어 있었다. 이렇게 볼 때, 나주는 배의 고장인 동시에 축산업의 고장임이 분명하다.

◈ 나빌레라 문화센터(잠업 역사관, 나주천 1길 93)

1994년 폐업한 나주잠사 건물을 나주시가 나주시 향토문화재산 제26호로 지정하고, 문화재 보존을 위해 매입했다. '나주 나빌레라 문화센터'는 누에고치에서 실을 뽑아 비단이 만들어지고, 누에고치가 나비로 우화하여 날아오르듯이 이 공간을 통해 나주인이 문화와 예술을 향유하는 민주 시민이 되는 공간으로 만들자는 의미를 담고 있으며, 다양한 문화 활동을 계획하여 활성화해가고 있다.

(왼쪽) 텃자리 나주곰탕 (오른쪽) 나주곰탕 뒤 잠사역사관과 나빌레라 문화센터(사진 이우철)

◈ **남파고택**(나주 박경중 가옥, 금성길 13)

　1900년대 초 건립된 남파고택은 조선시대 한옥을 기본으로 하여 일제 강점기를 지나오는 동안의 건축 역사가 고스란히 담긴 아름다운 고택이다. 중요 민속문화재 제263호. 안채, 바깥사랑채, 아래채 등 본디 모습을 거의 그대로 지니고 있다. 일자형 주거이며 앞뒤가 대칭형인 겹집으로, 남부지방 주거의 전형적인 모습을 보인다. 특히 전후좌우 툇마루를 둔 방풍집으로 되어 있다.

많은 이야기를 담고 있는 남파고택 정면과 멀리 장원봉이 보이는 뒤켠 일부(사진 이우철)

　주거 건축뿐만 아니라 생활사 연구에서도 중요한 자료가 되는 호남 양반가의 고택으로, 자손들이 계속 거주하며 보존하고 있다는 점에서 가치가 큰 문화재다.

　이 가옥은 광주학생독립운동의 중심이었던 박준채 선생과 박기옥이 생활한 유서 깊은 장소다. 전 문화원장을 지낸 박경중 후손이 살고 있으며, 선조들이 쓰던 생활 물품과 편지 등 다양한 자료가 있어서 생활사 박물관을 만들 예정이라 한다.

　남파고택은 2008년 문화재청으로부터 문화유산 보존관리상(대통령상)을 수상하고, 전남의 여러 고택과 함께 문화재 활용사업을 추진하고 있다. 더 나아가 호남의 전통음식을 세계적인 음식으로 개발·발전해 나가기 위해 노력하고 있어 미래유산이기도 하다.

◈ 호남초토영 터(남외1길 16, 남외동 128, 나주초등학교 앞과 안)

　조선시대 전라우영터에는 동학군 토벌을 위한 본영인 호남초토영이 설치되었다. 지금의 나주초등학교 안, 왼쪽 강당 자리 안쪽에 있었으나 안타깝게도 학교 안에는 어떠한 자취도 찾을 수 없다. 현재는 교문 앞에 안내판만 세워져 있다.

　공주 우금치 전투가 실패로 끝나면서 일본군 토벌대 등에 의해 농민군에 대한 대대적인 학살이 자행된다. 그 현장 중 하나가 전봉준·손화중을 비롯한 동학 농민군이 수감되거나 처형된 호남초토영 터다.

　1894년 10월 28일 호남초토사에 임명된 민종렬은 나주에 초토영을 설치했다. 초토영은 호남의 동학농민군 진압을 위한 본부 역할을 했다. 그해 12월 이후에는 장흥의 이소사, 최동린을 비롯하려 각지에서 체포된 많은 농민군이 이곳에 수감된 후 처형되었다.

천주교도 순교비, 동학농민혁명과 정석진 안내석

　동학 농민군 진압군 우선봉장 이두황이 남긴 일기인 『양호우선봉일기』에는 "일본 진영 대대장의 지시에 따라 죄인 등 총 94명도 같이 압송하여 나주에 도착했다. … 지난 12월 30일, 94명 중에서 73명은 일본 진영에서 쏘아 죽였고…"라는 기록도 있다.

　일본군 후비보병 제19대대 제1중대 제2소대 제2분대원이던 일본인 쿠스노키가 비요키치가 남긴 종군 일기에는 이런 기록이 있다. "남문으로부터 4정(약 400미터) 정도 떨어진 곳에 작은 산이 있고, 그곳에는 시체가 쌓여 실로 산을 이룬다. 이는 장흥부 전투 이후 철저한 수색작업으로 숨어 있기 곤란해진 농민군이 민보군 또는 일본군에 포획되어 고문당한 후 중죄인을 죽인 것이 매일 12명 이상으로 103명을 넘었으며, 그곳에 시체를 버린 것이 680명에 달하여 그 근방에는 악취가 진동하고 땅은 죽은 사람들의 기름이 하얀 은(白銀)처럼 얼어붙어 있었다."

걸어서 나주 시내 한 바퀴

33

◆ 남고문 광장(남고문로 86-1, 금성동 116번지)과 나주읍성 이야기

남고문에서 나주초등학교 방향 인도에는 5·18민주화운동 표지석이 있다.

80년 5월 21일 이후 나주 시민군의 주요 거점이었으며, 시위대 및 시위 차량이 집결하여 각각의 임무를 부여받던 곳이다. 당시 이곳에 모인 주민들은 김밥, 주먹밥, 음료수 등을 시민군에게 제공했고, 계엄군의 진입을 막기 위하여 시민군들이 주야로 근무를 섰다.

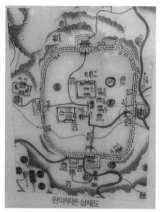

(왼쪽) 나주읍성을 그린 옛지도 표석 (오른쪽) 남고문과 5·18민주화운동 표지석

나주읍성은 고려시대부터 축조되기 시작하여 조선시대를 거치면서 나주목의 치소로서 행정 중심지 역할을 했다. 길이 3.7km가 넘고, 내부면적도 30만 평이나 되어 나주가 호남 최대 도시였음을 알려준다. 성 내에는 행정을 위한 관아 건물이 즐비했다.

평지에 자리한 나주읍성은 남북이 좀더 긴 타원형의 평지성 형태를 보인다. 동서남북에 있는 성문 개수에서도 나주읍성이 상당히 큰 규모였음을 알 수 있다.

성문에는 각기 이름이 있다. 동문과 서문은 대체로 해당 고을에 안녕과 풍요를 바라는 의미가 담긴 이름을 많이 사용했다. 나주읍성 동문인 동점문(東漸門)은 '나주천이 동쪽으로 흘러 영산강을 만나 바다로 나아간다'는 뜻이다. 서쪽 성문인 서성문(西城門)은 영금문(暎錦門)이라는 편액이 사대문 중 유일하게 있는데, '두루 나주를 비춘다'는 뜻으로 추측한다. 북문인 북망문(北望門)은 임금이 계시는 북쪽을 바라본다'는 의미다. 남쪽에 있는 남고문(南顧門)은 '남쪽 왜구를 물리치자', '남문을 나가서 (임금이 계시는 북쪽 금성관 방향으로) 돌아본다'는 뜻이 있다.

나주읍성은 수차례 성벽을 확장하거나 다시 쌓아 지금의 면모를 갖추었다. 1916~1920년 일제에 의해 철거되어 성벽 터에는 대부분 민가가 들어서거나 밭이 되었다.

현재의 나주읍성은 1993년 남고문 복원을 시작으로 다시 세상에 모습을 드러냈다. 2006년에 동점문을, 2011년 서성문을, 2018년에 북망문을 복원했다. 남고문은 1990년에 사적 제337호로 지정되었다. 서성문은 2007년 발굴조사 결과 지하 유적이 잘 남아있어, 제 모습을 찾게 되었다. 이후 2020년까지 네 차례에 걸쳐 4대문 터와 성벽 일부도 사적으로 확대 지정되었다. 나주읍성 걷기 코스는 "아름다운 나주 생태길" 편을 참고하기 바란다.

◈ 시민회관에 들어서며 인덕정 안 국궁장에서 활을 쏘다(남산길 23)

나주중학교 담을 지나 시민회관에 들어서면 오른쪽에 인덕정(仁德亭)이 있고, 안으로 들어가면 국궁장이 있다. 1583년 나주읍 동점문 안 성벽 근처에 건립했다가 이전을 거듭해온 인덕정은 1960년경 현재의 자리로 옮겨졌다.

국궁은 조선시대 양반 자제는 반드시 익혀야 할 필수 과목으로, 이를 통해 심신을 단련하고 장부의 호연지기

인덕정 안 국궁 체험장

35

를 길렀다. 조상의 얼과 슬기가 담긴 전통무예였던 것이 현재는 스포츠로 발전했다.

국궁은 조상의 슬기와 얼을 만끽할 수 있는 우리 민족 고유의 전통 스포츠로, 남녀노소 누구나 할 수 있다. 혼자서도 즐겁게 할 수 있으며, 정신 수양과 인격 수양에 큰 도움이 되는 스포츠다.

◈ 나주 남산시민공원 내 죽봉 김태원 의병장 기적비(남산길 23)

남산은 나주의 중심에 있는 안산이다. 나주는 규모만 작을 뿐, 지형이 한양(서울)과 거의 비슷하다. 서울에 북악산이 있고 앞에는 한강이 흐르고 그 가운데에 남산이 있듯이, 나주에는 주산인 금성산이 있고 앞에는 영산강이 흐르고 그 가운데에 남산이 있다. 나주의 중심이 이곳에서 시작된다는 뜻이며, 이곳에 남산시민공원이 만들어졌다.

남산시민공원 주차장을 지나 망화루를 향한 계단 양쪽에 한말 의병장 두 분의 기적비와 순절비가 있다. 오른쪽은 김태원 의병장, 왼쪽은 조정인 의병장의 기적비다.

김태원 의병장은 순릉참봉으로 재직하던 중 1905년 을사늑약이 체결되었다는 소식을 접하고 1906년에 의병을 일으켰다. 1907년에는 기삼연의 호남창의회맹소에 가입하여 선봉장으로 활동했다. 호남창의회맹소 선봉장 김태원 의병장은 동생 김율과 함께 가장 활발한 의병활동을 전개했으며, 전해산 의병장과 독립부대를 창설하여 광산군 등지에서 41회의 전투를 치르는 대활약을 했다. 그래서 일제가 '거괴(巨魁)'라 부를 정도로 두려워하는 존재였다.

기적비 뒤쪽에는 김태원이 동생 김율에게 보낸 편지글을 새긴 비가 있다.

나라의 위태로움이 한순간에 달렸거늘/ 뜻이 굳은 남아가 어찌 앉아서 죽기를 기다리겠는가!/ 온 힘을 다해 충성하는 것이 의에 마땅한 일이거늘/ 백성을 구하려는 마음뿐, 이름을 남기려는 것이 아니라네/ 싸운다는 것은 곧 죽

는다는 것, 기꺼이 웃음을 머금고 죽음의 땅
에 들어서리라.

김태원 의병장은 1908년 4월 광주광역시
광산구 어등산 전투에서 중과부적으로 왜적
의 탄환에 동생과 함께 순국했다. 1962년 건
국훈장 독립장이 추서되었으며, 광주 농성동
에는 김태원 의병장 동상이, 함평공원에는 김
태원 의병장 기념비가 세워져 있다.

김태원 의병장 기적비. 왼쪽 뒤
로 동생 김율에게 쓴 친필 편지
를 새긴 비석이 있다.

◆ 조정인 의병장 순절비(남산길 23)

1907년 일본의 일방적인 정미(丁未)조약 체
결로 대한제국 군대가 해산되자 조정인 의병
장은 격분하여 호남 의병장 김태원·기삼연
등과 의병을 일으켜 일본 헌병대와 수많은
전투를 벌였고, 총기 400여 정으로 수백 명
을 무장시킨 후 나주·함평·장성 등지에서 일
본군 및 경찰과 교전하여 큰 전과를 올렸다.
미곡상을 하여 의병들을 위한 자금 조달에도
큰 역할을 했다. 1908년 6월 나주 가산에서
심수근과 함께 전투에 사용할 탄약을 제작하
던 중 일본 헌병대에 체포되었다.

조정인 의병장 순절비와 삶의
내력을 적은 비문

조정인 의병장은 광주지방법원에서 내란죄 주모자로 사형을 선고받아
항소·상고했으나 대구복심원과 대심원에서 모두 기각되어 1909년 1월 대
구형무소에서 순국했다. 1977년 건국훈장 국민장이 추서되었다.

◈ 망화루 팔각정에 올라(남산길 23)

　　김태원 의병장과 조정인 의병
장 기념비를 지나 위로 올라가면
망화루와 팔각정에 이른다. 이곳
에서는 나주읍성 안의 모습을
두루 살필 수 있다. 그래서 '나주
를 알려면 이곳 남산에 올라와
바라보라'고 한다.

나주 시내가 한눈에 보이는 팔각정

　　남산 망화루는 김병우 나주목
사(1858~1871 재임)가 최고정을 세웠는데, 일제강점기 때 없어지고 주변에
신사가 있던 자리다. 해방 이후 빈터로 남아 있던 이곳에 1978년 금하 서
상록이 팔각정을 건립하여 테니스장과 함께 나주시에 기증하였다. 망화
루 바로 아래로 나주중학교가 있고, 남고문 밖 전라우영 자리인 나주초
등학교와 민가가 보인다. 금성관 방향으로 내려가면 많은 현충 시설과 행
사가 이루어지는 공간이 있다. 그 밑에는 금호사가 있으며, 오른쪽으로
눈을 돌리면 동점문으로 향한다.

◈ 동점문(나주시 중앙동 126-8)

　　동점문은 나주성의 사대문 중
하나이고, 광주로 향하는 길과 연
결되어 있어 외부인들이 가장 먼
저 들어오는 문이다. 금성관 쪽에
서 동점문으로 난 길이 시내 1번
지 중앙로다. 동점문은 2006년에
복원되었다.

남산공원 쪽에서 본 동점문

금호사는 조선시대 학자이자 문신이며 나주 나씨 선조인 금호 나사침 (1526~1596)과 그의 일곱 아들의 위패를 모신 사우다. 배향된 인물의 행적을 알 수 있어 역사적인 가치가 있다.

나주목사 한복이 금호 나사침과 건재 김천일을 학행과 독실함을 근거로 천거한 바 있는데, 나사침은 당시 나주의 중요한 인물로 거론된 선비였다. 그의 아들들은 나주의 대표적인 사액서원인 경현서원 건립을 주도했다. 나주지역 향전에서 거론되는 인물이었으며, 나주 나씨 문중은 많은 지역사회 활동에 참여하여 조선 시기 이후부터 현재까지 나주지역 역사와 문화사에서 중요한 위치를 차지한다.

1728년 무신년 무신난, 즉 이인좌의 난에 가담한 나주 나씨 측은 많은 피해를 입었다. 이인좌 측과 혼인에 의해 친인척이 맺어져 나동환의 3대조부터 5대조까지 많은 인물이 죽임을 당했다. 1894년 나주 동학 교장 나동환은 나질의 10세손이고, 나질은 금남 최부의 둘째 사위다.

(왼쪽) 금호사 입구의 비석들 (오른쪽) 나동환과 진주 정씨 의열각

금호사 안에는 의열각이 있고, 의열각에는 나주 동학 교장 나동환의 부인 진주 정씨의 열비(烈碑)와 나동환의 의비(義碑)가 있다. 나동환에 대해서는 '자전거 타고 물류의 중심 영산포 한 바퀴'의 택촌(나주 동학 교장 나동환)에서 언급할 것이므로, 여기서는 부인 진주 정씨에 대해 얘기하고자 한다.

1894년 11월경 나동환이 관군과 일경에게 추적당하고 있었다. 부인 진주 정씨는 나동환으로 하여금 처가 동네인 함평군 해보면 연암리로 숨게 했다. 이 기미를 알아챈 함평 관군들이 연암리를 덮쳤으나, 나동환은 손 아래 동서 이학헌의 집이 있는 함평군 해보면 지곡리로 숨어들어 관군에게 잡히지 않았다.

나동환을 체포하지 못한 관군과 일본군은 나동환의 부인을 잡아다가 눈앞에 총을 겨누고 공포탄을 쏘며 겁박하는 등 온갖 고문을 하며 남편이 숨은 곳을 실토하라고 했지만, 부인은 죽기를 각오하고 말을 하지 않았다. 오랜 고문 끝에 풀려났지만, 부인은 고문 후유증으로 오래 살지 못하고 1913년(향년 65) 세상을 떠났다. 나동환은 부인 덕분에 살아나 1937년(향년 88)까지 살았다.

진주 정씨의 열비가 세워진 경위는 이렇다. 나동환의 손아래 동서 이학헌의 큰아들 이계룡의 꿈에 나동환의 혼령이 나타나 말하기를 "네 이모의 탁월한 효열을 어찌 행적마저 아주 없어지게 할 것이냐? 비록 임금이 내린 포상에는 올라가지 못했으나 여러 고을에서 추천장을 얻게 될 것이니 영원히 전하기를 도모하라"고 했다.

이 꿈 이야기가 나동환의 손자 나도산에게 전달되어 진주 정씨 할머니의 열행(烈行)을 기리는 비를 세우기 위해 1938년 7월에 나주향교 측과 협의하여 전주향교, 남원향교, 광주향교에 통보하고, 1955년에 전주향교와 남원향교에서, 1956년 광주향교에서 답 통문이 와서 1972년에 진주 정씨 할머니의 열부행적비를 먼저 건립하고 1974년 나동환의 의적비와 보호각인 의열각을 건립했다.

나동환 의적비에는 동학 교장 혹은 접주가 아닌 이조참판이라 기록되어 있다. 이는 나동환의 행적이 이조참판에 해당할 정도의 활동이었으나, 1972년경에도 '동학농민혁명'이 아닌 '동학난'으로 치부되었기에 그렇게 기록했으리라 본다.

금호사를 지나 나주천을 따라 올라가다가 큰길에서 왼쪽인 남고문 쪽으로 30m쯤 가면 나씨 삼강문(三綱門)이 있다.

조선시대에는 나라에서 충신, 효자, 열녀에게 정려를 내렸으며, 정려를 받은 사람의 집 앞에 붉은 문이나 정려각을 세웠다. 이 정려문은 1722년 (경종 2) 나사침과 그의 두 아들, 며느리, 딸, 손자, 손자며느리, 손녀에 이르기까지 나주 나씨 가문의 충신 두 분과 효자 두 분, 열녀 네 분을 기리기 위해 세워졌다.

나주 나씨 삼강문

나사침은 16세 때 어머니가 병으로 위급해지자 자기 손가락을 잘라 그 피로 봉양하여 어머니의 병을 낮게 했다고 한다. 그의 효행이 널리 알려져 1544년에 정려를 받았다. 나사침의 큰아들 나덕명(1551~1610)은 임진전쟁 때 의병을 일으켜 왜적을 물리친 공으로 공신이 되었고, 1803년에 충신으로 정려를 받았다. 여섯째 아들 나덕헌(1573~1640)은 1603년 무과에 급제했고, 1624년에 일어난 반란을 진압하여 공신이 되었다. 청나라에 여러 차례 사신으로 다녀왔으며, 1779년 충신으로 정려를 받았다.

건물은 정면 3간, 측면 1간의 맞배지붕 겹처마집으로, 낮은 기단 위에 원형 주초(柱礎, 주춧돌)와 원주(圓柱, 원기둥)를 세웠다. 나씨 삼강문은 전라남도 문화재 자료 제91호로 지정되어 보호되고 있다.

◈ 나주학생독립운동기념관(죽림길 26)

2008년 개관한 나주학생독립운동기념관은 2011년 보훈기관으로 등록되어 있다. 전시 공간은 1929년 학생 독립운동의 도화선이 된 '나주역 사건'을 중심으로 나주에서 일어난 학생운동을 기념하며, 학생 독립운동의 고장, 나주지역의 식민지적 상황, 나주농업보습학교와 나주보통학교 학생들의 시위 사건, 나주 출신 학생운동 지도자들을 주제로 구성되어 있다.

나주학생독립운동기념관과 주변은 나주의 과거와 현재, 미래가 공존하는 공간이다. 기념관 왼쪽에는 나주청소년수련원 일송정에서 우리들의

미래를 이끌어 갈 유아를 포함한 아동과 청소년들이 다양한 프로그램에 참여하고 있다. 나주청소년수련원과 나주학생독립운동기념관 앞 광장에는 일제하 민족의 아픔을 상징하는 소녀상이 있다. 오른쪽에는 11·3학생독립운동의 출발점이 된 나주역사가 있고, 그 앞 광장에는 나주학생독립운동 기념탑이 2020년에 세워졌다. 기념탑 오른쪽에는 6·25전쟁에 참전한 나주지역 사람들의 이름이 면별로 기념돌에 새겨져 그들의 호국정신을 기리고 있다. 나주학생독립기념관 길 건너편에는 나주반 인간문화재 전시관과 작업 공방이 있다.

나주학생독립운동기념관 앞의 소녀상

나주학생독립운동기념관 주변을 살펴볼 때는 공간 전체를 살펴보면서 왜 이렇게 구성했을지 살펴보며 그 정신을 기리는 것도 답사의 재미와 의미를 더해줄 것이다.

◇ **국가 무형문화재 김춘식 나주반 전수교육관**
(나주시 죽림길 27 나주학생독립기념관 건너편)

전통적으로 목공예가 성행했던 나주지역에는 이소목방, 박소목방, 선소목방 등 다수의 공방이 있었으나, 목공장들이 모두 돌아가시고 현재는 무형문화재 김춘식 선생이 명맥을 이어가고 있다. 김춘식 선생은 국가 무형문화재 소반장으로 지정되어 활동 중이며, 아들 김영민이 전수자로 맥을 이어가고 있다.

1960~70년대까지만 해도 끼니마다 접하는 밥상인 소반은 소규모 가내수공업으로 지방마다 전통적인 형태가 형성되어 지역 이름을 붙여서 나주반, 해주반, 통영반이라 불렀다. 나주 인근에는 질 좋은 나무가 많았고, 왕실에서 사용하는 황칠을 진상했기에 나주반이 나주 목공예를 대표하

게 되었다고 한다.

나주반의 특징은 다음과 같다.

첫째, 잡다한 장식 없이 간결하게 꾸미며 겉으로는 꾸밈새가 없지만 구조가 매우 정교하고 튼튼하다.

둘째, 나뭇결이 그대로 들여다보이는 옻칠을 사용하여, 검붉게 피어오른 부드러운 광택을 자랑한다.

셋째, 상판에 변죽을 따로 만들어 판에 엇물리게 접합하기 때문에 다른 지방 소반에 비해 전이 두껍고, 상판이 휘거나 쪼개지지 않아 견실하

무형문화재 김춘식 나주반

다. 형태는 다각형이 많으며, 반 바로 밑에 운문각이라 부르는 테를 끼우고 이 테두리를 따라 다리의 상부를 끼워 반의 힘을 받게 한다.

'걸어서 나주 시내 한 바퀴'를 둘러보았다. 이 코스만으로도 나주가 역사, 문화의 보물단지임이 느껴진다. 어마어마한 역사가 담겨있다. 꾸준한 관심으로 아름다운 나주를 만들어가고 그 정신을 이어가야겠다.

자전거 타고 물류의 중심 영산포 한 바퀴

2장

자전거 타고 물류의 중심
영산포 한 바퀴

나주역(구 둥구나루) → 완사천(시청 앞) → 영강삼거리 5·18민주화운동 사적지 → 영산포 철도공원 → 국립나주문화재연구소 → [바라보며 설명보기] 영산도 사람들이 나주에 거주했던 남포 → 김천일의병장 묘소와 외가 →흥룡사 터(고려 혜종)] → 도내기 샘(나합샘) → 택촌(나동환 동학 교장 마을) → 영산창(고려 해릉창) → 미천서원 → 일본인 지주 가옥 → 영산포 역사갤러리(구 식산은행) → 죽전골목 → 점심(홍어거리) → 황포돛배 나루터 → 내륙에 하나뿐인 등대 → 영산나루(동양척식회사 문서고) → 팽나무(타오르는 강 코스) → 새끼내(웅보, 노예 해방과 간척, 토지 수탈) → 느티나무 주막(대불이와 동학, 의병이야기) → 궁삼면 항일운동 기념비

나주역을 출발하여 나주시청 쪽으로 가면 자전거길이 나온다. 자전거 타고 영산포 역사를 쭉 둘러보자.

영산포는 전라남도 경제 중심지였다. 영산강에는 수많은 포구와 나루가 있어 두 기능을 모두 겸한 뱃길 중심지이자 최대 물류 기지로서 상업 도시였으며, 고려시대부터 남도지역 세곡을 모아놓은 조창이 있던 곳이다.

고려 초 나주 별호를 금성으로 제정한 뒤부터 나주가 지닌 막강한 배경 때문에 강

담양에서 목포까지 영산강 종주 자전거길 안내판

이름에 '금' 자를 넣어 금강이라 했다. 금강에 있던 대표적인 나루터로 치을포, 통진포라는 포구가 있었다. 통진포는 나주 읍치 남쪽에 있다 하여 남포, 나주 읍치에서 '목'에 있다 하여 목포라고 불렀다. 따라서 고려시대 나주 목포라 함은 지금의 목포가 아니라 영산강 따라 넓게 분포한 나주를 일컫는다.

고려말 왜구 침입으로 흑산도(영산도) 사람들이 남포에 터를 잡게 되면서 그곳이 영산현이 되었고, 남포·목포 또한 그 이름이 자연스럽게 영산포로 되었다.

영산포는 넓은 농토에서 나오는 세곡을 영산창에 모으고, 이를 영산강 물길 따라 한양으로 옮기는 중요한 지역이기에 동학이 농민들 사이에서

넓게 퍼졌으며, 나주 동학 교장 나동환이 삼영동 택촌에 살았다. 당시 택촌은 고려 때는 인근에 해룡창이 있었고, 조선 때는 영산창이 있는 나루가 있던 곳으로, 물류 교류가 활성화된 포구였다. 1914년 영산포와 연결되는 목교 즉 다리가 건설되면서 나루는 소멸되어 갔다.

일제는 나주보다 토착적 전통이 미약하면서도 수운 교통이 발달한 영산포를 식민지 전초기지로 개발했다. 영산포가 농업 및 상업 도시로서 크게 발달할 수 있었던 것은, 나주평야 중앙에 있어서 농산물이 풍부하고 육로, 수로, 철로 등 교통이 편리하여 각 지방에서 생산된 물품이 모이는 중심지였기 때문이다. 그래서 일제는 내륙에 하나뿐인 등대와 수탈의 상징 동양척식회사를 영산포에 세우고 넓은 농토에서 수탈한 물품을 바닷길을 통해 빼돌렸다.

이후 철도 등 근대 산물들이 세워지고 80여 년에 걸친 궁삼면 토지반환 투쟁과 1987년 나주 수세 싸움이 전국적인 수세 싸움으로 확대되어 농민 운동의 기반을 형성하는 등, 영산포는 넓은 땅덩어리와 뱃길 중심지이자 물류 기반으로 착취에 대항하며 치열하게 살았던 민초들의 삶의 현장이었다.

◈ **나주역**(구 둥구나루, 나주시 나주역길 56)

왕건이 나주와 인연을 맺기 시작한 것은 903년(신라 효공왕 7년)부터다. 『고려사』에 의하면 건국 전 왕건이 영산강 일대로 몇 차례 원정을 가는데, 그때마다 대규모 수군을 이용했다. 4차 원정 때는 군선 70여 척에 병사 2천여 명이 동원됐다.

왕건은 둥구나루나 남포를 통해 나주에 들어왔고, 완사천에서 오씨 처녀에게 물을 얻어먹고 인연을 맺은 것으로 알려져 있다.

둥구나루는 현 나주역 뒤쪽 나주스포츠테마파크 건물이 있는 곳이다. 강이 둥글게 곡류하는 지점에 있던 천혜의 포구여서 사람들은 둥구나루라고 하는데, 지역에서 정한 지명은 동구나루길이다. 나주역 뒤쪽 나주

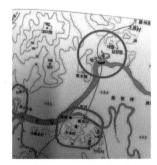

(왼쪽) 현재 나주역 (오른쪽) 옛 등구나루를 나타낸 고지도(가장 오른쪽 원. 출처: 김경수, 영산강 수운 지도 사진, 『강의 인문학을 넓히다』, 2022)

스포츠테마파크로 가는 길이 동구나루길이다.

이 나루는 1801년(순조 1) 신유박해로 유배 가던 다산 정약용이 그의 형 정약전과 머물다 헤어진 곳이기도 하다. 천주교를 믿은 죄로 유배당한 정약용은 이곳 주막에서 하룻밤을 묵고 영산강을 건너 강진으로 갔고, 정약전은 배를 타고 흑산도로 떠났다. 형과 헤어지며 아픈 마음을 표현한 정약용의 시 「율정에서의 이별(栗亭別)」이 있다.(정약용, 『다산시문집』 권4에 수록)

초가 주점 새벽 등불 깜박깜박 꺼지려 하는데

일어나서 샛별 보니 아! 이제는 이별인가

두 눈만 말똥말똥 나도 그도 말이 없이

목청 억지로 바꾸려니 오열이 되고 마네

흑산도 머나먼 곳 바다와 하늘뿐인데

그대가 어찌하여 이 속에 왔단 말인가

고래는 이빨이 산과 같아

배를 삼켰다 뿜어냈다 하고

지네의 크기가 쥐엄나무만큼 하며

독사가 다래 덩굴처럼 엉켜 있다네

내가 장기에 있을 때는

낮이나 밤이나 강진 바라보며

깃 날개 활짝 펴고 청해를 가로질러

한 바다 중앙에서 그 사람을 보렸더니

지금은 내 높이 높이 고목에 올랐으나

진주는 빼버리고 겉껍질만 산 것 같고

또 마치 바보스러운 애가

멍청하게 무지개를 잡으려고

서쪽 언덕 바로 코앞에

아침에 뜬 무지개를 분명히 보고서

애가 쫓아가면 무지개는 더더욱 멀어져

또 저 서쪽 언덕 가도 가도 늘 서쪽인 격이야

◈ **완사천**(나주시 완사천길 2)

(왼쪽) 완사천 (오른쪽) 오씨 처녀와 왕건의 만남을 상징하는 조형물이 있다.

　　나주 완사천은 나주시 송월동, 나주시청에서 150여m 내려오면 오른쪽 숲속에 있다. 안쪽에는 완사천이 있고, 길가에는 오씨 처녀가 왕건에게 물을 건네는 모습의 조형물이 있다. 바로 이곳에서 왕건과 장화왕후 오씨가 인연을 맺은 것이다. 어릴 적 들었던 버들낭자 동화가 생각난다. 안내판을 살펴보자.

　　오씨 처녀 후가 일찍이 꿈을 꾸니 포구에서 용이 와 뱃속으로 들어오므로 놀라 깨어 부모에게 이야기하니 모두 기이하게 여겼다. 얼마 후 왕건이 수군

장군으로서 나주 목포에 배를 정박시키고 시냇물 위를 멀리 바라보니 오색 구름이 떠 있었다. 가서 보니 샘에서 아리따운 여인이 빨래를 하고 있었다. 왕건이 물 한 그릇을 청하자, 여인이 버들잎을 띄워 주었다. 급히 물을 마시지 않게 하기 위함이었다. 왕건은 여인의 총명함과 미모에 끌려 그녀를 아내로 맞이했는데 그녀가 장화왕후가 된 오씨이고, 그분의 몸에서 태어난 아들 무가 고려 제2대 왕 혜종이다.

완사천은 1986년 2월 17일 전라남도 기념물 제93호로 지정되었다. 1986년에 새로 정비하여 현재 모습으로 남아 있다.

◈ 영강삼거리 표지석 – 전라남도 5·18사적지 나주 5호(삼영동 174–1)

영산포 철도공원 출입구 건너편에는 영강삼거리 사적지 표지석이 있다(전라남도 5·18사적지 나주 5호). 영강삼거리는 1980년 5·18민주화운동 당시 광주와 전남 서남부권을 이어주는 국도 1호선의 교통 요충지로, 당시 영암, 강진, 해남, 함평 등지에서 올라온 수많은 시위대와 시위 차량들이 집결하고 거쳐 간 곳이다. 당시 인근 주민들은 시위대들에게 빵, 음료수, 김밥 등을 제공하고 격려하며 용기를 북돋아 주었다.

영강삼거리 5·18민주화운동 사적지 표지석

전남의 5·18민주화운동 유적

전남에서 5·18민주화운동의 역사적 흔적이 있는 곳은 나주시 11곳, 함평군 8곳, 무안군 6곳, 목포시 12곳, 영암군 8곳, 강진군 7곳, 해남군 8곳, 화순군 13곳, 기타 3곳을 합하여 76곳이다. 그중 5·18민주화운동 사적지로 지정된 곳은 광주에 30개(35곳), 전남에 25곳이고 나주는 5곳이다. 나주에는 5·18민주화운동 표지석이 9곳, 안내판이 2곳이 있는데, 그중 사적지로 지정된 곳은 금성관, 나주공고 앞, 금성파출소 예비군집중무기고, 시청, 영강삼거리 5곳이다.

◈ 영산포 철도공원(영산포로 263-41)

영산포 철도공원 입구

2001년 7월 10일 호남선 우회 노선을 신설하면서 구 나주역과 영산포역이 신역사로 통합되었다. 영산포역은 1913년 보통역으로 영업을 개시했으며, 2001년 호남선 이설로 폐역이 되었다. 그 후 구 영산포역 근방을 영산포철도공원으로 조성하여 시민과 관광객의 휴식처가 되고 있다.

영산포 철도공원에는 다양한 즐길거리와 산책길이 조성되어 있어서 걷기도 하고 자전거도 탈 수 있다. 시민들에게는 운동과 산책 휴식의 장소이고, 여행객들에게는 추억과 낭만을 느끼며 힐링하기에 좋은 곳이다.

◈ 국립나주문화재연구소(나주시 영산포로 263-23)

영산포 철도공원을 걷다 보면 멋있고 커다란 건물이 눈에 보인다. 국립나주문화재연구소다.

국립나주문화재연구소는 호남·제주지역 문화유산에 대한 체계적인 학술조사와 연구를 위해 2005년에 설립되었다. 호남·제주지역 주요 문화유적 학술조사와 긴급발굴조사를 통해 문화유산의 가치를 발굴해 가고, 이를 역사교육과 문화관광자원으로 활용할 수 있도록 기초자료를 제공하고

국립나주문화재연구소

있다. 특히 고분, 관방유적, 취락 등 관련 유적을 조사·연구하여 호남·제주지역 고대 문화의 성격과 실체를 규명하는 데 중점을 두고 있다. 또한 호남·제주지역에 산재한 문화유산 조사·연구 자료를 분야와 시대에 따라 체계적으로 집대성하여 관련 학계 및 일반인에게 제공하고 있다.

나주에는 국립나주문화재연구소, 국립나주박물관, 국립나주숲체원 등의 여러 국립기관이 있다. 나주 혁신도시가 있어서 한국전력공사, 한국농어촌공사, 국립전파연구소, 한국콘텐츠진흥원, 한국인터넷진흥원 등 학생들이 성장하여 역사와 미래를 개척해갈 수 있는 자원이 풍부한 곳이다.

※ 국립나주문화재연구소를 지나서 네거리에 이르면 자전거에서 내려 잠시 쉬면서 주위를 둘러보자.

네거리에서 오른쪽으로 자동차면허시험장이 있는 쪽이 남포다. 영산도 사람들이 공도(空島, 섬을 비움) 정책으로 흑산도에서 영산포로 이주하여 대략 이 일대에서 살았다고 전해진다.

자동차면허시험장 쪽으로 올라가다가 오른쪽 마을 첫 번째 골목으로 접어들어, 산기슭으로 난 긴 계단을 따라 산 중턱으로 올라가면 김천일 의병장 큰아들인 김상건 선생 안내판과 묘가 있다. 그 아래에는 둘째 아들 김상곤의 묘가 있다. 안내판을 지나 더 올라가면 김천일 의병장 안내판과 묘소가 있고, 바로 위에 나주 임진 의병을 시작하게 한 외삼촌 애월당

영산도 사람들이 거주한 남포 부근.
산 중턱에 김천일 의병장 아들 김상건 묘소가 있다.

이광익 의병장의 묘가 있다. 외가인 양성 이씨 문중 묘소에 김천일 부부와 두 아드님이 묻힌 까닭은 무엇일까?

자동차면허시험장에서 동북쪽 위 야산 일대에 고려 제2대 왕 혜종의 진영과 소상을 모셨던 흥룡사 터가 있다. 흥룡사는 고려 태조 왕건이 혜종을 낳은 나주 오씨 장화왕후를 위해 지은 절이다. 각각에 대해 살펴보자.

◈ 영산도 사람들이 거주했던 남포(나주시 삼영동 일대)

고려시대, 왜구의 노략질이 심해지면서 고려 조정은 방어가 어려운 섬 지역을 비우는 공도 정책을 추진했다.

이때 서해 가운데 있는 영산도(현 흑산도) 사람들이 나주 남포로 옮겨와서 임시로 살다가 자리 잡게 되었다. 이때 왜적의 포로를 바친 공로를 인정받아 공민왕 12년(1363년) 영산현이 군으로 승격되었다. 이때부터 나주에는 홍어 요리같이 새로운 문화가 생성되었다. 이때의 영산(榮山)이라는 명칭이 영산창, 영산강, 영산포의 유래가 되었다.

◈ 김천일 의병장과 아들 김상건 의병, 외삼촌 이광익 의병장 묘소
(나주시 삼영동)

김천일 의병장은 출생 다음날 어머니가 세상을 떠나고, 족보상으로는 7일 만에, 기록상으로는 7개월 만에 아버지마저 돌아가셨다. 아버지가 어머니 본가인 외가에서 지내다 돌아가셨기 때문에, 김천일은 외조부와 외삼촌 이광익 부부 슬하에서 자라고 19세에 일재 이항 문하에서 수학했다.

이광익 의병장은 임진전쟁 때 78세의 늙은 몸으로 박광옥, 서정후, 정심 등에게 글을 보내 의병을 일으킬 것을 권유하고, 가재 수백 석을 제공하고 모집한 의병 천여 명을 조카 김천일에게 보내 먼저 출사하게 했다.

그 후 그는 말을 타고 적 소굴에 출몰하여 활동하다 공주 이인역에서 병을 얻어, 통곡하며 북향에 4배를 하고 생을 마감했다.

김천일이 태어나서 양육되고 교육받았으며 의병으로 출병하여 죽음도 맞이했기에, 김천일 부부와 두 아들 김상건과 김상곤 묘소가 양성 이씨 외가 가문의 무덤, 특히 이광익 무덤 아래 포근히 자리하게 된 것이다. 이광익 의병장, 김천일 의병장, 김상건 의병, 세 분이 함께 있는 셈이다.

이광익, 김천일, 김상건 의병장 묘 위치도

지금으로서는 이해하기 어렵지만 조선시대에는 결혼하면 신랑이 신부 집에서 오랫동안 사는 경우가 아주 많았다. 그래서 아이들이 외가에서 나고 자라게 된 것이다. 가까운 예로 노안면 금안동 보한재 신숙주 생가도 그의 외가다.

1592년 5월 16일, 김천일은 큰 아들 김상건, 외삼촌 이광익과 함께 나주공관에서 창의할 것을 결의하고 의병을 모았다. 이어 전라도 내 고경명, 박광옥, 최경회, 정심 등에게 북진을 권유하는 격문을 보내고 의로운 선비 300여 명(전투부대)과 출정했다.

독성산성 전투 승리도(사진 이우철)

5월 16일 나주에서 의병을 일으키고 6월 3일 출사했을 때 아들 김상건은 사포서별제 관직을 받았다. 수원 독성산성과 용인 금령전투에서 큰 승리를 거두고, 강화도에 돌아와 아버지를 모시고 한강 하류의 왜적 토벌과 행

진주성 전투도(사진 이우철)

주대전, 양화도전, 도성 수복 등 여러 전투에 참가했다. 1593년 선조 26년 6월 진주성 2차 전투에서 수성군의 주장이 되어 10만 왜군과 치열한 공방전을 거듭하다 장마로 성이 무너져 패하자, '전투에서 적군에게 죽임을 당할 수 없다' 해서 장자 김상건이 아버지 김천일을 붙들고 남강에 투신하여 순국했다. 김천일 의병장의 나이 57세, 아들 김상건은 37세였다.

선조 39년(1606) 12월, 조정에서는 김천일의 충의를 추모하여 정렬사를 세웠다. 숙종 7년(1681) 영의정에 추증하고 시호를 내렸으며, 숙종 43년(1717) 김진옥 목사가 묘비를 세웠다.

김상건은 선조 40년(1607) 정렬사에 배향되었다. 인조 8년(1630) 좌부승지 증직이 내려지고 효종 3년(1652)에 진주 충민사에 봉안되었다.

◈ 흥룡사 터(나주시 삼영동 187번지로 추정, 면허시험장 동북쪽)

운전면허시험장 동북쪽 위로 추정하는
흥룡사 절터

정확히 밝혀지지 않았으나, 면허시험장 위쪽으로 고려 혜종의 고향을 상징하는 흥룡사 터가 있었다고 한다.

고려 말 윤소종은 앙암바위에 올라가면 흥룡사 터가 보인다 했으니, 흥룡사 터는 면허시험장 동북쪽 위로 추정하고 있다. 《전남일보》 2021년 2월 24일 자 기사에서는 면허시험장 서북쪽 위로 "고려 왕건 건립 천년고찰 '나주 흥룡사터' 찾았다"라고 하여 위치에 대해 논란이 있지만, 대략 면허시험장 위쪽으로 판단된다. 고려 태조 왕건이 2대 왕 혜종을 낳은 나주 오씨 장화왕후를 위해 나주 영산포 산기슭에 지어준 '흥룡사' 터가 600여 년의 긴 잠에서 깨어났다. 600여 년으로 추정하는 근거는 1428년 8월 세종실록에 따른다. "나주에 소장한 혜종의 진영과 소상(塑像, 흙으로 빚은 인물이나 신불상)을 개성 '유후사'로 옮겨 각 릉 곁에 묻으라"는 고려 태조의 지침이 내려졌고 '그대로 따랐다'는 기록 때문이다. 아쉽게도 절터로 추정하는 곳에서 유물을 발견하지 못하여 아직도 정확하게 정해진 곳이 없다.

◈ 도내기샘(나합샘, 나주 영산포 삼영동)

다시 자전거로 30m쯤 가면 택촌마을 입구 조금 지나 나합(羅閤)과 관련한 도내기샘이 있다. 이 빨래샘을 완사천(浣紗泉)이라고 하는 설도 있다.

나합은 자라면서 자태가 곱고 소리를 잘하고 기악에도 뛰어났다. 그녀의 집은 현 내영산마을 건너 어장촌 근처에 있었기에 그곳에 있던 도내기샘을 이용했는데, 그녀의 모습을 보고 애태우는 총각이 많았다. 그래서 "나주

도내기샘

영산 도내기샘에 상추 씻는 저 큰 애기, 속잎일랑 네가 먹고, 겉잎일랑 활활 씻어 나를 주소"라는 민요가 나돌 정도였다고 한다.

후에 나합이 김좌근의 애첩이 되면서 도내기샘은 나합샘으로 불렀고, 언젠가 전국에 흉년이 들었을 때 나합이 김좌근을 졸라 나주에 구휼미를 풀어 나주 사람들을 도왔다고 하는데, 그런 이유로 나주 객사터에는 '김좌근영세불망비'가 있다.

◈ 나동환 동학 교장 마을, 세곡선이 드나들던 물류 중심 택촌

나동환은 동학 교장으로 택촌에 거주했다. 지금은 택촌마을에 물길이 닿지 않지만, 고려시대와 조선시대 택촌은 물길이 들어오고 포구가 형성

되어 상당히 번성했다. 택촌마을길 따라 올라가면 세곡을 쌓아두는 조운 창인 영산창이 동산처럼 생긴 곳에 위치한 것을 보아도 포구의 당시 상황을 짐작할 수 있다.

(왼쪽) 택촌 마을 표석 (오른쪽) 금호사 의열각 안의 나동환 의적비와 부인 진주 정씨 행적비

『신증동국여지승람』 35권에 의하면 앙암과 남포(영산포 택촌에 위치한 포구)는 지척 간이다. 이 포구는 물이 깊어 깊이를 헤아릴 수 없는데, 속설에 용이 있다고 한다. 바위 밑에 구멍이 있는데, 썰물 때는 보인다. 금강 남안에 있다는 앙암은 '상사바위'라고도 하며, 지금 택촌마을 강 건너에 있다. 택촌마을 동쪽 200여m 지점에 대한 현지 주민의 말이다.

택촌마을 남쪽을 '서낭뱅이'라 불렀으며, 그 동쪽은 현재 대밭으로 변했다. 옛적에는 초가 7, 8호가 있었고 선창가에 6칸의 창고 같은 큰 집이 있었다. 큰 집은 고기를 잡아오면 작업하는 공간이었고, 그 아래 나루와 포구가 있었다. 나루는 건너편 이창동(지금의 홍어거리 근방)과 연결되었고, 강 건너에는 막걸리 주막집이 한 채 있었다. 일본 사람들이 들어오면서 선창도 주도권이 영산포로 넘어갔다. 영산포와 연결되는 목교(1914.5.9. 개통)가 건설되면서 나루도 소멸되었다.

동학 교장 나동환은 택촌에 살았다. 그의 유물로는 1894년 2대 교주 최시형으로부터 받은 교수 겸 교장 위촉장과 1896년 접주 위촉장이 있고, 차고 다녔던 검은 손자 나도산이 1987년 독립기념관에 기증했다. 2022년 나동환의 증손자 나화균이 아버지 나도산으로부터 이어받은 앉은 뱅이책상 서랍에서 발견한 유물들도 있다. 시천교 대교주가 나동환에게 발급한 세 종류의 위촉장(1913, 1914, 1916)과 나동환의 부인 효열부 진주정 씨 행적을 담은 나주향교 통문과 광주, 전주, 남원 향교의 답통문 등이다.

(왼쪽) 1894년 나동환 교수 겸 교장 위촉장 (오른쪽) 나동환의 검

금호사 의열각 안에 있는 나동환 의적비를 살펴보면, 나동환은 1894년 교사와 교장을 역임하여 고부 전투에 나주 동학농민 500여 명과 참여했고, 그해 4월 나주 서성문 전투에 나주동학농민들과 참여했다. 다른 지역은 관군과 농민군이 대부분 1전으로 끝났지만, 나주지역은 7전을 치러 모두 관군이 승리했다.

이처럼 나동환 교장이 활동했음에도 2022년 현재 "동학농민혁명 종합정보시스템"과 "동학농민혁명기념재단" 인터넷 사이트에는 등재되지 않았다. 그 이유를 알아보려면 가족사와 조선사, 근대사를 함께 살펴봐야 한다.

나동환의 10대조 나질은 금남 최부의 둘째 사위다. 1728년 무신란, 즉 이인좌의 난이 있었다. 이인좌 측과 혼인에 의해 친인척 관계로 맺어진 나동환의 3대조부터 5대조까지 많은 사람이 죽임을 당했다. 나라에 반기를 들어 가족이 연좌제로 죽임을 당했기에 그 트라우마가 상당했을 것이다.

1894년 동학농민혁명이 일어났을 때 상황을 살펴보면, 나주 목사 민종렬은 나주 백성을 향약으로 교화하여 민심을 얻으면서 관아에 도향약소를 두고 도향약장에 나동환과 한 집안인 나동륜을 위촉했다. 나동환과 나동륜은 나주 나씨 금암공파로, 나동환은 영산강 북쪽 택촌에 살았고, 형 나동륜은 영산강 강 건너편 하촌에서 살았으니 서로 잘 아는 사이다. 나동륜은 초토사 민종렬의 측근으로, 동학농민군을 회유하는 글을 짓는 등 관군 활동의 중심에 있었다. 동생 나동환은 동학농민군 지역 우두머리인 교장으로 활동했다.

이인좌 난과 관련한 가족사와 1894년 동학농민혁명 당시의 도향약장 나동륜과 동생 나동환의 상황이었을 때 나동환 교장은 어떻게 행동했을까, 형인 나동륜은 어떻게 행동했을까, 내가 나동환과 나동륜의 위치에 있었다면 어떻게 했을까 상상하면서 택촌을 바라보자.

나주시가 주최하고 원광대학교 원불교사상연구원이 주관하여 2019년부터 2022년까지 4년 동안 해마다 열린 한·일학술대회로 나주 동학이 좀 더 구체화되어 가고 있다. 2022년 10월 19일 《한겨레신문》에는 이런 기사가 실렸다.

2006년부터 일본 시민 229명이 참여한 '동학농민군의 역사를 찾아가는 여행'을 주도해 온 원광대 박맹수 총장은 "나주는 일본 동학진압군이 주둔한 탓에 동학군 피해자가 가장 많았다. 어두운 역사의 진원지인 나주에서 한일 화해와 동아시아 세계 평화에 기여하자는 차원에서 한·일 시민과 나주시가 함께 위령비를 세우기로 했다."고 전했다.

일본 답사단에 참여한 나카츠카 교수는 이번 여행에 대해 "일본인들이 청일전쟁에서 뭘 했고 동학은 왜 일어났는지, 일본인들을 위한 교육 목적이 크다."고 했다. 그는 2000년 나주 한·일 학술대회에서 "동학농민혁명의 항일 봉기는 동아시아에서 제국주의 패권 체제가 성립할 전야에, 그 패권에 대한 선구적인 이의 제기였다."고 평가했다.

참혹한 역사를 일으킨 일본 정부의 뼛속 깊은 성찰과 반성과 배상이 필요한 때다.

장흥 석대들 전투를 다룬 명혜정 작가의 「깊은 강은 소리없이 흐르고」
에 이어 나주동학웹소설 「피어라! 갑오년」이 기획되고 있다고 하니, 자못
기대된다.

◈ 조선시대 영산창(나주 택촌길 21)

**영산창 표지석. 사진에서 숲속 송신탑 근처가
영산창 터다.**

택촌마을 중간쯤 마을회관 바
로 앞에서 왼쪽 골목으로 올라
가면 집터였을 법한 자리에 대밭
이 양옆으로 있고, 그 길을 따라
120m쯤 올라가면 철탑 왼쪽에
영산창(榮山倉) 터가 있다. 현재는
사유지여서 접근하기 어렵다.(왼
쪽 사진에서, 표지석 뒤 숲속에 전봇대 같
은 철탑이 보이는 곳 근방이다.)

남도의 세곡을 모아 뱃길을 통해 한양으로 실어 날랐으니, 고려와 조선
시대 택촌 앞 남포나루가 얼마나 성황을 이루었을지 상상이 된다. 문순태
의 『타오르는 강』에는 새끼내에서 멀리 바라보는 나루에서 세곡선들이 연
이어 불타오르는 장면이 있는데, 그곳이 바로 여기다.

고려말 왜구의 침략을 방어하기 위해 영산창성(榮山倉城)을 쌓았고, 그
성에 둘러싸인 조창을 마련한 것이 영산창의 기원이다. 영산창은 조선 초
기 전국에 설치, 운영되던 9개 조창 중 한 곳으로, 영산강의 경제 동맥이
었다. 나주와 순천, 강진, 광산, 진도, 낙안, 광양, 화순, 남평, 동복, 흥양,
무안, 능성, 영암, 보성, 장흥, 해남 등 전라도 17개 고을의 전세(田稅)를 거
두어들여 이곳에서 조운선으로 한성 경창(京倉)으로 운송했다.(현재 전라남
도 중부와 남부 지역이 영산창의 수세(收稅) 구역에 해당했다.) 영산창에는 500~600석
을 싣는 조운선 53척이 있었다.

1512년(중종 7) 영산창이 폐쇄되고, 영광 법성포창(法聖浦倉)에 통합되었

다. 해로의 험난함을 피하려 함이 주된 이유였다. 육상 운송 거리가 조금 멀어지더라도, 칠산(七山) 바다 같은 험난한 해로에서 발생할지 모르는 해난사고로 세곡이 손실되는 것을 방지하려 한 것이다.

◈ 고려시대 나주 해릉창(나주 삼영동 일대로 추정)

고려시대 해릉창은 통진포, 남포, 금강진 등으로 불리던 나주의 목포에 있었다. 현재 나주 목포(나주 영산강 일대를 나주 목포라 함)는 기록으로 확인되는 최고의 포구였다. 이곳은 왕건과 장화왕후 오씨가 만난 곳으로, 조창인 해릉창이 위치했고, 공민왕대에 명나라 사신단과 고려의 회례사가 입출항하던 곳이며, 최영, 정지 장군이 수군활동을 편 전진기지이기도 했다.

나주 해릉창은 고려 정부가 경영하는 관영 해운 활동의 본거지였다. 다른 조창과 마찬가지로 국가재정 운영의 주요한 재원이 되는 해당 수세구역의 세곡을 거두어들여 일정 기간 보관했다가 이듬해 2, 3월에 연근해 항로를 따라 북상하여 개경 경창으로 운반하는 일련의 조운 업무를 관장했다. 이후 왜구 약탈 표적이 되자 조정에서는 군사들이 조운선을 호위하게 했다. 고려말 나주 목포에서의 조운 활동은 군·현 단위 소규모였지만 조운의 맥을 이어 갔다. 해릉창은 일반적인 조창 이상으로 유통경제에서 차지하는 비중이 높았다.

◈ 미천서원(나주시 미천서원길 14–11)

미천서원은 조선시대 남인의 거두 미수 허목을 배향하는 곳이다. 허목은 과거를 보지 않고 천거로 56세에 벼슬을 시작하여 영의정이 되었다. 보통 사람이라면 벼슬에서 물러날 나이에 관에 들어가 정승까지 올랐으니, 어떻게 그런 일이 가능했을까?

미천서원 강당 뒤편의 미천 샘과 중정문

미수는 남인의 영수였고, 서인의 거두이자 노론의 영수 우암 송시열과 정적 관계였다. 어느 날 우암이 병들어 눕게 되어 치료했지만 백약이 무효였다. 우암은 아들을 불러 미수에게 화제약방문을 얻어오라 했다. 그런데 약방문에는 실제로 독약이 들어 있었고, 이를 본 가족들은 말렸으나 우암은 약을 달여 먹고 병이 치유되었다는 고수들의 아름다운 이야기가 전해진다.

미천서원에 들어가면 오른쪽에 관리동이 있고 왼쪽으로는 강당 마루를 마주한다. 조용하고 아늑하다. 옆에 있는 샘을 바라보노라면, 학동들의 글 읽는 소리가 낭랑하게 들리는 듯하다. 강당 앞마당에 서서 유유히 흐르는 영산강을 바라보면 아랑사와 아비사의 사랑 이야기가 깃든 앙암바위가 지척이고, 문순태의 『타오르는 강』에서 '개산'이라고 하는 가야산이 바로 건너편에 있다. 산책 겸 등산하기 아주 좋은 곳이다.

◈ **영산포 역사갤러리**(영산3길 17, 구 조선식산은행 자리)

1908년, 광주 농공은행 영산포지점이 설립되었다. 1918년, 농공은행을 모체로 한 조선식산은행이 세워지면서 영산포 사람들은 이 은행을 '식산은행'이라 불렀다. 2012년 9월 나주시가 매입하여 영산포 역사를 한눈에 볼 수 있는 역사갤러리로 조성했다.

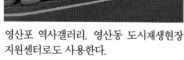
영산포 역사갤러리. 영산동 도시재생현장지원센터로도 사용한다.

2015년 개관한 이곳은 영산포의

역사와 변천 과정을 알리고 공유하는 공간으로, 고려시대 흑산도 사람들의 이주에서 시작되어 개항 이후 호남 3대 근대도시로 성장하고 영산강 유역의 대표 도시로 발전한 자취를 살펴볼 수 있다. 문순태 작가의 『타오르는 강』에 대해서도 자세히 안내되어 있다.

◇ 일본인 지주 가옥(예향로 3871-4, 영산동 66-1)

일제강점기 영산포에서 제일가는 지주였던 구로즈미 이타로(黒住猪太郎)가 살던 집이다. 구로즈미는 논밭 33만 평을 소유했으며, 조선 가마니 주식회사 사장, 다시 수리조합장, 전남 영농자 조합장을 맡았다.

일본인 지주 가옥

이 집은 1935년 구로즈미가 일본에서 목재와 기와, 벽돌 등을 들여와서 지었다. 마당과 정원이 넓고, 2층에 다다미 깔린 방까지 전형적인 일본풍 저택이다. 2009년 나주시가 사들인 뒤 노인복지관에 관리를 맡겨 전통찻집과 사무공간으로 활용했다. 2023년 9월부터는 문순태 작가 집필실로 사용될 예정이다. 마당 앞 벽면에는 행복마을 문화사업 안내와 영산포를 알리는 사진과 설명이 있다.

◇ 영산포 죽전 골목(나주시 영산포로 204 근처, 영산2길)

죽전 골목은 영산포 역사갤러리 골목과 평행하게 만든, 바로 아래 골목이다. 과거 땔감 시장이 서던 곳으로, 나무 장사꾼들이 동 트기 전부터 몰려들어 그들을 상대로 죽을 파는 집들이 생기면서 '죽전거리'라고 불렀다고 한다. 추억의 골목으로 조성되어 7080 감성을 불러일으키는 복고풍

여행지이기도 하다.

이 골목의 죽전 문방구는 수업 준비물, 문구류, 장난감, 건전지, 물감, 슬리퍼 등 안 파는 물건이 없을 정도로 어린이들에게는 만물상회였다. 돼지저금통이 대롱대롱 매달려 있으며, 지금은 보기 힘든 조립식 장난감 등과 추억의 과자들이 예전 모습 그대로 진열되어 있다.

1970년대를 재현한 죽전 골목
(사진 이우철)

◆ **홍어거리**(영산포로 205-7, 영산동 113)

죽전 골목을 동쪽에서 서쪽으로 내려오면 바로 홍어거리다. 600년 전통을 자랑하는 홍어거리, 나주 영산포가 홍어의 전통을 지켜 온 것은 역사적 배경과 함께한다. 영산이라는 지명은 원래 흑산도에 설치되었던 현의 이름에서 유래했다. 고려말에는 흑산도에 왜구들의 침입이 잦아 국가적인 고민거리였다. 특히 서남해안 일대 섬들은 왜구에 의해 막대한 피해를 보고 있었는데, 1363년(공민왕 12) 중앙에서는 흑산도에 사는 주민들을 보호하기 위해 영산강의 남포, 즉 지금의 영산포로 강제 이주시키

영산포 홍어거리 표지판

영산포와 홍어이야기 안내판

고 흑산도를 비워 두는 공도 정책을 추진했다.

이주해온 흑산도 주민들은 마을 이름을 '영산현'이라고 했다. 이 이름은 고향인 흑산도 인근의 '영산도'라는 큰 섬에서 따왔다. 영산현에 살던

흑산도 주민들은 흑산도의 해산물을 뱃길로 실어 날랐다.

홍어는 흑산도에서 날것으로 먹었는데, 영산포까지 뱃길로 4~5일씩 걸려 오는 길에 배 안에서 자연적으로 삭히게 되었다. 이 홍어가 여러 사람의 입을 통해 별미로 알려지면서 이곳 영산포의 특산물이 되었다.

1814년 정약전은 『자산어보』에서 "나주 고을 사람들은 홍어를 삭혀 즐겨 먹는다."라고 했으며, 홍어의 생김새와 서식지와 낚는 방법까지 자세히 설명했다.

◈ 영산포 황포돛배

영산포 황포돛배 선착장에서 남도의 젖줄인 영산강을 따라 황포돛배 여행을 할 수 있다. 홍어거리 선착장에서 출발하여 앙암바위, 미천서원, 기오정, 영모정, 백호문학관을 바라보면서 한국천연염색박물관 앞까지 갔다가 돌아온다.

영산포에는 앙암바위에 얽힌 전설이 전해진다. 황포돛배 선착장에는 커다란 앙암바위 모형을 만들어 놓았다. 깎아

아랑사와 아비사의 슬픈 사랑 이야기를 소개한 안내판

지른 듯한 암벽으로 이루어진 앙암바위에는 영산강의 연인 아랑사와 아비사의 슬픈 전설이 전해진다.

1500년 전, 연인이었던 택촌 어부 아랑사와 진부촌 처녀 아비사가 서로 사랑하다 진부촌 총각들의 훼방으로 죽게 되었는데, 그 후로 마을 사람들이 하나둘씩 죽어갔고 마을에 두 마리 구렁이가 나타났다. 그러자 마을 노인들이 합의하여 씻김굿을 하여 8월 보름에 그들의 넋을 위로하는 씻김굿을 하여 화를 면했다.

앙암바위에는 아랑사와 아비사가 서로를 애절하게 바라보는 모습을 볼 수 있다.

영산강의 주된 운영 수단이던 황포돛배는 면포에 황토물을 들인 깃발을 달고 서남해안의 소금과 젓갈, 해산물을 영산포구까지 운반했다. 이 추억의 돛배가 부활하여, 황포돛배를 타고 굽이굽이 흐르는 영산강의 아름다운 풍경을 감상할 수 있다.

1976년 영산강 상류에 댐이 들어서고 영산강 하굿둑이 만들어져 더 이상 바닷물이 들어오지 않자 1977년 마지막 배가 영산포를 떠나게 되었다. 오랜 기다림 끝에 2008년 황포돛배가 영산포에서 사람들을 태우고 오르내리기 시작하면서 영산포 황포돛배는 그 명성을 이어가고 있다.

◈ 영산포 등대(등대길 80, 영산동, 등록문화재 제129호)

영산강 등대. 내륙에 하나뿐인 영산강 상징물이다.

1915년 영산강의 가항 종점인 영산포 선창에 건립된 등대다. 수위 측정과 등대 기능을 겸했다. 우리나라 내륙하천 가에 있는 유일한 것으로, 1989년까지 수위 관측시설로 사용되었다.

영산포 선창은 1960년대까지 각종 선박이 왕래하면서 많은 수산물이 유통되었다. 특히 산 홍어와 추자 멸치젓 배가 많이 드나들었는데, 지금도 선창가에는 홍어거리가 형성되어 옛날 정취를 느끼게 한다. 지금은 영산강 하구언으로 영산강 뱃길이 끊겼지만, 홍어거리가 의연하게 남아 있어 고깃배들이 드나들며 성황을 이루었을 시절을 상상하게 한다.

◈ **동양척식회사 문서고가 있는 영산나루**(주면2길 28, 영산동 306-3)

일제는 1909년 동양척식주식회사 영산포지점을 설립하고 이듬해 궁삼면(욱곡, 지죽, 상곡)의 토지 14,552정보와 묘지 1,800필지를 경선국으로부터 8만 엔에 강제 매수하여 수탈했다. 1916년 목포지점 영산포 출장소를 설치하여 쌀 6만5천 석, 보리 2천 석, 목화 1만 근 등을 관리했고, 1920년 6월 1일에 목포로 업무를 이관했다. 영산포보다 목포가 더 번성하면서 동양척식주식회사가 목포로 옮겨가고, 문서고만 남겼다.

(왼쪽) 여행자 플랫폼 '영산나루' (오른쪽) 구 동양척식회사 문서고(사진 이우철)

지금은 붉은 벽돌의 문서고를 중심으로 주변 정원을 활용한 찻집 겸 레스토랑 '영산나루'가 운영되고 있다.

◈ **『타오르는 강』의 역사를 지켜본 정량마을 앞 팽나무**(영산포로)

이제부터 『타오르는 강』 코스를 따라가며 우리나라의 격동기였던 1880년대부터 1929년까지 거슬러 올라가 보자.

대하소설 『타오르는 강』은 소설가 문순태가 반평생에 걸쳐 문학적 생명을 걸고 혼신의 힘으로 집필한 대작이다. 이 소설에는 당시 시대 상황

멀리 보이는 개산(가야산)　　　　　격동의 역사 모든 것을 지켜본 노거수 팽나무

이 잘 나타나 있다. 1886년 노비세습제 폐지에서 시작하여 동학 농민전쟁, 부두 노동자 쟁의, 1920년대 나주 궁삼면 소작쟁의 사건, 1929년 광주학생독립운동까지 반세기에 이르는 우리 민족의 수난사를 중심으로 민초들의 저항 운동에서 우리 민족의 엄청난 생명력을 엿볼 수 있다. 8~9권에는 광주학생독립운동 과정을 다루었는데, 취재를 통해 역사적 사실과 인물을 소설에 되살렸다. 전체적으로 역사 속에서 드러난 인물이 아니라 모든 민초가 주인공으로 등장하며, 영산강변을 터전으로 살아온 민초들의 생활사를 민속적 관점에서 보여준다.

영산강 둑길을 걷다가 양곡교를 건너가면 수령 200년이 넘는 노거수 팽나무가 있다. 정량마을 들어가기 전 오른쪽으로 50m쯤 도로를 따라가면 길가에 떡 버티고 늠름하게 서 있다. 조선시대부터 지금까지 격동의 세월을 다 지켜보며 역사의 질곡을 알고 있다는 듯 씩씩한 자태다. 여러 아이를 키운 듯 많은 줄기가 힘줄이 톡톡 튀어나온 건장한 남정네의 근육질 팔뚝같이 우람하다.

이 팽나무는 예전 새끼내 마을 앞 나루터 근처에 있었을 것으로 추정한다. 『타오르는 강』의 주 무대인 새끼내와 개산, 물에 빠진 필순을 건지려던 대불이가 힘센 물살에 함께 떠밀려가다 물에 처박힌 뿌리 깊은 팽나무를 잡고 살아난 일, 건너편 남포 나루터와 영산창의 불타는 세곡선, 새끼내 나루터 건너 세상 돌아가는 것을 바라본, 그곳 역사를 모두 알고 있는 팽나무이리라. 노거수 팽나무는 말한다.

"난 다 보았고 알고 있어~!"

◈ 새끼내 마을과 웅보, 나주 궁삼면 토지반환투쟁(영산포로 양곡교 건너 산기슭 마을)

소설 속 새끼내 마을은 양곡교를 건너면 앞쪽으로 펼쳐진다. 주인공 웅보가 살던 곳이다. 웅보는 『타오르는 강』의 이야기를 펴가는 중요한 인물이다.

웅보는 종에서 벗어나기 위해 도망가다 다시 붙잡혀 이마에 불도장이 찍힌 할아버지를 보고 살았으며,

영산강 지류 강가를 간척한 새끼내 마을
(사진 이우철)

본인 또한 불도장이 찍힐지언정 자유롭게 살고 싶은 의지를 지닌 인물이다. 1886년 노비세습제가 폐지되자 종 문서를 받아들고 형식상 자유의 몸이 되었다. 웅보는 동생 대불이, 아내 쌀분이와 함께 홍수 때문에 버려진 땅을 찾아 영산강변 새끼내에 거처를 정하고 혼자 힘으로 강둑을 막으며 삶의 터전을 만들어갔다. 이후 노비에서 풀려 난 사람들이 함께 강둑을 쌓으면서 영산강물과 싸우며 새끼내에 삶의 터전을 일구어간다. 먹을 것이 없어서 굶주리면서도 먹을 것이 생기면 함께 나누어 먹었다. 마을 사람들 모두의 힘을 모아 제방을 쌓고, 홍수로 버려진 땅을 일구어 비로소 삶의 터전을 만들었다.

그러나 1886년부터 3년에 걸친 큰 가뭄으로 폐농을 한 욱곡, 지죽, 상곡 3개면(현재의 세지, 봉황, 왕곡, 영산포) 농민들은 굶어 죽지 않으려고 대처로 흘러 다니며 유랑 걸식을 했다. 고향에 돌아와 보니 3년 치 세금을 내지 않았다는 이유로 그들의 농토가 모두 엄상궁의 궁토가 되어버린 사실을 알게 되었다. 나라가 일본 식민지가 되면서 동양척식회사가 5만 마지기가 넘는 이 땅을 8만 원이라는 헐값으로 수탈하게 된다.

웅보와 동네 사람들은 피와 땀과 눈물로 일구어, 난생처음 가져 본 생명과도 같은 땅을 지키기 위해 죽음을 두려워하지 않고 마을 사람들과 함께 싸운다. 이들은 하나하나 떼어 놓으면 무지렁이 종들에 지나지 않지

만, 여럿이 모여 한 덩어리가 되었을 때 큰 힘을 발휘하게 된다.

웅보는 여러 가지 연유로 세 집에 배다른 자녀를 갖게 된다. 아내 쌀분이와의 사이에 태어난 오동네, 양반집 유씨 부인과 사이에 태어난 양만석, 커다란 기생집을 운영하는 씨받이였던 막음례와의 사이에 태어난 장개동, 이렇게 세 자녀들의 삶을 통해 식민지 시대 우리 할아버지 할머니들이 어떻게 하며 살았는지 다양하게 풀어간다.

장남 웅보는 고향을 지키면서 영산포 사람들과 궁삼면 토지 관계 문제를 풀어간다. 웅보는 과묵하지만 해야 할 일이 있을 때는 자기 역할을 앞서거니 뒤서거니 꿋꿋하게 하며 강직하게 살아가는 뚝심 있는 인물이다.

◈ 버드나무 주막과 대불이, 동학·의병 이야기 (나주시 영산포로)

대불이가 형 웅보, 형수 쌀분이와 함께 종에서 해방되어 처음으로 기거했던 곳이 버드나무 주막이다. 이곳에서 대불이가 말바우 어미와 인연을 맺었다. 새끼내를 지나 오른쪽 상가 너머 안쪽 동네가 박 초시가 살던 부르뫼 마을이다. 왕곡으로 가는 도로 안쪽으로 버드나무가 있는 곳 근방에 버드나무 주막이 있었으리라 추측된다.

웅보의 하나뿐인 동생 대불이는 차남이라 가족과의 관계에서 자유롭게 활동하며 동학·의병 등 활동 반경이 넓다. 그의 조직 활동과 연계하여 한말 동학과 의병 활동을 살필 수 있다.

대불이는 종에서 풀려 난 후 형 웅보, 형수 쌀분이와 함께 영산강변으로 들어와 터를 잡는데, 그 과정에서 말바우 어미가 운영하는 버드나무 주막에서 일하게 되고, 함께 일하면서 대불이와 말바우 어미 사이가 점점 가까워졌다. 대불이가 고향을 떠나야 하는 상황에서 말바우 어미도 함께 떠나고, 둘 사이에서 소바우가 태어난다. 말바우 어미는 '대풍창(한센병)에 걸리고 힘든 삶을 살게 된다.

대불이는 동학 도인들을 만나 함께 활동하고, 나주성 싸움에도 참여한다. 1894년 동학농민혁명이 마무리된 후 대불이는 짝귀와 함께 제물포와 목포에서 선창의 등짐꾼 노릇을 하며 산다. 이후 만민공동회에 참여하여 시민들의 다양한 의견을 들으면서 자신이 무엇을 해야 할지 결정하며 의식화되어 간다.

1960년대까지만 해도 버드나무 주막 앞까지 냇물이 흘렀다.

갑오년 동학 기포 13년 후인 1907년, 대불이는 담양이 고향인 짝귀, 5년 동안 지리산 사냥꾼으로 지낸 노안 김덕배, 진도에 들어가 어부 생활을 한 다도 송기화, 남평 문치걸이와 만나 백용산으로 들어가 의병 활동을 시작하게 된다. 대불이의 삶을 따라가다 보면 나라가 풍전등화인 시기에 우리 선조들이 어떻게 대처했는지와 한말 의병들의 활동을 들여다볼 수 있다. 그 지명과 나무 하나하나가 지금 우리가 살고 있는 이 나주 땅에서 있었던 일들이다.

◈ 나주 궁삼면 항일농민운동 기념비(왕곡면 예향로 3580, 천곡군내버스정류소옆)

버드나무가 있는 주막쯤을 지나 왕곡에서 나오는 큰길에서 왼쪽으로 고가도로 밑길을 관통하여 오른쪽으로 난 옛길을 따라 150m쯤 가면 오른쪽에 널따랗게 농민공원이 있고, 그곳에 나주 궁삼면 항일농민운동기념비가 있다. 큰 도로로 돌아가면 천곡 군내버스정류장이 있다. 좀더 쉬운 길로, 고가도로에서 우회전하여 200m쯤 가다가 혁신지구로 들어가는 사거리에서 영산포 방향으로 유턴하여 50m쯤 가면 오른쪽에 있다.

이 비는 궁삼면 농민 21,000여 명이 조선말 간사한 부패 관리들의 횡포와 일제시대 동양척식회사의 토지 수탈에 저항한 역사를 밝혀 교훈으로 삼고 후손에게 본보기로 삼고자 나주 궁삼면 항일농민운동 기념사업 추진위원회에서 1991년 11월 5일 건립하여 제막했다. 주변은 농민공원이 되었다.

노예제 폐지로 종들은 자유인이 되었지만 나주 백성은 부랑인이 될 수

밖에 없었다. 먹을 것도 없이 피
와 땀으로 개간한 땅, 3년이나 연
이은 가뭄으로 농사를 지을 수
없는데도 세금 독촉에 시달린 것
이다. 1888년 전성창이라는 사람
이 나타나 미납된 세금을 대납해
준다 하여 감사하며 십시일반 모
아서 감사비까지 세웠는데, 뒤에
알고 보니 농민들 땅을 빼앗아

80여 년의 끈질긴 투쟁의 상징인 나주 궁삼면
항일농민운동 기념비

가버렸고, 그 땅이 엄상궁의 궁토가 되어 버렸다. 경선궁이 소유했던 궁
삼면(욱곡, 지죽, 상곡. 현재의 세지, 봉황, 왕곡, 영산포)의 토지는 일제에 강제 매수
당해 동양척식주식회사 소유로 넘어갔다. 전라도에서는 처음으로 동양척
식주식회사 사무소가 영산포에 개소되어 이 토지를 관리했다. 농토를 빼
앗긴 농민들이 이 땅을 되찾기 위해 처절한 투쟁을 시작했다.

　1888년부터 1970년까지 80여 년 동안 나주 일대 농민들은 처절하고 끈
질기게 투쟁했으며, 1951년 농지개혁법이 시행되고 1970년 농지개혁이 완
료되면서 끝을 맺었다. 비록 뜻대로 무상 반환을 이루지는 못했지만, 부

경저리 전성창과 참서관 김영규의 치욕스런 행적을 남긴 영세불망비

패한 무리와 일제에 대한 투쟁의 역사로 기록됐다. 이런 항쟁으로 민족자존 의식이 싹트게 된 것이다. 나주 궁삼면 토지반환 투쟁은 생존권 투쟁이면서 국권 회복 운동이었고, 애국 운동으로까지 승화되었다.

농민공원에서 꼭 살펴봐야 할 곳이 또 있다. 나주 궁삼면 항일농민운동 기념비 오른쪽으로 15m쯤 떨어진 곳에 비석 2기와 검은 안내석이 있다. 농민들 토지를 궁토로 만들어버린 사기꾼 전성창과 관직을 이용하여 양민들에게 악행을 저지른 썩은 관료 김영규를 영원히 잊지 않기 위해 오리비 이설기(탐관오리의 오리비를 옮겨 세운 기록)에 기록하고 전성창과 김영규의 불망비를 여기 옮겨 놓았다. 공직자가 어떠한 모습으로 살아야 할지 깊이 생각하게 한다.

오리비 이설기

(정면)

무릇 불망비는 장본인의 포덕 선행을 후세 조명이 의당하거늘, 여기 김영규의 비는 관직을 악용하여 양민에게 원한을 주었기에 그를 공개 설명한다.

구한말 3명 사검관 김영규와 경저리 전성창 양인(두 사람)은 한발(가뭄)로 벼를 못 심은 백답에 세금을 부과하여 가렴주구를 함에 이를 감당 못한 농군들은 야반도주했다.

권사 양인은 세금을 대납한다는 감언으로 농군들의 인장을 백지에 날인하여 자기들의 소유로 문건을 위조했다. 이 문건을 경선궁 궁감 엄주익에게 제시, 3면 농토 오만여 두락을 단돈 십만 냥에 팔아넘겼다.

이때부터 궁삼면이라 부르게 되고 김영규, 전성창 양인의 농간으로 3면 농군들에게 영영 불행의 인과가 조성되었다. 이런 와중에도 농군들은 세금 대납을 해준다는 감언에 3면민이 단 한 되 곡식이라도 내어서 김영규의 비를 세웠으니 이 비는 그 당시의 비이다. 천인공노할 일이다.

1905년

(측면)

운은 기울고 백성들은 소연할(시끄러울) 때 3면민과 경선궁 사이에 토지사건이 계류 중임을 탐지한 동척은 경선궁 엄주익에게 뇌물과 강압으로 역시 오만여 두락 전부를 8만 원에 강매했다. 동척으로 넘어간 후에는 더욱 치열한 투쟁이 전개되었다. 동곡리 농민항쟁과 나주서 습격 사건은 가히 민란이었다.

이와 같은 투쟁 과정에서 항상 3면민 가슴속 깊이 두 사람에 대한 원한이 사무친 채 반세기 동안 피로 얼룩진 토지회복투쟁은 해방과 더불어 막을 내리고, 일반 토지와 같이 분배했다.

여기 김영규 전성창 두 사람의 범죄 행적을 열거하고 희생당한 궁삼면 항일농군 영혼들께 영영불방 위로의 묵념을 올리나이다.

1993년 2월 항일농민운동기념사업회

*이 비는 영산포 공원 입구에 있는 것을 여기에 옮겨 세우고 설명을 더한다.

대하소설 『타오르는 강』(전9권)에 이 과정이 오롯이 담겨 있다. 꼭 읽어보기를 권한다. MBC 창사 28주년 특집드라마(총 3부)로 제작되었으며, DVD로도 볼 수 있다. 또한 위의 나주민란을 소재로 영화 〈군도:민란의 시대〉(2014)가 만들어졌다.

농민공원을 둘러보며 우리 할아버지 할머니들이 어떻게 살아왔던가 다시 생각하면서, 우리가 살고있는 이 땅에 감사하는 마음이 가슴 깊숙이 느껴온다. 더불어 앞으로 우리가 어떻게 살아가야 할지 삶의 자세를 가다듬게 된다.

영산포의 이모저모를 살펴보았다. 택촌마을 뒷동산에 올라 주변을 살펴보면, 이곳이 교통의 중심지임을 볼 수 있다. 새끼내 앞으로 흐르는 만봉천이 영산강 물과 합류한다. 남평 쪽에서는 화순 쪽에서 흘러온 지석천이 영산강에 합류하여 커다란 흐름을 만든다. 그래서 조선시대에 나주는 목으로서, 영산포는 물류의 중심으로서, 남평은 남평현으로서 각자 역할이 있었다. 도로가 시멘트 바닥으로만 보이는 게 아니라 그곳을 걸어갔던 사람들의 흔적이 느껴져 가슴이 따뜻해진다.

궁삼면 항일농민운동 기념비가 있는 농민공원의 표지석

처음 기획했지만 실현하지 못한 '타오르는 강 문학길'을 만든다면, 오래된 노거수와 오래된 건물 그리고 늘 그 자리에 있는 산자락에서 역사의 체취를 느끼고, 문학을 통해 삶의 이야기도 듣고, 산책길에 운동도 하면서 자연을 느낄 수 있을 것이다. '타오르는 강 문학길'을 위해 뜻있는 분들과 함께 더 연구하고 궁리하며 지혜를 모을 것이다.

아름다운 나주 생태길

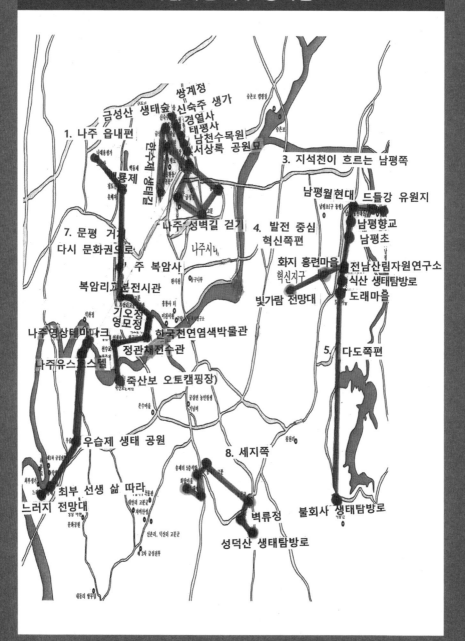

3장
아름다운 나주 생태길

1. 역사의 중심 나주시내

   나주성벽길 걷기 ➡ 나주인의 건강을 챙겨주는 한수제 생태길

2. 금성산 북쪽 노안

   금하 서상록 공원묘 ➡ 남천수목원 ➡ 태평사 ➡ 금성산 생태숲 ➡ 쌍계정

3. 지석천이 흐르는 남평

   드들강 유원지 ➡ 남평초와 남평공공도서관 ➡ 남평향교 ➡ 남평 월현대

4. 나주의 발전 중심 혁신

   빛가람전망대 ➡ 화지 홍련마을 ➡ 전남산림자원연구소 ➡ 식산 생태
   탐방로

5. 울창한 산림으로 맑은 기운이 도는 다도

   전남산림자원연구소 ➡ 도래마을 ➡ 불회사 생태탐방로

6. 공산 들러 동강으로

   나주영상테마파크와 나주유스호스텔 ➡ 우습제 생태공원 ➡ 느러지
   전망대

7. 문평 혁명가들 삶을 돌아보고, 백룡제 거쳐 영산강 따라 다시
   문화권으로

   백룡제 ➡ 나주 복암사 ➡ 복암리 고분 전시관 ➡ 다시문화권

8. 세지 성덕산과 벽류정

   성덕사 ➡ 벽류정

생태적인 삶을 산다는 것은 자연의 순리대로 사는 삶을 의미한다. 먼저 자신이 살고 있는 산과 들을 둘러볼 줄 알고, 그 속에서 사는 사람들이 만들어낸 문화를 사랑하는 데서 출발한다. 그리고 기후 위기에 위험을 가하는 탄소 중립 생활을 실천하는 것이다. 탄소 중립 생활이란 지구환경을 오염시키지 않는 자연에너지 중심으로 사용하고, 썩지 않는 쓰레기를 만들지 않는 것이다. 물, 공기, 토양 등 지구 환경이 좋은 상태로 지속가능하도록 해야 한다. 개발이 아니라 지구 환경을 우선적으로 생각해야 한다.

나주를 소경(小京)이라 하듯이, 뒤에는 주산인 금성산이 있어서 국립나주생태원과 금성산생태숲이 있고 시내 중심에는 안산인 남산이 있다. 앞에는 영산강이 흐르고 나주 시내에는 나주성의 4대문이 있다. 남평의 식산, 다도의 덕룡산, 세지의 성덕산, 고봉산, 백룡산, 공산면의 제비제산, 다시쪽 신걸산과 여마산, 문평쪽 신걸산, 동강면의 백련산, 반남의 자미산 등 곳곳에 산자락이 있다. 이처럼 나주는 금성산과 영산강이 흐르고 있어서 맑은 공기와 좋은 경치를 즐길 수 있는 보물과 같은 곳이다.

영산강물 따라 내려가면 금성산 자락 마을 곳곳에 서원과 누정이 있다. 자연을 즐기며 인간의 도를 배움에 정진하면서 나라가 위급했을 때는 어떻게 임했는지를 알려주는 선인들의 흔적을 쉽게 찾아볼 수 있다.

영산강 범람으로 곡식을 심기 어려워서 사람들은 마디마다 뿌리를 내어 생존 능력이 강한 쪽을 심었다. 그래서 영산강변 따라 다시 들녘에는 샛골나이로 쪽염색이 발달했다. 덕룡산 깊은 산과 골짜기에는 마라난타 스님이 전한 초기 불교를 받아들여서 널리 전한 불회사가 있고, 그 옆 골짜기에는 운홍사가 있다. 요소요소에 사찰이 있어서 민초들의 마음의 안식처가 되었다.

담양에서부터 목포까지 난 자전거길 따라 아름다운 영산강 8경이 있다. 그중 5경이 나주에 있다. 식영정에 울려 퍼지는 풀피리 소리인 제2경 몽탄노적, 석관정 아래 이별 바위에서 많은 장정이 나라 위해 싸우기 위해 떠났기에 다시 돌아오기를 나루터에서 기다린다는 제3경 석관귀범, 봄철 새벽이슬 머금은 들꽃이 손 흔드는 죽산보의 제4경 죽산춘효, 나주 평야에 피어오르는 뭉게구름이라는 제5경 금성상운(錦城祥雲), 강의 하얀 모래톱에 기러기가 내려앉은 풍경이라는 제6경 승천보의 평사낙안이 그것이다.

다시와 반남에 가면 이천 년 마한 문화가 오늘날 그 자태를 나타내며 자리잡고 있다. 자미산에 올라 마한이 강력한 54연맹체였던 것을 느껴보자. 궁궐, 즉 높은자리를 뜻하는 자미산에서 내려와 국립나주박물관에 가면 마한 사람들의 지혜와 삶의 모습이 지금의 우리와 그리 다르지 않음을 알 수 있다.

우리가 사는 지역을 아는 것은 참 중요하다. 지역의 산야를 찾아가며 자라나는 아동과 청소년들이 하늘과 땅 사이에 가득 찬 넓고 큰 정기를 이어받고, 바르고 큰마음인 호연지기를 기를 수 있도록 하자. 보배로운 도시 나주를 직접 느껴보자.

비단은 곱지요/ 영산강 유채밭 산들바람마냥/ 산들산들 곱지요
비단은 비단은 곱지요/ 목사고을 버들낭자 마음씨같이/ 반들반들 곱지요
비단은 비단은 곱지요/ 나주역 마중 나온 울 어머니/ 손바닥만큼 보들보들 곱지요
곱지요 곱지요 나주비단은,
호남 명산 금성산 쪽빛 하늘/ 금성관 궁궐 노오란 은행나무처럼/ 참말로 곱디 곱지요.

_이영지, 「참 고와라, 나주」

1. 역사의 중심 나주시내

나주성벽길 걷기 → 나주인의 건강을 챙겨주는 한수제 생태길

◈ **나주성벽길 걷기**(나주도서관에서 출발, 나주시 남고문로 51)

　나주읍성은 고려시대부터 축조하기 시작하여 조선시대를 거치면서 수차례 성벽을 확장하거나 다시 쌓아 면모를 갖추었다. 원래 길이는 약 3.7Km로 평지에 남북으로 긴 타원 형태로 쌓았으며 동쪽에 동점문(東漸門), 서쪽에 영금문(映錦門) 또는 서성문(西城門), 남쪽에 남고문(南顧門), 북쪽에 북망문(北望門)이라 하여 사방에 성문을 두었다.

　1900년대 초부터 훼철되어 남고문이 마지막으로 철거된 후 성벽 터는 대부분 민가가 들어서거나 밭으로 경작되었다. 나주는 한양과 같이 사대문이 25년에 걸쳐 모두 복원되었다. 1993년 남고문, 2006년 동점문, 2011년 서성문(영금문), 2018년 북망문을 복원했다.

　외부에서 사람이 들어올 때는 기본적으로 동점문으로 들어왔다. 남고문에 와서 북쪽 즉 임금이 계신 곳을 돌아본다고 하여 '돌아볼 고(顧)' 자를 써서 남고문이고, 북망문 또한 임금 있는 한양을 바라본다는 뜻으로 '바랄 망(望)' 자를 썼다는 얘기가 있다.

　나주 성벽길 걷기는 나주공공도서관에서 출발하면 좋다. 도서관 정문에서 나와서 산 쪽으로 5m쯤 가다가 오른쪽 길 왼쪽을 바라보면 아래 그

(왼쪽) 나주읍내 고지도 (오른쪽) 공공도서관 옆 나주성벽 흔적

림처럼 유일하게 남아있는 예전 성벽 흔적을 찾을 수 있다.

다시 큰 도로로 나와서 산 쪽으로 난 도로를 올라가다가 처음 오른쪽으로 난 도로에서 우측으로 쭉 올라가면 잿등 노인회 간판과 비석이 보인다.

(왼쪽) 잿등 노인회 건물 (오른쪽) 물이 마르지 않는 원님샘

잿등 노인회 건물 오른쪽을 지나 쭉 올라가면 멀리 서성문이 보이는 등서리가 나온다. 고개 넘어 좁은 마을길로 내려와 나주고등학교 후문 앞 원님샘을 지난다. 원님샘은 조선시대 나주목사가 이 물을 길어다 먹었다 하여 이름 지어졌다. 아무리 가물어도 마르지 않고 지금도 샘솟고 있다. 60-70대 어르신들은 어릴 적부터 이 샘을 왕건샘이라고 불러와서 원님샘이라는 말을 낯설어한다.

원님샘을 지나 시내를 가로지르는 다리를 건너서, 길게 파진 해자를 바라보며 오른쪽 길을 걷다 보면 서성문에 이른다. 해자는 성벽길 따라 길게 파져 있는데, 깊게 고랑을 파고 물이 흐르게 하여 적이 쉽게 침입하지 못하고 구렁에 빠지게 하는 방어 역할을 했다.

서성문에 올라 금성산을 바라보자. 왼쪽이 월정봉, 오른쪽이 장원봉이다. 장원봉 아래로 향교가 자리잡고 있다. 나주의 후학들이 공부하던 장소다. 금성산 가장 높은 봉우리는 정령봉이다. 국가 행사인 산신제를 지내던 영험한 산이다.

전봉군 장군이 부하 몇 명을 데리고 서성문을 두드리며 민종렬 목사와 담판을 요구하는 모습을 상상해보자. 또 월정봉을 타고 내려오는 하얀 옷의 동학 농민군들의 모습과, 서성문에 올라 그들과 싸웠던 관군과 민보

북망문과 성벽 그리고 밖에 길게 판 해자

군의 모습을 상상해보자. 우리나라 민주주의의 출발점이 노예제도 폐지이고 동학이었다.

서성문을 내려와 왼쪽으로 난 큰 길 쪽으로 북망문을 향해 쭉 나아가자. 송정리, 목포, 광주로 나뉘는 삼거리를 지나 송정리 쪽으로 200m쯤 걸어가면 오른쪽에 북망문이 커다랗게 자리 잡고 있다.

북망은 북쪽, 즉 한양에 있는 임금을 바라본다는 뜻이다. 1920년 발간된 『속수나주지』에 의하면, 성 북쪽으로 진·출입 시 사용되던 단층 홍예식(아치형) 성문이다. 2018년 12월 북망문 복원으로 나주읍성의 4대 성문이 완벽하게 복원되어 역사문화도시 나주의 위상을 정립하고 소중한 문화유산으로 자리잡았다. 북망문 밖으로는 유서 깊은 고찰 심향사가 있다는 안내문을 볼 수 있다.

북망문 옆 도로를 건너 아파트 옆과 나주중앙초등학교 뒷길을 따라 목사골 재래시장 쪽으로 쭉 내려오다 보면 석당간(石幢竿)이 높이 보인다. 석당간이 세워진 연유는 무엇일까?

『신증동국여지승람』에 "처음 나주에 주(州)를 설치할 때, 나주 지형이 배 형국인 까닭에 그 안정을 빌기 위해 동문 밖에는 석장(石檣)을, 안에는 목장(木檣)을 세웠다"라는 기록이 있다. 원래 석당간이 세워진 곳은 영산강 침수지역으로, 지반을 다지기 위해 기단부를 3층으로 조성하고 그 위에 화강암으로 양 지주와 당간을 세웠다. 주민들은 '장사 주렁 막대기', '전대'라 하여 '힘 센 장사가 짚고 다니던 지팡이'와 '긴 막대'라는 뜻으로 불러왔으며, 최근까지도 '전대제'라 하여 차를 새로 사거나 소원이 있을 때 기원제를 지낸 곳이다.

동점문 밖 석당간
(사진 이우철)

석당간을 지나 멀지 않은 곳에 동점문이 있다. 큰길을 건너 외부 사람들이 드나들던 동점문을 살피고 큰길 따라 청소년수련관 일송정 쪽으로 도로를 따라오다가, 수련관 앞 삼거리에서 우회전하여 200m쯤 가면 남고문이 나온다. 남고문에서 나주공공도서관으로 올라가면 처음 시작했던 성벽 터에 이른다. 한 바퀴 다 돌았다. 아! 성벽이 이렇게 이루어졌구나.

◈ 나주인의 건강을 지켜주는 한수제 생태길(나주시 경현동 116-1)

한수제는 말 그대로 한수저수지라는 큰 제방이다. 왼쪽으로는 금성산 월정봉이 있고, 오른쪽으로는 장원봉이 우뚝 서 있다. 그 가운데 골짜기로 큰물이 고여있는 셈이다. 수원(水源)은 모두 금성산에서 내려온 물이다. 벚꽃이 활짝 피는 4월이면 꽃잔치 길이 된다. 평소에도 금성산 맑은 공기를 마시며 걸을 수 있는 최상의 건강 산책 코스다. 성인은 1시간, 어린이는 1시간 30분~2시간 정도 시간을 갖고 여유 있게 한수제 둑길을 따라 걸으면 하루 운동을 충분히 할 수 있다. 금성산은 보배로운 산이다. 여러 갈래로 가는 길이 많다. 등산을 즐기는 사람도, 가볍게 산책하려는 사람도 모두 품어 안은 풍요로운 산이다.

한수제 생태길을 걸어보자. 한수제 주차장에서 둑길 위로 올라가서 왼쪽으로 먼저 도는 것이 좋다. 모서리 부분이 데크로 만들어져 잠시나마 물 위를 걷는 즐거움을 맛볼 수 있다. 모서리를 돌아 올라가면 금성산 맨

(왼쪽) 금성산 맨발길 안내도 (오른쪽) 한수제 생태길

발길, 화장실 안내판과 금성산성 임도 안내도가 있다.

떡재 삼거리 안내 표지

여기서부터 맨발로 걸을 수 있는 곳이다. 신을 양손에 들고 맨발로 걸으면 흙의 보드라운 감촉을 온몸으로 느낄 수 있다. 맨발길이 끝나는 지점에 있는 세족대에서 발을 씻고, 다시 신을 신고 걸으면 된다.

출발지에서 2.5km, 40분 정도 걸어 올라가면 중간에 화장실이 있는 떡재 삼거리에 이른다. 쉴 수 있는 평상과 나무의자가 있고, 운동기구도 비치되어 있다. 산으로 올라가는 가느다란 산길도 있다.

잠깐 쉬었으니 이제 내려가 보자. 내려가는 기운을 느끼며 양옆으로 늘어진 숲길을 걷는 기분이 참 좋다. 황토방이 있는 음식점을 지나 내려가면 경현서원이 있었을 옛날 진동인 경현동 마을 초입이라는 알림돌이 있고, 돌로 된 천하대장군과 천하여장군이 우리를 반겨준다.

경현동마을 입구 천하대장군과 지하여장군

바로 아래 제방가로 길게 놓인 산책길을 바라보며 가벼운 발길로 내려온다. 여기서 또 갈림길이 있다. 바로 내려가면 1시간 코스고, 30~40분을 더 둘러볼 수 있는 코스가 있다.

상가들이 있는 곳에서 왼쪽 골짜기로 올라가면 금성산 생태물놀이장이 있고, 왼쪽으로 더 올라가면 다보사로 갈 수 있다. 오른쪽 길로 쭉 올라가면 국립나주숲체원이 있다.

입구 오른쪽 건물에 있는 사무실에서 안내를 받을 수 있다. 다양한 프로그램이 준비되어 있다. 국립나주숲체원을 둘러보고 비탈진 길을 쭉 내려오다가 오른쪽 오솔길로 들어가면 다보사로 가는 길이다. 금성산 공기와 기운을 한껏 가슴에 안고 충만한 삶의 기운을 느낄 것이다.

(왼쪽) 금성산 다보사 입구 (오른쪽) 다보사 대웅전

금성산 깊숙이 있는 국립나주숲체원

2. 금성산 북쪽 노안

금하 서상록 공원묘 ➜ 남천수목원 예술인 마을 ➜ 금성산 생태숲 ➜ 쌍계정

◈ 금하 서상록 공원묘

나주동신대학교에서 나주IC 쪽으로 800m쯤 가다가 왼쪽으로 널찍한 정원 같은 공간이 있다. 잘 가꾼 정원 같아서, 봄철이면 많은 사람이 소풍 나오는 장소인 이곳은 한때 호화묘 논란에 휩싸였던 금하 서상록의 공원묘다. 비석에는 그의 행적과 이 공원을 조성한 의의를 새겼다.

금하 서상록 공원묘

열여섯 어린 나이에 혈혈단신 현해탄을 건너가서 낮에는 일하고 밤에는 신학문을 배웠다. 스물여덟에는 공업을 세워 자립하고, 성실과 근면으로 사업은 날로 번창하여 여러 기업체를 운영하게 되었다. 한편 한없는 고향 사랑으로 사재를 들여 많은 사업을 하여 아낌없는 도움과 희사를 했다. 고귀한 정신과 애향심에 감사하며 그 은혜 어찌 잊으리오.

2002년 9월 나주시민 일동

서상록의 흔적은 철야마을과 남산시민공원 팔각정과 테니스장에도 있다. 고향 사람들의 건강을 위해, 금하 장학금을 통해 고향 후학들을 위해 많은 업적을 남긴 분이다. 삶을 어떻게 살아야 할지 다시 생각하게 한다.

◈ 남천수목원 예술인 마을(노안면 금성산길 387-60)

금하 서상록 공원묘를 지나 바로 왼쪽 산길로 올라가면 3거리 산길인데, 오른쪽으로 가면 태평사와 예술인 마을 남천수목원으로 가는 길이다.

남천수목원 예술인 마을로 들어가면 집이 띄엄띄엄 있다. 정원에는 나무가 잘 가꾸어져 있어서 둘러보기만 해도 마음이 포근해진다.

남천수목원 예술인 마을 표석

◈ 태평사(나주시 노안면 금성산길 387-83)

남천수목원 입구에서 왼쪽으로 난 숲길을 따라 올라가 보자. 맑은 공기가 숨을 편하게 한다. 120m쯤 올라가면 산 중턱에 태

태평사

평사 돌담이 보인다. 성벽처럼 단단하게 축대가 지어져 있다. 절 앞에는 커다란 소나무 숲이 오래된 세월을 얘기한다.

◈ 금성산 생태숲(나주시 노안면 금안2길 207-161)

다시 노안 쪽으로 가는 큰길로 나와 나주IC 방향으로 가다 보면 왼쪽에 금성산생태숲 푯말이 보인다. 금성산생태숲에는 다양한 프로그램이 있어서 어린이나 학생들이 활동하기에 좋다. 금성산생태숲에서 산을 넘어가면 국립나주생태원이다.

◈ 호남 명촌 금안동에 위치한 쌍계정(나주시 노안면 금안2길 96-6), 경열공 정지를 모신 경열사와 보한재 신숙주 생가

금성산생태숲에서 금안동 쪽길을 따라 내려오다 보면 마을길로 접어든다. 저 아래 두 계곡물이 만나는 곳에 쌍계정(雙溪亭)이 있다. 정자 양쪽으로 계곡물이 흐른다고 붙여진 이름이다.

쌍계정에는 11개의 편액이 있고 중수기 4편이 전해 오는데, 그 속에서 대동계의 정신을 엿볼 수 있다. 마당에는 450

450년 된 노거수 푸조나무와 쌍계정
(사진 이우철)

년 된 푸조나무가 당당한 모습으로 쌍계정의 정신을 지켜주고 있다. 1982년에 나주시 보호수로 지정, 보존되고 있다.

쌍계정에서는 많은 시회(詩會)가 열렸다. 근 50편에 이르는 많은 현판이 이곳이 시회 장소로 큰 역할을 하던 누정임을 말해준다. 1736년 중수할 때 낙성식에서와 1938년 중수할 때도 많은 사람이 모여서 누정시를 지었다. 예부터 자랑으로 여겨 온 전통적인 시풍이 후기 시단에 그대로 계승

아름다운 나주 생태길

된 것이다. 쌍계정 안내판을 들여다보자.

이곳 금안동은 조선시대 호남 3대 명촌으로 지금까지 약 400년간 마을 사람들이 화목하고 마음을 합해 마을을 잘 가꿔가자는 '대동계'를 운영해 온 것으로 유명하다. 쌍계정은 대동계를 열고 향약을 시행하던 곳이다. 또한 문정공 정가신, 문숙공 김주정, 문현공 윤보 등 이름난 분들이 교유하던 처소라 하여 삼현당(三賢堂)이라 부르기도 했다.

조선시대에는 정서, 신숙주, 신말주, 김건, 홍천경 등이 대를 이어 강학하던 곳이며, 쌍계정 편액 글씨는 명필가로 유명한 석봉 한호가 쓴 것으로 전한다. (중략) 주변에 노거수가 우거져 아름다운 풍경을 연출한다. 쌍계정이라는 명칭은 쌍계정 좌우 즉 쌍으로 계곡이 있기 때문에 붙여진 것으로 전한다.

쌍계정 안쪽에는 '사성강당(四姓講堂)'이라는 현판이 있는데, 오늘날도 음력 4월 20일에 계원들이 모여 그 옛날의 훈훈한 정을 나누고 있다. 쌍계정은 아름다운 계곡이나 언덕 높은 곳에 있지 않기에 풍광을 노래한 시보다는 금안동계의 전통을 이야기하는 작품들이 많은 것이 특징이다. 1938년 중수할 때 운은 연(年), 연(連), 연(烟), 천(天), 연(然)이다. 쌍계정은 1973년 전라남도 유형문화제 제34호로 지정되었다.

쌍계정에서 나와 금안동 마을길로 들어서서 골목을 따라 올라가면 고려 말 왜구를 격퇴하여 나라를 지킨 경열공 정지(1347~1391) 장군의 위패를 모시는 경열사(景烈祠)가 있다. 다시 골목을 따라 조금 더 올라가면 보

(왼쪽) 경열공 정지 장군 사당인 경열사 (오른쪽) 보한재 신숙주 선생 생가 안내판(사진 이우철)

한재 신숙주의 외갓집인 생가가 있다. 생가 아래쪽으로 내려오면, 금안마을교육공동체에서 진행하는 한글학교 건물이 있다.

한나절 금성산 정기를 가슴속 가득 담아올 수 있는 곳이 노안쪽 걸음이다.

3. 지석천이 흐르는 남평
드들강 유원지 ➜ 남평초와 남평공공도서관 ➜ 남평향교 ➜ 남평월현대

남평은 홍수와 관련이 많은 지역이다. 드들강 전설 또한 홍수와 관련이 있다. 남평의 백제시대 이름은 미동부리(未冬夫里)인데, '밑에 있는 들(마을)'이라는 뜻이다. 즉 하천보다 낮은 곳에 위치한 마을을 의미한다.

남평 사람들은 홍수를 예방하기 위해 제방을 쌓는 등 많은 노력을 기울였으나 잦은 비에 무너지고 피해를 입게 되자, "인신공양을 하면 효험이 있을 것이라는 속설을 믿고, 가난한 백성의 딸 '드들이'를 생매장하여 제방을 쌓았다고 한다. 그 후로 홍수를 견디었지만, 물이 늘 때마다 '드들 드들'하는 한 맺힌 소리가 들렸다 하여 '드들강'이라 불렀다"는 전설이 내려온다.

제방을 완성한 남평현에서는 제방 위에 소나무를 심었는데, 그 길이가 무려 10리에 이르러 속칭 '십리송(十里松)', '십리장송(十里長松)', '십리장성(十里松城)'이라고 불렀다. 남평 십리송은 1400년대에 만들어진 것이다.

남평의 아름다움을 표현하는 8경시는 '지석강의 고기잡이 불빛', '죽림사의 저녁 종소리', '드들강변 십리에 걸친 소나무', '새저울에 비친 달빛', '오산에서 보는 저녁놀'. '푸른 송림에서 노니는 두견새', '월현대에 내리는 저녁 눈', '육룡사(육림들)에 날아 앉은 기러기'로 표현된다.

솔밭 입구 드들강 표지석.
드들아씨 전설이 적혀있다.

남평에서 들러볼 만한 곳은 많지만 그중 생태 역사 관련한 몇 군데만 살펴보자.

◆ 남평 드들강 유원지(나주시 남평읍 남석리 779)

남평읍내에서 지석천을 따라 화순 능주 쪽으로 가다 보면 드들강 유원지의 널따란 솔밭이 있다. 1980년대까지만 해도 광주를 비롯하여 나주 남평 사람들의 휴식처였다. 널따란 모래밭에 들어서면 〈엄마야 누나야 강변 살자〉 노래를 작곡한 안성현 노래비가

탁사정

있고, 안쪽으로 사람들이 쉴 수 있는 탁사정(濯斯亭)이라는 정자가 있다.

탁사(濯斯)란 '물을 두드린다'는 뜻의 '탁(濯)' 자와 이것이라는 뜻의 '사(斯)' 자가 합쳐진 말로, '물에 적시어 이것을 막대기로 두드려서 더러워진 곳을 빼는 것'을 뜻한다. 탁사정 판액은 고당 김규태(1902~1966)의 작품이다.

1587년(선조 20) 건립된 탁사정은 파평 윤씨 지암 윤선기의 휴식처였다. 안쪽 벽에는 1952년 김정채가 쓴 탁사정중건기를 비롯하여 13편의 시문이 걸려 있는데, 원운에 따라 후손들이 지은 시가 있다.

남평의 옛 관아에서 강 길을 따라 10리 정도 거리에 청산녹수의 맑은 산수가 둘러있는 승지(勝地)가 있다. 병풍처럼 둘러있는 오른쪽 산에는 산새들이 모여들고 왼쪽 물에는 여러 종류의 물고기가 뛰노는 맑은 풍경이 있으며, 많은 사람이 바위에 앉아 한가로이 낚시를 드리우는 자유자재의 풍경이 아름답기 그지없다. 길손들이 이 풍경을 보고 발길을 멈추어 정신을 빼앗기는 느낌이 들 정도다. 한 언덕을 넘어 송림 울창한 전원마을 뒤에 높은 기와집 한 채 있으니 이 집이 곧 탁사라는 정자다.

탁사정 옆에 안성현 노래비가 있다. 솔밭 사이사이 텐트나 가림막을 치고 쉴 수 있다. 반짝이는 강변 모래 위로 흐르는 강물 소리를 듣다 보면 안성현이 김소월 시에 작곡한 〈엄마야 누나야 강변 살자〉 노래가 절로 나오는, 휴식과 힐링의 공간이다.

안성현 노래비

안성현(1920-2006, 본명 안국현)은 가야금산조의 대가 안기옥(1897~1974)의 아들로 남평에서 태어났다. 일본에서 음악 공부를 마친 후 전남여중과 광주사범학교, 조선대학교, 그리고 목포 항도여중(현 목포여고) 음악교사로 활동했다. 같은 학교에서 국어를 가르치는 박기동 선생이 누이를 잃은 슬픔을 표현한 「부용산」이라는 시에 곡을 붙여 〈부용산〉이란 노래를 만들어 발표했다. 목포에서는 이 노래가 입에서 입으로 퍼져갔는데, 이 노래를 빨치산들이 불렀다 하여 금지곡이 되었다가 1997년에야 해금되었다. 현재도 남평읍에는 '안성현노래연구회' 모임이 활동 중이고, 나주문화원에서는 2018년 안성현 백서를 편찬했으며, 나주시 주최 뮤직페스티벌 등 다양한 기념 활동을 하고 있다.

엄마야 누나야 강변 살자/ 뜰에는 반짝이는 금모래 빛
뒷문 밖에는 갈잎의 노래/ 엄마야 누나야 강변 살자
_「엄마야 누나야 강변 살자」

부용산 오리 길에/ 잔디만 푸르러 푸르러
솔밭 사이사이로/ 회오리바람 타고
간다는 말 한마디 없이/ 너는 가고 말았구나
피어나지 못한 채/ 병든 장미는 시들어지고
부용산 봉우리에/ 하늘만 푸르러 푸르러
_「부용산」(*박재동 시인의 고향 벌교 부용산에 동생 무덤이 있다.)

◆ 남평초와 남평공공도서관 앞 뜰(옛 남평동헌, 나주시 남평읍 지석로 95)

남평초등학교와 남평공공도서관이 있는 뜰을 둘러보자. 많은 유적이 있다. 교문을 들어서서 초등학교 중앙 현관을 향해 가다 보면 왼쪽에 노거수 연리목이 있다. 연리목은 이 터의 역사를 모두 알고 있을 것이다. 노거수에 인사하고, 현관 앞쪽에 동사리(同舍里) 석등(전라남도 문화재자료 제95호)을 살피게 된다. 학교, 동헌 자리에 웬 석등일까? 안내판을 보자.

동사리 석등은 조선 시대 남평현 관아로 사용되었던 터에 있으며, 절 안을 환하게 밝히는 기능도 하지만 부처님의 빛이 사방을 비춘다는 의미를 드러내기도 한다.
아래 받침돌에는 복련이 새겨져 있으며, 가운데 기둥돌인 간주석은 팔각으로 되어 있고 아무런 조각이 없다. 위에 얹은 돌에 새겨진 앙련은 비바람에 닳아 뚜렷하지 않으나 팔각이었을 것으로 보인다.
등불을 밝히게 된 부분인 화사석은 사각형 석재를 따로 만들어 끼워 네 모서리의 기둥을 대신했으며, 그 위에 팔각 지붕돌을 올려놓았다. 기왓골에는 별다른 조각이 없으며 많이 닳았고, 머리 부분인 상륜에는 구슬 모양 장식인 보주가 있다. 이 석등은 고려시대에 만든 것으로 보인다.

불교적 색채를 띠는 이 석등이 있는 것으로 보아, 남평초등학교 자리에 조선시대에는 남평동헌이, 고려시대에는 절이 있지 않았나 싶다.

(왼쪽) 연리목 (오른쪽) 동사리 석등

교문을 향해 나오자면 오른쪽 건물이 남평공공도서관이다. 남평은 조선시대에 남평현이었다. 지금은 나주시 남평에 속하지만, 이전에는 나주와 남평은 다른 행정구역이었다. 지석천 강물이 역류하듯이 남평 사람들의 항일의식이 두드러져 행정구역 개편을 하며 흩어 놓았다 한다. 초등학교 정문 나오기 전에 오른쪽 정원에는 남평 동헌 비를 비롯한 여러 기념비와 동상이 있다. 그중 항일독립운동을 한 '의사 이산 윤승현 기적비(義士伊山尹昇鉉紀蹟碑)'가 있다. 안내판을 살펴보자.

의사 이산 윤승현 기적비

윤승현 선생은 1928년 광주고보 재학 시 동맹휴학을 전개했으며, 1929년에는 광주학생독립운동을 주도했다. 이후에는 농민과 학생을 중심으로 한 한국노동자농민조합을 조직하여 항일투쟁을 전개했으며, 1932년에는 성진회와 여러 항일단체를 통합하여 전남노농협의회를 결성하기도 했다. 지하운동단체인 독서회를 조직하여 활동하던 중 일경에 체포되어 3년의 옥고를 치르기도 했다. 출옥 후 항일투쟁을 계속한 공로로 1990년에 건국훈장 애국장이 추서되었다.

◈ 남평향교(전라남도 나주시 남평읍 남평향교길 45-12)

남평향교 안내판을 참고하여 간략히 소개한다. 남평향교는 세종 2년(1420) 남평현 동문 밖에서 동쪽으로 약 1.6km 떨어진 곳에 세워졌다. 중종 29년(1534) 이곳으로 옮겨졌다. 공자를 모시는 대성전에는 5성(聖)과 중국 송나라 4현(賢), 우리나라의 18현(賢)을 포함하여 모두 27위를 모시고 있다.

아름다운 나주 생태길

◈ 남평 월현대(나주시 남평읍 서산리)

　　남평교 건너 왼쪽으로 성덕산(聖德山)이 보이는데, 속칭 호산(虎山)이라고
도 한다. 이 산정이 조선 초 군주 자리를 뺏긴 단종을 위하여 비통한 일
생을 보낸 치재(恥齋) 정극융(丁克隆)의 절의를 간직한 월현대(越峴坮)다. 공원
처럼 갖가지 운동기구들도 비치되어 있어서 남평과 지석강물 그리고 삼
포뜰을 바라보며 운동을 즐길 수 있는 좋은 장소다. 예전에는 이곳에 산
성이 있었다고 한다. 월현대의 유래를 살펴보자.

정극융은 단종 3년(1455) 단종이 폐위되자 불사이
군(不事二君)의 신의(臣義)로 이곳 남평 초야에 묻혀
여생을 바쳤는데, 1457년 단종이 다시 노산군으
로 강봉되어 강원도 영월에 칩거하자 선생은 식음
을 폐하고 성덕산에 올라 멀리 영월을 향하여 망
배 통곡하니, 당시 영평현(현 남평) 사람들은 물론
산천초목도 같이 슬퍼했다.

멀리 임금이 있는 영월을
바라보며 절을 올린 월현
대 망배유적비

… 마침내 그해 12월 4일 단종께서 승하하시니 엄
동설한인데도 산정에 올라 멀리 영월을 향하여 통
탄하고 3년을 하루같이 상복을 입고 지냈다. …

당시 사람들은 그 절의에 감탄하여 이곳을 월현대라 칭했다.[지금은 월연대
(月延臺)라고도 쓴다.]

동쪽으로는 무등산이 안개에 덮여 있고, 서쪽으로는 멀리 금성산이 바라보
이는데, 지석강 푸른 들은 월현대를 감돌아 삼포평야를 남쪽으로 끼고 흐
르면서 선생의 높은 충절을 기리고 있다. … 월현대 성곽 밑 제단에서 500
여 년 동안 정월 대보름날 제를 지내기도 했다.

_출처: 〈나주군지〉 〈남평읍지〉 〈나주정씨 사간공파 종회〉

4. 나주의 발전 중심 혁신

빛가람전망대 ➜ 화지 홍련마을 ➜ 전남산림자원연구소 ➜ 식산 생태탐방로

◈ 빛가람전망대(나주시 호수로 77)

나주 혁신지구 중심에 위치한 빛가람 전망대와 산책길

산포면에 해당하는 혁신지구 사람들은 빛가람전망대에 올라 주변 산야를 휘~ 둘러볼 수 있다. 동산 주변은 습지로 둘러져 있다. 낮지만 전체를 조망할 수 있는 곳이다.

점심 후 잠깐 쉬는 시간이면, 많은 직장인이 물병을 들고 빛가람 공원을 산책한다. 가볍게 산책하기에 아주 좋다. 걷기 힘든 사람들은 기계 힘을 빌려 전망대까지 올라갈 수도 있다.

◈ 화지 홍련마을(나주시 산포면 화지길 28-7)

혁신지구를 벗어나 화지 홍련 마을에 가면 아늑한 고향에 온 듯하다. 앞에는 홍련이 있는 큰 연못이 있고 그 앞에는 식산이 길게 누워있다. 동네 왼쪽으로는 전라남도농업기술원이, 오른쪽으로 가면 전남산림자원연구소가 있다. 이 두 기관의 가운데에 있는 명당이다. 홍련마을 운영

위원회에서 운영하는 화지 쉼터는
20~30명 숙박도 가능하다.(남평에서
나주 군내버스 300번, 영산포나 나주혁신지
구를 거쳐 저수지 둑까지 가는 701번을 이용)

나주는 우습제 생태공원, 화지
홍련마을 등 곳곳에 홍련이 많다.
화지 홍련마을에는 마을교육공동
체가 있다. 7~8월에는 홍련을 구경

**화지 홍련마을과 산책로. 멀리 보이는 산은
식산이다.**

하면서 주변을 둘러보고, 산행을 하거나 저수지 둑 산책로를 걸으며 섬의
시간을 즐겨보자.

◈ 전남산림자원연구소(나주시 산포면 다도로7)

화지 홍련마을에서 오른쪽으로 가면, 나주 혁
신지구 가까이 전남산림자원연구소가 있다. 다
양한 나무로 숲이 가꾸어져 있어 산책하기에 좋
다. 산을 좋아하는 사람은 바로 위로 올라가면
식산 생태탐방로 등산을 할 수 있다.

정문 입구에 있는 안내소에서 신청하면 산책
로를 걸으며 안내받을 수 있다. 다양한 코스가
있는데, 1시간은 충분히 걸린다. 미리 신청하면
특별 프로그램에 참여할 수도 있다.

**전남산림자원연구소 중앙
메타세콰이어길**

◈ 식산 생태탐방로(나주시 다도면 송학리)

식산은 다도면에 해당하지만 남평과 혁신지구에서도 아주 가깝다. 바
로 앞에 있는 산이다. 식산 생태탐방로는 여러 방면에서 올라갈 수 있다.

전남산림자원연구소 위쪽으로, 도래마을에서, 화지 홍련 마을 쪽에서도 올라갈 수 있다.

산행을 좋아하는 분은 식산을 둘러보는 것도 좋다. 식산에 올라가면 남평·산포를 비롯하여 나주혁신지구와 나주시내 금성산과 나주평야가 한눈에 들어온다.

식산 생태탐방로 등산코스와 탐방로 코스 안내도

5. 울창한 산림으로 맑은 기운이 도는 다도

전남산림자원연구소 → 도래마을 → 나주호 → 불회사 생태탐방로

도래 쪽 코스는 전남산림자원연구소에서 시작하는 것이 좋다. 전남산림자원연구소를 나와서 도래 한옥마을에 가보자.

◈ 도천학당의 배움으로 강학·충절·효행의 고장이 된 도래 한옥마을
(나주시 다도면 풍산리 193)

도래마을 뒷산은 식산이다. 도래마을에는 풍산 홍씨가 많이 거주하고 있고, 도천학당의 배움으로 강학·충절·효행의 인물들이 많이 나왔다. 마을의 내력과 연혁이 마을 입구 안내판에 자세하게 기록되어 있다.

풍산 홍씨가 나주에 살게 된 것은 홍한의의 조부 성천부사 홍수가 계유정란이 일어나자 충절을 지키기 위해 나주 금안동에 정착했기 때문이다. 이는 그 아버지 홍이가 남평 현령을 지낸 인연으로 볼 수 있다. 1541년(중종 36) 휴암 백인걸이 남평 현감으로 부임하여 학문을 일으키고 선비 양성에

(왼쪽) 도래 한옥마을 영호정 (오른쪽) 한옥 골목길(사진 이우철)

정력을 기울였다. 이 덕분에 유풍이 일어 훌륭한 인물을 배출하여 국난 극복에 앞장섰다.

임진전쟁이 일어나자 도천학당 학도들은 책을 덮고 일어났다. 홍심(洪深)은 건재 김천일과 회맹하여 왜적과 싸우다 진주성에서 순국했다. 스승인 중봉 조헌이 의거했다는 소식을 듣고 홍민언과 홍민성은 최시망, 최희립, 홍시정과 의병 1,000여 명을 모집하고 남원 운봉으로 진격 중 여원치에서 왜군을 기습하여 208명을 사살하는 전과를 거두었다.(중략)

병자호란 때는 홍남갑, 홍대헌, 홍남주, 홍종문, 홍종운, 최경제 등이 1728년 이인좌의 난 때는 홍민동, 홍계동, 홍성한, 홍종계, 홍승용, 이형좌 등이 의병을 일으켜 나라를 지키는 데 앞장섰다. 1907년에는 최종익이 의병을 일으켜 일본군과 싸우다 능주 석정에서 순국했다. 이같이 도래마을에서 의병활동이 끊이지 않고 이어진 것은 도천학당에서 선비들이 지속적으로 학문을 연마했기 때문이다.

도천학당은 한국전쟁 때 공산군의 방화로 소실되었지만, 선비들의 봄·여름 학습 장소로 사용하기 위해 1900년에 건립한 영호정은 청년단장 홍강희의 적극적 저지로 소실을 면했다. 1918년 12월 20일 고종 황제가 승하하자 마을 사람들이 영호정에 모여 '나라는 망했지만 황제는 우리 임금이니 삼년복을 입자'고 결의했다. 같은 달 27일 밤 136명의 마을 장자들이 모두 흰 상복을 입고 영호정 뜰에 모여 고종황제의 신위를 영호정에 설치하고 모두 애도했다. 다음 해 3월 1일 고종황제 인산(장례식) 때 다섯 명의 조문단을 경성으로 보내고, 마을 사람 모두 영호정에 모여 슬픔을 함께했다.

1919년 6월 27일에는 54명의 선비들이 영호정에 모여 도천시회를 조직하고 여러 고을 선비들과 교류하며 남도 문화의 맥을 이었다. 현재 〈도천시회집〉 세 권이 전해온다.

도래마을에 있던 많은 역사적인 건축물이 한국전쟁 때 소실되었으나, 중요민속자료 제151호 홍기응 가옥, 제165호 홍기헌 가옥, 나주시 문화유산 제34호 영호정, 제35호 양벽정, 제21호 귀래당과 시민문화유산 제2호 도래마을 옛집인 계은정, 쾌고정, 모남정 등 유서 깊은 한옥과 정자가 남아있어 양반 동네의 모습을 잘 보여준다.(중략)

마을 행사로는 100여 년 전부터 대동계를 결성하여 공동체의식을 함양하고, 매년 정월 초이튿날 마을 어르신들을 경로당에 모시고 합동 세배를 드린다. 1978년부터 봄철에 주민과 향우들이 모여 '도래의 날' 행사를 한다.

도래마을은 2006년 '전라남도 전통 한옥마을'로 지정되어 전기 시설을 지중화하는 등, 살기 좋은 마을을 만들기 위해 애쓰고 있다. 2013년 가을에 이장 홍기축이 〈도천동지〉 등 여러 문헌을 참고하여 삼가 짓다.

◆ 불회사 생태길을 걷다(나주시 다도면 다도로 1224-142)

불회사(佛會寺) 왼쪽에 반듯이 난 길을 올라가면 초전성지 덕룡산 불회사(初傳聖地德龍山佛會寺) 문을 들어서게 된다. 불교가 처음 전파된 덕룡산 자락에 있는 불회사라는 뜻이다. 마라난타 스님이 처음 전한 불갑사와 같은 절이다.

사랑나무인 느티나무에서 산 아래로 30m쯤 내려가면 왼쪽에 할아버지 석장승이, 오른쪽에 할머니 석장승이 있다. 표정이 매우 해학적이다. 할머니 석장승은 포근하게 웃는 모습인데, 할아버지 석장승은 수염이 땋아져 있고 그

초전성지 덕룡산 불회사 입구

자애로운 할머니 석장승(왼쪽)과 해학적인 할아버지 석장승

나마 옆으로 비틀어져 있다. 눈은 부리부리
하고 코는 심술쟁이 놀부 수염처럼 배배 꼬여
있다. 볼에는 인상을 써서 생긴 주름이 각 볼
에 세 개씩이나 있다. 마음 씀이 배배 꼬여 있
는 모습이다. 들여다볼수록 해학적이다. 언제
만들었는지는 알 수 없다.

또 다른 길이다. 주차장 오른쪽, 나무로 만
든 산책길을 따라 걸어보자. 왼쪽 길과 만나
는 곳 산기슭에 보호수 팻말이 있다. 두 나무
가 하나로 연결된 듯이 꼬여 있다.

불회사 주차장 오른쪽으로 난
산책길

노거수 느티나무는 수령 600년이 넘고, 둘
레 3.6m가량이다. 천년에 한 번 나올까 말까
하는 음양수인 사랑나무는 나라의 경사, 자
식의 부모에 대한 효성 등을 상징한다. 『고려
사』와 『삼국사기』에도 기록될 정도로 희귀하
고 경사스러운 나무다. 이 나무는 바위 위에
두 남녀가 사랑을 나누는 모습처럼 보인다.
천년 세월을 뛰어넘어 이곳에 모습을 드러낸
것이 상서롭게 여겨져, 2004년 보호수로 지정
되었다.

사랑나무. 오른쪽 160도 위에서
바라본 모습

다리 건너 불가(佛家)의 세상으로 들어간다.

다시 불회사로 올라가 보자. 왼쪽에 덕룡산불회사 비석이 있고, 절 입구에서 불가의 세상으로 들어가듯 다리를 건너면 진여문(眞如門)으로 들어간다. 다른 절과 달리 사천왕상이 조각이 아닌 그림으로 그려져 있다.

(왼쪽) 불화로 된 사천왕상(사진 이우철) (오른쪽) 산사문화재 홍보 현수막

석장승과 호랑이 이야기를 듣기 위해 산사 프로그램에 참여하면 좋겠다고 생각하며 대웅전과 주변을 둘러본다. 빙 둘러있는 높은 산골짜기에 크지 않지만 웅장하고 우아하게 지어진 아름다운 절이고, 포근하면서도 가슴이 뭉클해진다. 무언가 상서로운 기운이 느껴진다.

대웅전은 석가모니를 주존불로 모시는 건물이다. 이 건물은 흔히 볼 수 있는 조선 후기 양식의 건물이다. 천장 주위에 그려진, 불교와 관계된 22점의 벽화는 대웅전으로서의 장엄미가 한껏 돋보인다.

아름다운 나주 생태길

뒷산과도 잘 어울리는 장엄한 대웅전

내부에는 공(空)한 우주 진리 자체를 상징하며 모든 이에게 빛을 비추는 비로자나불이 본존불로 모셔져 있다. 이 불상은 종이에 옻칠을 해서 만든 희귀한 것인데, 남평 죽림사와 대호동에 있는 심향사 아미타여래불과 함께 중요한 의미를 지닌다.

대웅전 옆문으로 들어가 부처님께 삼배 올리고 나와서 아름다운 극락전도 보고 법고도 살피고 나오는데, 사천왕이 있던 건물 밖에 조그마한 금빛 탱화가 눈에 띈다. 자세히 살피니 초전성지덕룡산불회사(初傳聖地德龍山佛會寺)를 그림으로 표현한 것이다.

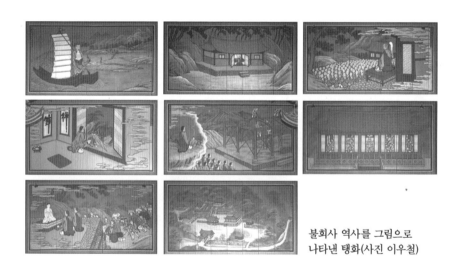
불회사 역사를 그림으로
나타낸 탱화(사진 이우철)

불회사는 어떤 절일까? 절 입구에 있는 안내 내용을 살펴보자.

덕룡산 불회사는 동진 태화 원년 인도의 마라난타 스님이 창건했다. 당나라 현경초에 신라의 희연조사가 재창했으며, 원말 지원초 원진국사가 삼창했다. 조선 정조 22년(1798) 2월 덕룡산에 큰불이 나 사찰 전각이 완전히 소실된 것을 당시 주지 지명스님이 기미년(1799) 5월 15일 상량했고, 1808년에 전각을 모두 복원했다.

『신증동국여지승람』 등의 지리서를 보면 불회사는 과거의 불호사로 기록되어 있는 것으로 보아 창건 때는 불호사로 불리다가, 1808년(순조 8) 무렵부터 지금과 같은 불회사로 절 이름이 바뀐 것으로 알려져 있다.

현재 문화재로는 대웅전, 건칠비로자나불좌상, 석장승, 원진국사부도, 소조보살입상이 있다.

백제 마라난타 스님이 영광에 불갑사를 창건하고 이어서 나주에 불회사를 세우고 도성으로 돌아갔다는 설이 있다. 그래서 불갑사는 갑을병정의 제일 처음인 갑(甲)을 쓰고 불회사는 모을 회(會) 자를 써서 불회사, 즉 스님들이 모여 공부하는 승가대학 역할을 한 절이었나 보다. 그림과 한자로 이해하니 의미가 명료해진다.

불회사는 정말 보배로운 곳이다. 그래서 이 절에 오면 왠지 모를 상서로운 기운을 받은 것일까? 두 명이 와도 참여할 수 있는 프로그램이 있다니, 기회가 닿으면 지인과 함께 참여해 보리라 다짐하며 산을 내려왔다.

6. 공산 들러 동강으로

나주영상테마파크와 나주유스호스텔 → 우습제 생태공원 → 느러지 전망대와 최부 선생 삶 따라

◈ **나주영상테마파크와 나주유스호스텔**(나주시 공산면 덕음로 450)

엄청난 스케일의 나주영상테마파크는 영화 〈주몽〉 촬영지다. 영화나 드라마 촬영장 세트가 있으며, 〈이산〉〈일지매〉 등 여러 작품이 촬영되었다.

주차장에서 오른쪽에 난 산길을 따라 쭉 올라가면 나주유스호스텔 영상테마파크문화센터가 널찍하게 자리하고 있다. 긴 여행길을 다닌 사람

영화 〈주몽〉 촬영장이었던 나주영상테마파크

나주 영상테마파크 문화센터 유스호스텔

들이 쉴 수 있는 공간이다. 이 부지는 전라남도에서 건립하는 남도의병역
사박물관 부지로 예정되어 있어, 변모해가는 모습을 볼 수 있다. 이곳에
서 왕건을 주인공으로 하는 영화가 만들어지면 좋겠다.

◈ 붉은 연꽃으로 가득한 우습제 생태공원

나주시 공산면 동촌리와 동강
면 인동리에 걸쳐 있는 저수지인
우습제는 약 300년 전에 조성한
것으로 알려졌다. 현재 모습은
1943년에 재축조한 것이다. '소소
리 방죽'으로 불리는 이 이름은
제방에 소들을 맸던 데서 유래하
며, 소 소리가 난다 하여 붙여졌
다 한다.

우습제 연못 사이 산책길. 홍련이 만개해 있다.

아이들은 동무들을 부를 때 '소소리 방죽에 소 줏으러 가자'고 소리치기
도 했다. 면적 약 43만 평방미터에 홍련이 자생한다. 무안 회산 백련 못보
다는 덜 알려져 있다. 옛 지도에는 '우습교제(牛+橋堤)'라 적혀 있으며, 둘레
2.1km, 깊이 2.1m에 이르러 전남 최대의 옛 저수지로 기록되어 있다.

방죽 옆에 늘어진 고목의 가지가 방죽 깊숙이 박혀 있어 오랜 시간의

깊이를 느끼게 한다. 우습제의 아름다움은
단연 연꽃인데, 온통 방죽을 뒤덮고 있다.
7~8월 분홍빛 연꽃이 필 때면 장관을 이룬
다. 최근 소문이 나면서 연꽃이 개화하는 8
월이면 많은 관광객이 모여든다. 이곳에서
나는 가물치는 강장 효과가 큰 것으로 알
려져, 면 소재지에 가면 맛이 일품인 가물
치회를 맛볼 수 있다.

우습제 생태공원에 활짝 핀 홍련

　연못 사이로 난 산책길로 걷다 보면 홍련
이 연못 가득 환하게 피어있는 모습을 촬영
할 수 있다.

◈ 느러지 전망대와 최부 선생 삶 따라(나주시 동강면 동강로 307-194)

　우습제 생태공원을 지나 영산강 하류에 이르면, 낙동강 하류의 하회마
을 같은 지형적 특성을 보인다. 영산강물에 휩쓸려 내려온 퇴적물이 모여
만들어진 느러지 마을과 곡강(굽은 강이어서 이 지역에서는 곡강이라고 불렀다)을
바라볼 수 있는 4층으로 된 느러지전망대 주차장에 이른다.

　주차장 안쪽으로 널찍한 정자가 있다. 곡강정에서 바람을 쐬면서 안내
판을 보면 한반도 지형 느러지('늘어지'라고도 쓰인다) 마을에 대해 알 수 있다.

담양 용추봉에서 시작되어
목포 하구언에 이르는 영산
강은 나주평야를 지날 때 강
폭이 넓어져 유속이 느려지
며, 이곳을 통과하는 모습은
영락없는 한반도 모습을 하
고 있다. 바다로 가기 전 한

하늘에서 본 느러지 마을과 곡강(사진 이우철)

호흡 가다듬고 가는 이곳은 여유롭고 아름다운 풍광을 지닌 느러지 곡강이다. 곡강정에 앉아 멈춘 듯 흐르는 강물을 바라보면서 숨 가쁘게 달려온 나를 잠시 돌아보게 한다.

주변에 돌로 된 표지석들이 있는데, '표해록(漂海錄) 따라 걷는 곡강, 최부', '표해록 이동 경로'라는 표지석이 있다. '최부(崔簿)', '표해록'을 찬찬히 들여다보게 된다.

세계 3대 중국 기행문 중 으뜸으로 꼽히는 『표해록』은 동강이 낳은 최부(1454년생) 선생께서 지으셨다. 530년 전 중국 명나라 대륙에 조선 선비 기개의 발원점은 동강면 인동리이고, 지금은 강 건너 무안면 몽탄면 이산리에 잠들어 계신다. 이에 넘치는 기개와 효행심이 지극했던 선생을 자랑스럽게 여기며, 곡천리 철산마을에서 옥정리 봉추마을까지의 곡강길 이름을 짓고 영산강의 형상을 가져다 글자를 새기니 이 길은 '곡강 최부길'이다.

느러지 전망대 주차장에 있는 안내석

최부 생가는 느러지 전망대가 있는 왼쪽 아래쪽으로 쭉 가면 나주시에 위치하며, 묘소는 곡강 가운데 무안면 몽탄면 느러지 마을에 있는 셈이다.

2019년 동강면에서 세운 '표해록 이동 경로' 안내석을 살펴보자.

1488.1.16. 우두외양 - 영파 - 항주 - 소주 - 1488.2.22. 양주 - 회안 - 제령 - 억주 - 1488.3.25. 천진 - 1488.3.26. 북경 - 산해관 - 1488.5.16. 광령위 - 요동 - 1488.6.4. 의주 - 1488.6.14. 한양 … 표해록은 뚜렷한 역사의식과 민족적 긍지를 지니고 충과 효 등 유교적 가치관과 해박한 지식을 바탕으로 절체절명의 위기상황을 극복하고 43명 전원이 무사 귀국하기까지 조선 최고의 선비가 보여준 극적인 인간 승리의

여정, 그 시작점은 바로 최부가 태어난 동강면 인동리 성지(聖池)마을이다. 최부는 공정, 청렴, 정직했으며 역사와 경서에 능통하여 문사가 풍부했고, 간관이 되어서는 아는 바를 말하지 아니함이 없고 회피하는 바가 없었다.

연산군일기[卒記] 1504.10.25.

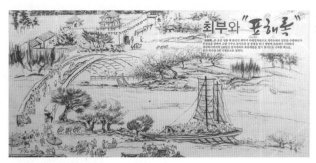

금남길 최부 집터를 알리는 그림(사진 이우철)

주차장에서 강물 방향 아래로 10m쯤 내려가면 금남정이 새 건물로 만들어졌다. 느러지 전망대에 올라 시원한 바람을 쐬며 곡강과 느러지마을 최부의 삶을 떠올리며 돌아본다. 주차장에 내려와 금남정에 가서 보면 강가 도로와 느러지 마을이 바로 눈앞에 가까이 보인다. 이어 잘 가꾸어진 수국길을 걸어 보자.

최부 선생에 대해 나주시, 동강면 그리고 동강면 이장단 등 나주시의 많은 사람이 홍보하고 있음이 느껴진다. 그래서 나주 전체적으로 어떻게 하고 있는지 살펴보았다.

나주시 금성관 옆 나주목문화관과 목사내아 금학헌 앞 행사 공간에 행사장 무대가 있다. 그 무대 뒤쪽 길이 금남길이다. 최부의 호를 딴 것이다. 금남길을 따라 10m쯤 더 가서 오른쪽으로 10m쯤 들어가면 저층 연립주택 같은 조그만 아파트가 있고 그 벽면에 '최부와 표해록'이라는 제목의 그림이 그려져 있다. 여기가 최부가 나주읍에 나와서 살던 곳이다.

금남 최부의 삶을 돌아보며 삶이란 무엇이고 어떻게 살아야 하며 그 삶의 자취가 역사적으로 남는다는 것은 무엇인지를 생각하게 된다.

아름다운 나주 생태길

7. 문평 혁명가들 삶을 돌아보고, 백룡제 거쳐 영산강 따라 다시 문화권으로

백룡제 ➔ 나주 복암사 ➔ 복암리고분전시관 ➔ 기오정 ➔ 영모정 ➔ 한국천연 염색박물관과 정관채 쪽염색전수관 ➔ 죽산보 오토캠핑장

◈ 문평 혁명가들의 삶을 따라가며 백룡제에

백룡제와 표석

나주시 문평면에 가면 삼봉 정도전 유배지를 거쳐 나대용 생가와 소충사를 다녀올 수 있다. 삼봉 정도전 유배지를 내려오면서 도올 김용옥의 〈신소재동기〉를 읽으면 소재동과 삼봉의 생애를 다시 짚어볼 수 있다.

소재동을 벗어나서 큰길로 나와 왼쪽으로 올라가면 큰 저수지인 백룡제가 있다. 백룡제 저수지는 상당히 넓고 경치가 좋다. 근방 농경지에 물을 충분히 댈 수 있다. 기다란 저수지 가장자리로 산책길을 만들 계획이라고 하니, 경치 좋은 건강길이고 좋은 관광자원이 되겠다 싶다.(참고 : 삼봉 정도전 유배지-문화·문학길 244쪽/ 나대용 장군 생가와 소충사-의병길 221쪽)

◈ 나주 복암사(나주시 다시면 가운리 49번지)

문평 백룡제에서 다시면소재지에 와서 다시 복암사(伏巖寺) 방면으로 간다. 복암사는 숭걸산(신걸산) 중턱에 있는 비구니 사찰이다. 높지는 않으나 올라가는 길의 경사가 가파른데, 안온한 느낌이 든다.

복암사는 문순태의 『타오르는 강』에서 가뭄으로 먹을 것이 없고 전염병이 돌던 때에 지역 사람들이 피접 갔던 곳이다. 산골짜기에 들어서면 갑자

기 급경사를 이루는 숲길을 올라가게
된다. 복암사 안내판을 살펴보자.

나주 복암사 대웅전

백제 의자왕 14년(654) 안신선사가 보
광사의 20여 개 암자 중 하나로 창
건하여 복천암이라 이름 붙였다. 그
뒤 고려 고종 6년(1219) 진각국사 혜
심스님(1178~1234)이 중창하여 복암사
라 개칭했다. 조선 선조 34년(1601) 사명대사 유정스님이 다시 중창했으며,
1904년 원명스님이 중수하여 지금에 이른다.

복암이라는 이름은 대웅전 뒤편의 큰 바위가 마치 절을 하는 듯 앞으로 튀
어나와 있다 하여 붙여진 이름이다. 그리고 지난날 관음전 뒤편 바위굴에
서는 석간수가 흘러 제법 수량이 많았으며, 그 물이 약수로서 피부병 있는
사람이 몸을 씻으면 병이 나았다고 전해진다. 창건 시 복천암이란 이름은
여기서 비롯된 것이 아닌가 유추해 본다. 또 복암사 터는 특이해서 비구니
스님만 주석할 수 있다고 구전된다.

관음전 뒤편 바위 동굴 앞에 고려시대에 조성된 것으로 추정되는 석탑이
있는데, 당시 이 절이 제법 규모를 갖춘 사찰이었음을 짐작하게 한다. 조선
중기 문장가로 이름을 떨친 백호 임제(1549~1587)가 한때 복암사 석림당에서
공부했다고 전해져, 현재 석림당이 조선 중기에도 있었음을 알 수 있다.

근대에 복암사에 대한 기록은 선암사 이월영 스님이 1939년에 지은 선암사
대각암 상량문의 '복암사 주지 고화봉'이라고 적힌 현판이 있다. 이 현판으
로 미루어 보아 당시 복암사가 선암사의 말사로 대각암 중수에 시주했으리
라 추정한다. 복암사는 1996년부터 개축불사를 시작하여 대웅전, 관음전,
육화료, 석림당, 여여선원 및 10층 석탑 등이 중건되어 현재에 이른다.

다시들 지역에는 마한시대 커다란 연맹체였던 불미국이 있던 곳이다. 복암리 고분전시관에 가면 정촌 고분과 복암리 고분에서 출토된 유물들을 실물 크기로 살펴볼 수 있다. 정촌 고분과 복암리 고분에서 출토된 금동 신발을 통해 이 지역이 마한 대국에 버금가는 세력이었음을 추측할 수 있다. 영산강 건너편에는 자미산 아래 반남에 위치한 내비리국이 있어서, 영산강을 중심으로 한 마한 대국들은 평소에는 상호 경쟁하고, 외부로부터의 위기에는 단결하여 맞서 싸우며 상호 성장의 동력이 되었다.

복암리 고분전시관 내 석실과 옹관이 재현된 돌방무덤

기오정

다시면 가흥리에 불미국이 있었으며, 불미국 교역의 거점은 회진성이었다. 다시면 회진리 일원에는 옛 성터가 그대로 남아 있다. 이 성은 둘레 2.4km, 성벽 길이 2,400m, 너비 14m이며, 직

영모정

선거리로 동서 740m, 남북 810m이다. 영산강 유역 토성 중에서는 단연 최대 규모다. 주변 지역을 쉽게 관찰할 수 있지만 성 내부를 쉽게 노출되지 않도록 만들었다.

회진성은 영산강과 내륙을 연결하는 중요한 교역의 거점이었다. 광주

신창동 유적 부근과 왜, 그리고 가야 사이 물적 교류가 이루어지는 곳의 하나가 바로 회진 지역이었다.

복암리 고분군과 고분전시관을 나와서 영산강 쪽으로 가면 기오정과 영모정이 있다. 강변도로 옆에 높게 위치하여 영산강과 주변 산야를 두루 살펴볼 수 있다. 먼저 기오정에 들러보자.

백호문학관

기오정 편액은 동국진체의 명필인 원교 이광사(1705~1777)가 쓴 글씨로 전해온다. 기오정에는 13개의 편액이 걸려 있다. 편액 수는 적지만 연명이 많아 25명이 지은 시와 기문이 실려 있다. 기오정 동쪽에는 백색 유허비가 서 있다. 유허비에는 박씨의 유래와 기오정 건립 연혁, 박세해의 행적 등이 기록되어 있다.

기오정 바로 옆에는 영모정이 있고, 영모정에서 천연염색박물관 쪽으로 가다 보면 백호문학관이 있다.

한국천연염색박물관 입구에 전시된 작품

영모정은 다시면 회진리 회진마을을 옆으로 하고 영산강을 굽어보며 멀리 영암 월출산을 바라다보는 언덕 위에 자리잡고 있다. 비교적 세워진 시기가 이르고 정형화된 모습 때문에 정자 건축의 규범을 보여준다고 평가된다. 주위에 400여년 된 느티나무가 있으며, 주변 경관이 아름답다.

정관채 인간문화재 전시관의 작품

영모정은 중종 15년(1520) 광주목사를 지낸 귀래정 임붕이 건립한 정자다. 초기에는 임붕의 호를 따서 귀래정(歸來亭)이라 불렀는데, 명종 10년

(1555) 자손들이 부친 임붕을 기리기 위해 재건하면서 '어버이를 길이 추모한다'는 의미에서 '영모정'이라 이름을 바꾸었다. 현재 건물은 1982년과 1991년에 중건·중수한 것으로, 정면 3칸, 측면 2칸에 팔작지붕이다.

영모정에 가면 조선 최대 문학가로 알려진 백호 임제와 임진전쟁에서 '노블리스 오블리주'를 실천한 습정 임환 의병장을 만나볼 수 있다. 임환 의병장은 임진전쟁에서 용맹을 떨쳐 '진사군'이란 칭호를 얻었다. 전쟁 중에도 교육의 중요성을 주장했으며, 사재를 털어 이순신에게 군량을 보냈는데, 이러한 기부는 왜적을 막아내는 데 큰 공헌을 했다.

바로 옆에 있는 백호 임제의 백호문학관에 가면 백호 임제의 다양한 작품을 감상할 수 있다.

백호문학관을 지나면 샛골나이의 고장인 다시에 한국천연염색박물관이 있다. 전시관과 상품관, 작업하는 공간이 있어서 천연염색의 발전사와 작품들을 두루 살펴볼 수 있고, 직접 만들어 볼 수도 있다.

한국천연염색박물관을 지나 샛골에 가면 쪽염색 장인 정관채 인간문화재 전수관과 전시관이 있다. 동네에 들어가면 전수생의 전시실도 있어서 두루 돌아보는 재미가 쏠쏠하다. 골목을 내려오면서 앞으로 만들어질 쪽염색 장인들이 모여 사는 마을이 기대된다. 마을 입구에는 쪽꽃이 예쁘게 피어있다.

◈ 죽산보 오토캠핑장(나주시 다시면 죽산리 123-2)

넓은 영산강변에 캠핑차가 배치되어 있어 어렵지 않게 캠핑할 수 있다. 담양에서 영산강 따라 자전거 도로가 있어 자전거로 여행할 수 있고, 가족이나 친구들과 여유롭게 캠핑을 즐길 수 있다. 영산강 제4경이 '죽산춘효'인데, 죽산보의 봄철 새벽이슬 머금은 들꽃이 손을 흔든다는 데서 유래한 것이다.

오토캠핑장 앞으로는 넓은 들판이 펼쳐진다. 캠핑차, 어린이 놀이터, 취사실, 샤워실, 화장실 등이 갖춰져 있다. 가까운 곳에 경비행기 체험장

도 있다. 준비가 잘 되어 있어서 가족이나 친구들과 부담이 적은 가격으로 즐길 수 있는 곳이다.

8. 세지 성덕산과 벽류정

◈ **성덕산 생태길**(나주시 세지면 벽산리)

벽류정 안내석에서 멀리 보이는 성덕산과 성덕산 생태길

세지초등학교와 세지중학교가 있는 세지면 소재지에 가 보자. 세지초등학교에 들러 교문 바로 안에 있는 장미와 정원수로 가꾸어진 동산과 운동장 가로 쭉 늘어선 오래된 나무들이 100년이 넘는 역사를 말해주는 듯하다. 넉넉하고 포근한 세지의 품이다.

교문을 나와서 바로 오른쪽으로 쭉 걸어가면 왼쪽에 보이는 산이 성덕산이다. 크지 않은 나지막한 산이다. 성덕산 가까이 있는 ○○초등학교 3·4학년 학생들이 도전 프로그램으로 이곳에 오르는데, 정상에는 정자가 있어서 주변을 둘러볼 수 있는 생태길이다.

○○초등학교에서는 전교생을 대상으로 도전 프로그램을 실시하는데, 1·2학년은 나주시내 바로 뒤에 있는 한수제 둑길 걷기를 하고, 3·4학년은 성덕산 정상에 오르며, 5·6학년은 역사체험을 겸하여 금성산행을 한다.

대한민국 '탱크' 골프선수로 알려진 최경주 선수의 모교 △△초등학교

(완도 세도 청해포구 촬영지 근방)에서도 완도를 체험할 수 있는 프로그램을 교육과정에 넣어 운영하고 있다. 도전프로그램은 학생들 체력 수준에 맞춰 1·2학년은 학교 주변과 마을을, 3·4학년은 구개등길을, 5·6학년은 완도에서 제일 높은 상왕봉을 체험한다. 또 완도를 알기 위해 1·2학년은 학교와 읍내 주변을, 3·4학년은 완도군과 고군, 약산까지, 5·6학년은 배를 타고 보길·청산까지 답사한다. 수학여행은 3·4학년은 전남권으로, 5·6학년은 전국 단위로 기획한다. 수업 내용이 지역과 연계하여 이루어지므로, 재미있고 삶과 연계된 교육이 이루어질 수 있도록 선생님들이 노력하고 있다.

△△초등학교는 특색사업으로 전교생 대상 방과후활동으로 골프부를 운영하여 골프 후예들을 기르고 있다. 세계적인 선수를 배출한 학교의 명성을 꾸준히 이어가기를 기대한다.

◈ 웅장하고 아름다운 벽류정(나주시 세지면 벽산벽류길 102)

성덕산을 내려와서 800m쯤 떨어진 금천(錦川, 만봉천 지류) 상류 자그마한 산 위에 벽류정(碧流亭)이 있다. 웅장하고 멋있고 아름다우며, 깔끔하게 관리되고 있다. 주변에 서 있는 300년 넘은 튼튼한 노거수가 오랜 역사를 말해준다.

나주 벽류정. 300년 넘은 노거수들이 둘러싸고 있다.

벽류정은 느티나무와 느릅나무, 팽나무 등으로 둘러싸여 있다. 벽류정 건립 당시 정자목으로 심은 것으로 추정된다. 현재는 마을 당산목으로 휴식공간을 제공하고 있다. 가운데 중재실인 방이 있고, 4면에 마루가 있어서 방의 문을 올리면 9칸의 넓은 강당 형태가 된다. 산신제를 지내는 금성산이 멀리 보이는 쪽마루는 기단처럼 한 단 올려 지어져 있다. 넓어서 넉넉하고 멋지고 아름답다. 올라가서 주변을 둘러보자. 안내문에 있는 정자의 내력은 이렇다.

아름답고 웅장한 벽류정

벽류정은 주변에 대나무와 느티나무 고목이 어우러진 멋진 경관을 지닌 정자다. 조선 세종 때 참판을 지낸 청계 조주가 건립하고 외손 김운해(1577~1646)에게 양여하여 광산 김씨 소유가 되었다. 1678년(숙종 4)과 1862년(철종 13) 중수했다. 좌의정을 지냈고 글씨에 능한 황사 만규호와 신헌의 현판과 김수항을 비롯한 많은 선비의 시문 현판이 걸려 있다.

정면 3칸, 측면 3칸 규모로, 가운데 중재실에 온돌방을 두었다. 돌 다짐식 허튼층 기단 위에 덤벙 주초를 놓고 바깥에는 둥근 기둥을 쓰고 가운데 중재실에는 사각기둥을 썼으며 전체적으로 균형 잡힌 모습이 아름답다.

주변 마을과 산야를 둘러보고 문화 현장을 찾아보는 것은 매우 중요한 일이다. 아이들이 자아정체성을 형성해가는 유치원~초중고 시기, 가정이나 학교·지역 프로그램을 통해 나주의 생태와 역사를 알아가는 것은 지역에 대한 자부심을 갖게 하고, 지역을 사랑하게 하는 실마리가 된다.

교육과정에 학교 프로그램을 시도해 보자. 교육청과 시·군 지방자치단체는 학교가 프로그램을 진행할 수 있도록 적극 도와주자. 그래야 미래 우리 사회를 이끌어 갈 학생들이 건강하게 자랄 수 있다.

자라나는 어린이와 청소년들이 할 일도 있다. 이들이 학교·학원·놀이터·집만 오가는 것에서 벗어나 활동 반경을 넓혀보자. 주말이나 방학에는 가족이나 친구와 함께 주변의 산과 들, 마을길 걷기를 해보자. 역사·문화·생태의 보물창고 나주에는 가볼 곳이 아주 많다. 알아볼수록 재미있다. 두루 살피고 생각을 깊고 넓게 하면서 호연지기도 생기는 것이다.

지금 바로 시작하자!

남도인의 삶의 원형을 찾는 이천년 역사, 마한길

4장

이천년 역사,
남도인의 삶의 원형을 찾는 마한길

영암 마한 문화 공원 ➡ 내동리 쌍무덤 ➡ 자미산성 ➡ 반남 고분군

(대안리·덕산리·신촌리) ➡ 국립나주박물관 ➡ 국립 나주문화재연구소

➡ 회진성(구 불미국) ➡ 복암리 고분전시관 ➡ 정촌고분

학창시절, 국사 교과서에 짤막하게 소개
되는 마한은 삼한 중 하나이며, 남도는 백
제 땅이라고 배웠다. 그러나 유물을 통해
밝혀진 사실은 그것과 거리가 멀었다. 남도
인의 삶의 원형이 마한임을 확인하면서 마
한의 매력에 빠져들었다.

마한은 기원전 3세기 전후 철기 문화가
확산하는 시기를 성립 시점으로 추정한다.
아산만 유역에서 가장 먼저 성립된 마한
사회는 점차 서남해안 일대 주변 지역으로

국립나주박물관 가는 길에 있는
'마한' 표지판

확장되어 갔다. 마한은 54개국으로 구성되어 있고, 대국을 중심으로 소
국이 연맹하는 연합체였다. 마한 남부연맹은 연맹체 사이에 힘의 우열이
크지 않았으며, 수평적인 관계로 연결되었다. 연맹 간 세력의 주도권이 재
편되면서 백제와 대립 경쟁하며 발전했다.

영암 마한문화공원에 가면 마한의 54개 연맹체를 표시하는 깃발을 모
두 볼 수 있다. 54국 중 시종·반남 지역의 내비리국, 다시들 지역의 불미
국, 영암의 일난국, 강진·해남 지역의 침미다례, 득량만의 초리국, 보성강
유역의 비리국, 낙안벌의 불사분사국 등 15개 정도가 전남권에 위치한 것
으로 추정한다.

마한과 백제의 병합 과정은 3단계로 본다. 백제는 3세기 말에는 차령산
맥까지, 4세기 중엽 노령산맥까지, 6세기 중엽에야 영산강 유역을 포함한

남해안까지 병합해갔다. 그 판단 근거는 고고학적 유물, 유적 등이다. 다시 말해서 영산강 유역인 나주지역은 6세기 중엽 이전까지 마한 정치체제였음을 알 수 있다.

지도를 보며 이천 년 역사 마한 여행을 떠나 보자.

영암에 있는 마한문화공원에서 마한 연맹체의 전체를 파악한 후, 내동리 쌍무덤과 대안리에 있는 나주 반남 고분군을 살펴보자. 그 후 자미산성에 올라 사방을 돌

복암리 고분전시관에 있는 고대 국가 지도

아보면, 반남에 있던 내비리국 연맹체가 가장 세력이 컸던 이유를 한눈에 파악할 수 있다. 자미산성에서 내려와 국립나주박물관 앞쪽으로 신촌리, 덕산리 반남 고분군이 있다. 영암 내동리 쌍무덤 고분군과 더불어 같은 내비리국 유적이니, 내비리국의 세력이 매우 컸음을 쉽게 상상할 수 있다.

반남 고분군을 통해 연맹체의 거대한 규모를 가늠해 보고, 국립나주박물관에 들러 거대한 옹관과 금동관, 금동 신발, 다양한 청동기와 철기 농기구를 살펴보자. 옥 목걸이, 팔찌, 반지로 멋을 내는 옥 멋쟁이 마한인들의 삶도 상상해보자.

이어 국립나주문화재연구소에 들러 출토된 문화재를 보관하고 연구하여 재현하는 과정을 살펴보자. 복암리 고분전시관에 들러 실물 크기로 만든 고분군의 정교한 석실과 옹관묘, 금동 왕관과 금동 신발을 자세히 들여다보며 금동관과 금동 신발의 다양한 문양이 무엇을 의미하는지, 마한인들의 문명이 얼마나 발달했는지도 가늠해 보자. 마한 문화공원과 국립나주박물관에 기록된 자료를 통해 마한의 이모저모를 정리해 보면 많은 새로운 것을 발견할 것이다.

마한의 형성과 발전

마한은 진한, 변한과 함께 삼한이라 부른다. 중국 기록에 의하면 기원

마한의 특징인 옹관과 아파트형 옹관 고분

전 2세기경 성립한 마한은 경기, 충청, 전라지역에 자리 잡았다고 한다. 기원후 3세기경 중부지역 마한의 중심세력은 백제가 고대국가로 성장함에 따라 점차 남쪽으로 이동하여 영산강 유역에 자리 잡았다.

고고학을 기초로 보았을 때, 마한은 철기문화가 확산되는 시점인 기원전 3세기 전후에서부터 시작하여 6세기 중엽 이전까지 발전했으며 54연맹체로 구성되었다. 그 이유로 6세기 중엽에 들어서 옹관 고분과 영산강식 돌방(석실) 등 영산강 유역 마한인들 토착문화가 소멸되고, 전형적인 백제식 고분인 굴식돌방무덤이 축조되고 있기 때문이다.

마한의 가장 큰 특징은 땅 위에 무덤을 만든 옹관 고분이다. 영산강 유역에서는 거대한 규모의 널무덤, 독무덤이 유행했다. 백제의 무덤과 다른 양식인 이들 무덤은 이 지역을 배경으로 한 토착 세력의 정치적 성장을 반영하는 것이다.

마한의 생활과 교역 활동

마한 사람들의 집은 지역에 따라 모습이 다양하다. 모양이 무덤과 같고, 출입구가 위에 있다. 영산강 유역에서는 당시의 많은 집자리가 발견된다. 영암 선황리 유적과 신연리 유적에서 당시의 집자리가 발견되었고, 함평 중랑 유적이나 담양 태목리 유적에서 대규모 취락지가 확인되었다. 집자리 평면은 방형, 말각방형, 원형 등으로 다양하다. 집의 형태는 움집으로, 기둥과 기둥 사이는 풀과 진흙을 섞어 벽체를 이루었고, 지붕은 갈대

나 이엉으로 덮었을 것으로 본다.

마한은 대외교류가 활발했다. 당시 영산강 유역은 낙랑과 대방, 가야, 왜 등과 교류했음을 유적에서 출토되는 중국 화폐, 중국 거울, 낙랑 토기, 가야토기, 왜계 토기 등 다양한 유물을 통해 알 수 있다.

마한인들의 집

마한의 농경문화

마한 사람들은 머리를 틀어 묶고 상투를 드러냈는데, 그 모습이 마치 뾰족한 무기를 연상시켰다고 한다. 또한 누에를 치고 면포나 베를 짜서 도포를 만들어 입었으며, 짚신이나 가죽신을 신었다.

당시 사람들은 벼와 오곡(조, 콩, 보리, 밀, 팥 등)을 재배하고, 누에를 치고 뽕나무를 길러 생사와 비단을 생산했고, 옥구슬을 귀하게 여겨 장신구로 썼다. 또한 철제 농기구에 의한 벌채와 개간이 이루어지면서 농경지가 확장되고, 수로의 굴착을 비롯한 대단위 토목공사가 가능했다.

영산강 유역에 자리 잡았던 마한은 철기문화를 바탕으로 농경을 발전시켰다. 각 유적에서 발굴된 철재 농·공구 외에도 광주 신창동 유적의 저습지에서 다량의 목기가 출토되었고, 내구성을 높이고 표면을 장식하기 위하여 옻칠을 했다.

생사나 면포로 베를 짜서 옷을 만들어 입고 곡식을 재배하던 모습

풍습과 신앙

마한 사람들은 5월에 곡식의 씨앗을 뿌리고 난 뒤 풍년을 기원하는 제사를, 10월에는 추수를 마치고 감사하는 제사를 올렸다. 농경의례와 제사는 마한 사람들이 농경의 풍요를 신이 관장한다고 믿었음을 생생하게 전해준다. 축제 때는 많은 사람이 술과 노래를 즐기며 춤을 추었다. 수십 명이 앞사람의 뒤를 따라가면서 장단을 맞추는데, 광주 신창동에서 출토된 현악기와 타악기는 이러한 마한의 음악문화를 보여준다.

축제 춤과 노래를 즐기던 사람들

마한 소년들이 체력 단련하는 모습

중국 문헌에 의하면 마한 사람들은 활과 방패, 창, 큰 방패를 잘 쓰며, 남과 다투거나 전쟁을 하다가 굴복한 상대를 함부로 대하지 않았다. 사람됨은 몹시 씩씩하고 용맹스러워 소년시절에도 집을 짓는 자가 있었다. 또한 노

하늘을 향해 제사 지내는 모습

끈으로 등가죽을 꿰어 이것을 큰 나무에 붙들어 매어놓고 소리를 지르면서 잡아당겨 힘을 시험했다. 이와 같이 마한 사람들은 평소에도 체력 단련을 게을리하지 않았고, 전쟁에 나가서도 용맹을 떨쳤다.

마한 사람들에게 가장 중심이 되는 신은 하늘 신(天神)이었다. 천군(天君)이라는 제사장을 한 사람씩 세워 천신에게 제사를 지냈다. 또한 신을 섬기는 소도(蘇塗)라는 별읍을 하나씩 두었다. 소도는 죄 지은 사람이 도망

가서 그곳으로 들어가면 잡아가지 못할 정도로 신성한 곳이었다. 이곳에 큰 나무를 세우고 방울과 북을 매달아 놓고 귀신을 섬겼다. 이것은 오늘날의 솟대에 해당한다. 솟대는 청동기에도 나타나지만, 현재까지도 각 지역에서 정월 보름이면 솟대를 세우고 제사를 지내는 풍습으로 남아있다. 마한 사람들은 공동체 내의 중요사항을 결정할 때 점을 쳤으며, 새를 곡령신앙(穀靈信仰)과 관련된 특별한 존재로 생각했다.

◈ **영암 마한문화공원**(영암군 시종면 옥야리 526)

　마한문화공원은 2004년 영산강 유역에 산재한 대형 고분과 고인돌 등 고대 문화 유적의 발굴, 복원과 정비, 개발 등을 통해 관광 자원화 및 영산강 유역 고대 문화권 개발을 위해 조성되었다.

　이 사업으로 나주 복암리 고분 전시관을 비롯해 함평 묘제 전시관, 마한 고분 역사공원, 자연 생태공원, 반남고분 역사공원, 자미산성, 지석묘 공원 등이 조성되거나 복원되었다. 마한문화공원은, 영산강 유역에 분포된 고대 옹관 고분을 이해함으로써 영산강 유역의 독자적 특징이 있는 고대사를 조명하기 위해 조성되었다.

마한문화공원에 있는 마한 54개국 안내판과 깃대봉

　마한문화공원에는 마한 54개국 이름을 나타낸 안내판과 깃대봉이 배치되어 있다. 남도인의 뿌리인 마한에 대해 알려면 우선 마한문화공원에 가서 마한의 역사를 살펴볼 일이다.

　그들은 토기를 구워 제의에 사용했으며, 사람이 죽으면 커다란 옹기에 넣어 땅 위에 묘를 아파트형으로 만들어갔다. 철을 다룰 줄 알았으므로 철과 나무를 이용하여 농기구를 만들어 본격적으로 농사를 지었다. 농사 시작과 끝나는 시점인 5월과 10월에 제사를 지내며 풍년을 기원하고 감사하는 생활을 했다. 아주 먼 옛날임에도 오늘날 사람들과 행하는 것이 비슷한 점이 감탄스럽다.

　마한 54개국 중 시종과 반남 지역에 위치한 마한의 대국 내비리국, 영산강을 사이에 두고 마한 대국에 버금가는 다시들 지역의 불미국, 신령스러운 월출산이 있어서 마한의 심장이 된 영암의 일난국, 일본과 교류가 활발했던 강진·해남 지역의 침미다례, 득량만의 맹주이며 지석묘 왕국인 초리국, 보성강 유역 지석묘의 고장인 대국 비리국, 낙안벌의 불사분사국 등 전남에 15개국이 있었을 것으로 추정한다. 현재의 시군과 비교해 보면 신기할 정도로 거의 유사하다. 마한 연맹체의 여러 나라에 대해 조금 더 자세히 알아보자.

　영산강 유역에서 시종과 동강, 반남 일대에는 내비리국의 수십 기의 대규모 고분이 있다. 고분 크기는 세력의 크기와 비례한다. 대규모 고분은 국왕 수준의 정치적 위상을 지닌 세력이 있음을 추측하게 하지만, 문헌에서는 확인되지 않는다. 내비리국은 '시냇가에 평야가 있는 나라'라는 의미다. 백제시대에 이곳은 반나부리현이 되었다. '반나부리'는 '내비리국을 반쪽 내다'라는 의미로, 내비리국은 백제에 마지막까지 반대하고 저항하던 왕국이다. 백제 입장에서 얼마나 미웠으면 그렇게 이름을 지었을까? 충분히 상상할 수 있다.

　시종과 반남에 자리 잡은 대국 내비리국은 평야를 기반으로 남해만 일대까지 포함한 커다란 해양 세력으로 성장했다. 내비리국은 해안 지역을 끼고 중국, 백제, 가야, 왜 등 활발한 교류를 통해 성장했다. 이러한 내비리국의 발전은 6세기 초까지 계속되었다.

　영산강을 사이에 두고 다시들 지역에는 불미국이 있었다. 정촌 고분과 복암리 고분에서 출토된 금동 신발을 통해 마한 대국에 버금가는 세력이었음을 추측할 수 있다.

다시면 가흥리에는 불미국이 있었으며, 불미국 교역의 거점은 회진성이었다. 회진성은 영산강과 내륙을 연결하는 중요한 교역의 거점이었다.

영암에 있는 일난국은 덕진, 신북, 군서, 서호, 학산, 미암면 일대의 고분군을 통해 알 수 있다. 마한 연맹체 산악신앙의 중심에는 산신을 위한 월출산 신사가 있다. 월출산은 마한 연맹체들이 산천제를 지내기에 매우 좋은 장소였다. 기우제와 감사제, 강과 바다를 항해하는 선박들의 무사 항해를 기원하는 제사까지 월출산은 '제의의 명소'로 중요한 곳이었다. 마한의 심장이라 할 수 있는 영암의 일난국은 강한 토착성과 함께 외부 문화를 주체적으로 수용하여 개성 있는 문화를 창조했다.

강진·해남 지역에 위치한 침미다례는 마한 연맹체의 중심세력 중 하나로, 대국에 해당한다. 백제 중심의 질서 재편에 강하게 저항한 침미다례는 해남군 옥천면 성산들에 왕국이 위치했다. 만의총에서 4-5세기로 추정되는 백제, 가야, 왜, 신라 등 여러 지역 유물이 출토된 것으로 보아, 중국, 낙랑, 가야, 일본으로 이어지는 해상 무역이 중간 교역지였을 것으로 추정한다. 해남 군곡리 패총에서 출토된 유물을 통해 기원전 2세기부터 기원후 4세기까지 무역 중심지 즉 중개무역의 거점 역할을 하면서 정치적 발전을 도모했다.

◈ **내동리 쌍무덤**(영암군 시종면 내동리 산579-1)

내동리 쌍무덤은 영암군 시종면에 위치한다. 반남과 아주 가깝다. 마한시대에는 반남과 더불어 내비리국에 속했다. 내동리 쌍무덤 입구에 있는 안내판 내용이다.

발굴 조사 중인 내동리 쌍무덤

영암군 시종면 내동리 서쪽 구릉 중간부에 위치한다. 삼국시대 고분으로 독무덤, 옹관묘, 쌍무덤이며 전라남도 기념물 제83호이다. 본래 4기였으나 4호분은 훼손되었다. 1호분과 2호분 봉토가 맞닿아 있다. 1호분은 타원형 또는 전방후원형이고, 2호분은 방형 또는 원형이다. 제1호분의 큰 분구는 영산강 유역의 옹관고분을 대표할 수 있다.

3호분은 1호분 동쪽에 인접해 있는데 1, 2호분에 비해 규모가 작다. 분구는 남북으로 약간 긴 편이고 타원형이다. 쌍무덤은 1, 2호분을 통칭하여 일컫는 것으로, 영암 지역 고분 가운데 규모가 가장 크다.

고분 형태는 주구(고분 주위를 도는 도랑)의 형태로 살펴볼 때 방대형으로 확인되었으며 석실, 석곽, 옹곽 등이 있다. 석곽에서는 금동관과 장식물인 유리구슬, 영락(금동관 장식)이 출토되었다. 유리구슬은 나주 신촌리 9호분에서 출토된 금동관에 장식된 유리구슬과 매우 유사하다.

영암 내동리 쌍무덤 출토 유물과 규모로 볼 때 이 무덤에 안치된 사람은 최고 권력자였을 것으로 보인다. 쌍무덤 발굴 조사는 2018년 시굴 조사를 시작으로 2019년까지 이루어졌다.

◈ **자미산성**(나주시 반남면 신촌리 870-1)

반남면 소재지에 위치한다. 높이 98m로 야산처럼 보이는 이곳의 전망대에 오르면 사방팔방이 탁 트여 있어서 이 일대에 마한의 중심세력이 있었다는 것을 지형적으로 알 수 있다.

자미산성을 중심으로 신촌리, 덕산리 고분군과 국립나주박물관이 보이고, 뒤로 돌아보면 대안리 고분군이 있다. 산신제를 지냈을 천지단에서 음식을 차려놓고 춤 추며 하늘과 산신께 제사 지내는 마한인들을 상상해본다. 2022년 10월에도 자미산 천지단에서 산신제를 지냈다는 소식을 들었다.

자미산 천지단

전망대에서 멀리 동남쪽으로는 월출산이, 남서쪽으로는 무안 승달산과 영산강, 북으로는 나주 금성산, 북동으로 광주 무등산을 볼 수 있다. 맑은 날에는 제주 한라산이 보이기도 한다.

◈ 반남 고분군(신촌리, 대안리, 덕산리)(반남면 고분로 747 건너편)

삼국시대 영산강 유역을 중심으로 독자적 문화권을 형성했던 세력들의 고분으로, 세계에서 유례가 없는 대형 옹관을 사용하고 있다. 자미산성을 중심으로 대안리, 신촌리, 덕산리 등지에 40기가 넘게 밀집되어 있다. 금동관, 금동 신발, 환두대

대안리에 있는 반남 고분군

도 등 최고 권력자의 유물이 출토되었다. 영산강 고대 역사를 풀 수 있는 열쇠로 평가받을 만큼 중요한 문화유산이다. 반남 고분군 안내판에는 다음과 같이 적혀 있다.

나주 반남 고분군(옛 대안리 고분군)은 삼국시대 것이다. 고분 유형에는 바닥이 둥근 원형 고분과 사각형인 방대형 고분이 있으며, 방대형 고분인 9호분의 둘레에는 작은 도랑(해자)이 있다.

이 고분들의 안을 들여다보면, 내부는 토기 항아리에 시신과 부장품을 넣어 묻는 무덤 형식으로 되어 있는데, 이는 영산강 유역의 고분들에서 흔히 볼 수 있는 옹관묘다. 옹관묘는 이 지역의 토착적인 무덤 형식이다. 특이한 것은 원형 고분인 5호분이 현실관을 안치하는 공간의 4벽과 천장을 판석으로 짠 석실분이라는 것이다. 석실분은 이 지역에 대한 백제의 통합 지배 체제가 강화되면서 백제 지배 계층의 일반적인 무덤 형식이 나타난 것으로 여겨진다.

이천년 역사, 남도인의 삶의 원형을 찾는 마한길

127

이 안내판에서 가장 논란이 된 부분은 '삼국시대, 백제 지배 계층'이라는 부분이다. 마한이 3세기부터 6세기까지 세력을 형성하고 있다고 하면서도 계속 백제 유물로 설명하고 있다. 마한과 백제가 혼재되어 있어 많이 혼란스럽다. 학계의 정리를 토대로 안내 글이 바로잡히기를 기대한다.

신촌리, 대안리, 덕산리에 분포한 고분군은 사적 제513호로 지정되었다. 그 가운데 덕산리 3호분은 길이 45m에 높이 8m로 무령왕릉보다 훨씬 규모가 크다. 특히 신촌리 9호분에서는 금동관과 고리자루큰칼, 금동신발이 출토되어 세상의 주목을 받았다. 독무덤과 금동관은 영산강 유역의 마한이 백제와 관계없는 강력한 정치세력이었음을 보여준다.

◈ **국립나주박물관**(나주시 반남면 고분로 747)

영산강 유역의 발굴 유물을 보존하고 전시하며, 전남 지역에서 발굴된 매장 문화재의 수장고 기능을 위해 2013년 11월에 건립되었다. 특히 마한 중심 박물관으로서의 위상에 걸맞게 반남 고분군의 한가운데에 있다. 마한 관련 유물인 옹관과 금동관, 금동 신발, 고리자루큰칼 등 3천여 점의 유물이 전시되어 있다.

옥과 유리구슬로 장식하기를 좋아했던 마한인들, 그중에서도 영산강 유역 마한인들은 특별히 옥을 보배로운 재물로 여겨 옷에 꿰매어 장식하거나 목에 걸거나 귀에 달기도 했다.

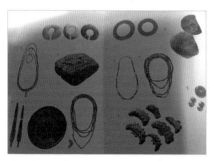

마한인들이 옥과 유리구슬 장식을 좋아했음을 말해주는 유물들.

국립 박물관으로는 유일하게 도심이 아닌 전원에 자리 잡은 나주박물관은 바쁜 현대인들에게 느림을 통해 휴식의 시간을 제공하는 역사공원 역할도 한다. 첨단 기술을 문화 영역에 접목한 새로운 개념의 열린 문화 공간이며, 국내 박물관 최초로 스마트폰의 NFC 기술(접촉식 무선통신)을 이용한 전시 안내 시스템을 전시실 전관에 도입했다. 관람객이 스마트폰으로 전시 내용을 안내받고 이를 다시 SNS상에서 서로 주고받는 실시간 쌍방향 소통이 가능하도록 설비되어 있다.

◆ **국립나주문화재연구소**(나주시 영산포로 263-23)

2장 51~52쪽 참고.

◆ **복암리 고분전시관**(나주시 다시면 백호로 287)

복암리 고분전시관은 다시 들에 위치한다. 전시관을 짓기 위해 이곳을 발굴 조사한 결과, 청동기 시대부터 사람들이 살았던 흔적들이 확인되었다. 출토된 유물 중에는 2천년 전 중국에서 사용한 화폐 '화천'도 있다. 이곳 사람들은 오랜 옛날부터 중국과 가야, 그리고 왜 등과 활발하게 교류하며 독자적인 문화를 발전시켜 왔음을 알 수 있다.

복암리 고분전시관 내 석실과 옹관이 재현된 돌방무덤

복암리 고분에서 동쪽으로 약 300m 떨어진 곳에 있으며, 2016년 4월 2층 규모로 개관했다. 1998년 복암리 3호분이 발굴을 마친 모습 그대로 실제 크기로 재현, 전시되어 있다.(무덤을 실제 크기로 재현한 것은 이곳이

정촌고분에서 출토된 금동관

이천년 역사, 남도인의 삶의 원형을 찾는 마한길

129

이 무덤은 복암리 3호분이 완성된 시기에 매장된 주인공의 무덤이다. 돌방무덤의 형태는 왜와 유사하나, 돌방 안의 항아리관은 이 지역 고유의 매장 양식이다. 함께 묻은 백제 금동 신발과 대가야 및 신라의 큰 칼과 말 꾸미개 등은 이 지역 사람들의 대외교류 양상을 알 수 있게 한다.

전시관에는 정촌고분에서 출토된 금동 신발과 금동관, 모자도 재현품이 전시되어 있다.

금동 신발은 다양한 문양이 각기 무엇을 의미하는지에 대한 설명이 있다. 문양은 전체적으로 도가사상을 담고 있는데, 문양 하나하나가 지니는 의미와 그 정교함에 경외감마저 든다. 세공 기술이 정말 뛰어나다.

◈ 정촌고분(나주시 다시면 백호로 287 옆)

정촌고분은 영산강이 한눈에 보이는 산사면에 위치한다. 복암리 고분 전시관 2층 옥상에 올라 왼쪽 산자락을 살피면 시야에 들어온다.

고분 높이는 9m이며 방형 형태로, 하나의 봉분에 1호 석실을 포함한 총 14기의 무덤이 축조되었다. 금동 신발 1쌍이 출토된 1호 독방 무덤을 중심으로 독널, 돌덧널, 돌방 등이 추가 매장되어 최종적으로 14개의 무덤이 있는 구조다.

5세기 후반에 제작된 이 금동 신발은 형태와 세부 문양이 현재까지 확인된 금동 신발 중 가장 화려한 것이다. 용을 비롯한 화려하고 다양한 문양이 표현되어 당시의 예술적인 경지와 사상적 배경을 보여주는 걸작으로 꼽힌다.

금동 신발의 백미는 용머리 장식이다. 삼각형의 눈, 상서로운 기운을 토해내는 입, 삼단 돌기가 있는 뿔 등, 단순하면서도 사

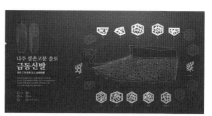

도가사상을 나타내는 다양한 문양의 금동 신발 (사진 이우철)

실적으로 표현된 모습은 하늘로 날아오를 것처럼 보인다.

이 금동 신발은 보물로 지정되었는데, 이를 기념하고 일반인에게 그 가치를 널리 알리기 위해 특별전이 열렸다.(2021.7.20~9.30)

마한은 남도인들의 삶의 원형이다. 그동안 마한인은 아주 먼 옛날 사람이고 우리와는 거리가 먼 존재라고 느꼈다. 그러나 마한을 가만히 들여다보니, 1960년대 어린 시절을 농촌에서 자란 나에게는 별반 다를 게 없었다. 저마를 베어 모시 실을 만들고, 목화솜을 따서 면실을 만들었다. 뽕잎 먹여 누에를 기르고, 생사를 내어 씨실과 날실을 만들어 베틀에서 옷감을 짜는 엄마 등 뒤에서 놀았다. 그 옷감으로 모시옷·무명옷·비단옷을 만들어 입었다. 똑같았다.

구석기인과 우리는 유전자 상으로 변한 게 없다고 한다. 그런데 마한인들의 삶이 오늘날 우리네 삶과 별반 다를 게 없었다. 너무 비슷했다. 노는 것도, 옷감을 짜 입는 것도, 하늘에 제사 지내는 것도 그렇다. 인간의 마음이 시공을 초월하여 이렇게 한결같은가 다시금 생각하게 된다. 남도인들 삶의 원형을 찾아 징허게 반갑다. 마한!

천년 고려의 시작 왕건길

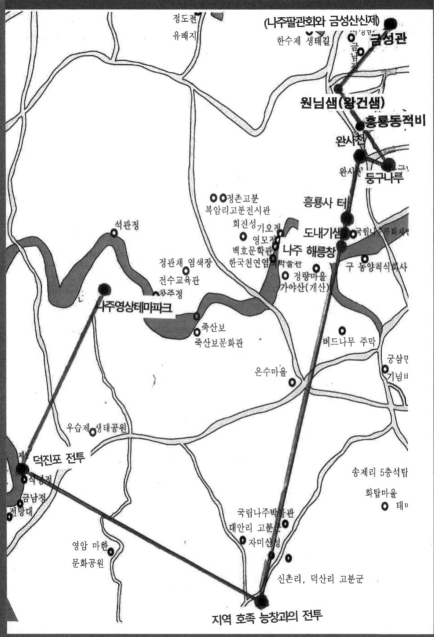

5장

천년 고려의 시작 왕건길

나주영상테마파크 ➜ 덕진포 전투 ➜ 지역 호족 능창과의 전투 ➜ 나주 해릉창 ➜ 도내기샘(나합샘) ➜ 흥룡사 터 ➜ 완사천 ➜ 둥구 나루 ➜ 흥룡동적비 ➜ 원님샘(장군샘, 왕건샘) ➜ 금성관(나주팔관회와 금성산신제)

나주에는 천년 고려의 시작을 알리는 역사 현장이 곳곳에 있다. 어떻게 하여 그렇게 되었을까?

후삼국 초기 나주는 후백제 영토였다. 그러나 얼마 지나지 않아 궁예의 후고구려 땅이 되었다. 나주를 차지하기 위해 이들 간에 치열한 공방전을 벌였다.

후삼국 시대 나주를 중심으로 한 서남해안 지역은 중국과의 교통로이자 해상무역 요충지였기 때문에 의미가 남다른 곳이었다. 더구나 후고구려 영토가 된 뒤에는 언제든지 후백제 배후를 위협할 수 있기에 정치·군사적으로 각별한 의미를 지니게 되었다.

왕건의 첫 서남해 지역 진군은 903년에 이루어졌다. 『고려사』에 "금성군 사람들이 후고구려왕 궁예에게 귀부했다"고 하고, 고려말 나주에 유배 왔던 정도전은 "나주 사람들이 왕건이 후백제를 차지하는 데 많이 힘썼다."고 하듯이, 나주지역 해상 세력들이 궁예에게 복속하기를 자청했다. 이에 궁예는 왕건을 파견하여 수군을 활용해 금성군과 인근 10여 현을 쳐 나주 일대를 궁예 정권의 영토로 삼았다.

나주지역 해상 세력이 궁예 정권에 귀부하게 된 원인은 무엇일까?

첫째, 해외무역에서 가장 큰 시장이었던 북중국(산동반도)으로 가기 위해서는 서해안 지역을 통과해야 하므로 항로를 확보하고자 함이고,

둘째, 견훤이 왕건과의 전투 과정에서 양민을 학살하거나 식량을 약탈하는 경우가 많아 인심을 잃었기 때문이다.

셋째, 왕건이 단시간에 10여 군현을 장악했다는 것은 왕건이 거느린 수

군의 뛰어난 활약과 함께 나주의 나총례(삼한공신으로 책봉됨. 고려 건국 후 나유, 나익희, 나영결 나홍유 등을 중앙 관직에 배출함), 오다련(장화왕후 아버지), 영암의 최지몽 같은 연안 해양 세력, 즉 지역 호족세력의 호응이 있었기에 가능했을 것이다.

태봉(후고구려)은 910년을 전후하여 벌어진 전투에서 연이어 승기를 잡음으로써 나주를 확고히 영토로 만들 수 있었고, 궁예는 911년에 왕건을 보내 금성을 나주로 개칭했다. 이것은 나주지역이 명실상부 태봉(후고구려) 영토로 편입되었음을 의미한다.

왕건은 903년부터 918년까지 대부분 나주지역에서 활동했다. 고려 건국 직전까지 나주에 머무른 것이다. 이때 패서(현재 황해도 일대) 지역 해상 세력이었던 왕건은 나주 호족을 비롯한 서남해 지역 호족 세력과 긴밀한 관계를 맺었고, 이들을 기반으로 고려를 건국할 수 있었다.

그 기반을 형성하는 나주 전투는 909년 무주 염해현에서 견훤이 오월에 보내는 배를 사로잡은 데서 시작했다. 궁예는 매우 기뻐하며 왕건을 특별히 표창했다. 그러나 궁예의 횡포가 심해지면서 많은 사람을 죽이자 왕건은 이에 회의를 품게 되었다. 어느 날 왕건은 '9층 탑 꼭대기까지 올라가는 꿈을 꾸었다.' 총진을 불러 해몽하니 '삼한을 통일할 길몽'이라는 말을 듣게 된다. 영암 출신 최지몽은 이 같은 해몽으로 지몽(知夢)이라는 이름을 하사받았다.

912년, 왕건은 진도와 그 인근 섬을 공격하여 빼앗은 뒤 나주 포구에 이르렀는데, 견훤이 군사를 인솔하여 대적했다. 견훤 역시 후백제 배후 지역인 나주를 쉽게 포기할 수 없었기 때문이다. 견훤이 이끈 전함은 목포에서 덕진포까지 배열되어 위세가 대단했는데, 이는 목포에서 덕진포에 이르는 지역을 후백제가 장악하고 있었음을 시사한다. 그러나 덕진포 전투에서 왕건이 바람을 이용한 화공 작전으로 승리하여 나주를 다시 찾아갔다. 『고려사』에서는 이 해전에 대해 "이로써 삼한 땅의 태반을 궁예가 차지하게 되었다"고 기록한바, 이 해전으로 서남해 제해권을 장악하게 되었다.

영산강 해전의 승리로 나주세력과 합류한 왕건의 해군은 돌아가는 도중 '도서 해양 세력의 우두머리인 능창과 해전을 치르는데, 서해안 호족 능창과의 전투에서 승리하여 서남해안에서 배타적 주도권을 잡게 된다. 왕건은 이를 기반으로 고려 건국의 기틀을 세웠으며, 후삼국 통일이라는 대업을 달성하게 된다.

완사천은 고려 태조 왕건과 장화왕후 오씨 부인이 인연을 맺은 장소다. 장화왕후의 아버지 오다련은 지방 호족세력으로 왕건의 절대적 지지 세력이었다.

나주 세력을 기반으로 936년 9월 자주적인 통일 고려를 건국한 왕건은 나주를 각별히 우대했다. 이는 고려 건국 직후 나주에 '나주도대행대(羅州道大行臺)'를 설치한 사실에서 짐작할 수 있다. 대행대는 군사행정 담당 기구였으나, 나중에는 민사행정까지 담당했다. 이러한 사실은 태조가 나주 지역을 얼마나 중시했는지를 짐작하게 한다.

왕건 즉위 후 나주지역은 왕실의 지지기반이 되었고, 그만큼 나주 호족의 정치적 위상은 크게 높아졌다. 그러나 수많은 호족이 모여 있는 개경의 중앙정부에는 정치적 경쟁자들이 많았다.

태조는 고려를 건국하자마자 장화왕후가 낳은 무(武, 훗날 혜종)를 태자로 책봉하려 했으나 뜻을 이루지 못했다. 이는 고려 건국의 기반을 닦을 수 있도록 협조한 나주 호족에 대한 고마움을 표시하고자 함이었다. 결국 무가 태자로 책봉된 것은 921년(태조 4) 12월이다.

태조가 왕위를 상징하는 자황포를 낡은 상자에 넣어서 장화왕후에게 건네자, 장화왕후는 이것을 박술희에게 보여주었다. 박술희는 태조의 뜻을 알아차리고 무를 태자로 책봉할 것을 청했다. 무는 이러한 과정을 거쳐 겨우 태자로 책봉될 수 있었다. 나주 오씨 집안이 무의 태자 책봉을 뒷받침할 정도로 세력이 강하지 못했음을 의미한다.

박술희는 무가 태자로 책봉되기 전부터 나주 오씨와 긴밀한 관계를 맺고 있었던 것으로 보인다. 박술희는 혜성군(지금의 당진) 출신으로, 해상무역으로 부를 축적하여 유력한 호족으로 성장했고, 나주 오씨와 지역적·사회경제적 관계를 다져갔다.

이러한 노력에 힘입어 혜종은 943년 5월 태조의 뒤를 이어 고려 제2대 왕으로 즉위했다. 이같이 나주는 혜종, 즉 왕의 고향—어향(御鄕)이 되었고, 완사천이 있는 시청 옆 동네가 흥룡동이다. 흥룡사(영산포 운전면허시험장 위쪽으로 추정)는 왕건이 혜종(고려 2대왕)을 낳은 나주 오씨 장화왕후를 위해 나주 영산포 산기슭에 지어준 절로, 혜종의 진영과 소상(흙으로 빚은 인물이나 신불상)을 모셨다.

고려 건국의 모태는 영산강이고 나주 서남해다. 이러한 역사의 중심에 장화왕후와 혜종 무가 있었다. 나주인들은 고려 건국에 크게 공헌했고, 특히 장화왕후 오씨 집안의 역할이 컸다. 나주인은 지금도 왕의 고향이 된 나주인으로서 자부심이 크다.

◈ 나주영상테마파크(전남 나주시 공산면 덕음로 450)

3장 103~104쪽 참고.

◈ 덕진포 전투(영암군 예향로 1764 덕진리)

909년 경기·황해·강원도 등 중부지방을 장악한 궁예 휘하 왕건의 수군은 서해로부터 광주 지역의 금성군과 10여 개 군현을 쟁취하여 911년에 지명을 나주로 바꾸고 개선했는데, 그 후 후백제군의 공격을 받아 전선이 불안했다. 이에 왕건은 스스로 지원하여 수군장군(水軍將軍)으로서 군사 2천5백으로 전라도 해안으로 남하하여 먼저 진도를 공격하여 함락시키고, 이어 나아가 고이도(皐夷島)를 점령한 후 나주를 공격했다. 나주 전투는 크게 두 단계로 진행되었다. 첫 번째는 왕건의 수군과 전라도 지방 및 충청도 일부를 차지한 후백제 견훤과의 덕진포 전투이며, 두 번째는 왕건 군과 나주 일대 토착 호족들과의 일전이다.

왕건의 수군과 견훤의 수군 전투는 덕진포(지금의 무안군 몽탄면 덕암리)를 중심으로 전개되었는데, 왕건의 수군이 도달하기 전 견훤은 목포에서 덕진포에 이르기까지 전함을 배치해 두었다. 이때 형상은 전함들이 머리에

덕진포 전투의 현장, 몽탄면과
나주 동강면 안내판

서 꼬리를 잇고 수륙종횡으로 밀집하여 그 형세가 위압감을 주기에 충분했다.

왕건의 수군은 이러한 견훤 군의 위용에 전투가 시작되기 전부터 겁을 먹고 걱정하는 기색이 확연했다. 그러자 왕건은 "걱정하지 마라. 전투에서의 승리는 군사의 화합에 있는 것이지 무리가 많다고 되는 것이 아니다."라고 하고 마침 불어오는 바람을 이용하여 화공을 가하니 견훤 군의 물에 빠져 죽은 자가 태반이었다. 견훤은 작은 배로 갈아타고 겨우 목숨을 건져 달아났고, 후백제군은 500명이 목을 베이는 참패를 당했다.

왕건이 화공책으로 이긴 데는 신선의 도움이 있었다 한다. 왕건이 견훤과 전투에서 패배를 거듭하고 있던 차에 이곳 느러지 근처에서 깜박 잠이 들었는데, 꿈에 신선이 나타나 "빨리 군사를 대피시키지 않고 뭐 하고 있느냐?"고 꾸짖어, 이에 놀라 급히 군사를 돌리고 나서 급작스레 물이 쏟아지듯 들이쳐 큰 피해를 막았다. 그래서 느러지의 지명도 '꿈 몽(夢)' 자와 '여울 탄(灘)' 자를 써서 '몽탄'이라고 이름 지었다 한다. 하늘이 도왔다는 얘기다.

◈ 능창과의 전투(나주시 반남면 일대)

왕건이 서남해안을 장악하기 위해 치른 두 번째 전투는 압해현의 호족 능창과의 전투다. 왕건의 수군은 덕진포 전투에서 승리하자 전함을 수리하고 군량을 준비하여 나주에 주둔하려 했다. 그러나 첫 번째의 승리로 부장 김언 등이 자만하자 왕건은 이들을 독려하여 광주 서남쪽 반남현 포구에 이르렀다. 왕건은 여러 섬으로 이루어진 이 일대의 적정(敵情)을 파악하기 위해 첩보망을 최대한 확대했다. 그때 수전을 잘하여 수달이라 불리던 압해현 대호족 능창이 망명한 자들과 함께 갈초도에 있는 여러 중소 호족들과 연계를 맺어 왕건을 공격하려 했다. 그러나 첩보망으로부터 정보를 입수한 왕건은 야간 기습작전을 감행했다.

그날 밤 왕건은 수전에 익숙한 자 십여 명만을 선발하여 무장시키고 가벼운 배에 태워 갈초도 나루를 기습 공격했다. 그 결과 왕건의 작전대로 음모를 꾀하던 사람들이 타고 있던 배 한 척을 나포했는데, 이 배에 능창이 타고 있었다. 왕건은 능창을 잡아 궁예에게 보냈고, 궁예는 능창을 죽였다. 이렇게 하여 두 번에 걸친 나주전투는 왕건의 활약에 힘입어 승리로 끝났다.

이 두 해전의 승리로 왕건은 나주 관내 여러 군현과 소통할 수 있게 되었고, 서남해안에서 배타적 주도권을 잡게 되었다. 그 결과 나주의 나총례와 오다련, 영암의 최지몽 같은 세력들의 지원 외에도 서남해안에서 생산되는 해산물과 곡식 등을 확보하게 되었다. 왕건은 이를 기반으로 고려 건국의 기틀을 세우며 후삼국 통일이라는 대업을 달성하게 된다.

◈ 나주 해릉창(나주 삼영동 근처로 추정됨)

고려시대 해릉창은 통진포, 남포, 금강진 등으로 불렸던 나주의 목포에 있었다. 현재 나주 목포(나주 영산강 일대로, 조창인 해릉창이 있는 지금의 택촌마을 근방 남포를 말함)는 기록으로 확인되는 최고의 포구였다. 이곳은 왕건과 장화왕후 오씨가 만난 곳으로, 해릉창(조선시대 영산창)이 위치했고, 공민왕대에 명나라 사신단과 고려의 회례사(會禮使)가 입출항하던 곳이며, 최영 장군과 정지 장군이 수군 활동을 펴던 전진기지이기도 했다.

나주 해릉창은 고려 조정이 운영하는 관영 해운 활동의 본거지였다. 다른 조창과 마찬가지로 국가재정 운영의 주요한 재원이 되는 해당 수세 구역의 세곡을 거두어들여 일정 기간 보관했다가 이듬해 2, 3월에 연근해 항로를 따라 북상하여 개경의 경창으로 운반하는 일련의 조운 업무를 관장했다.

나주 해릉창은 조세 명목으로 바치던 세곡미뿐 아니라 인근 고을 공납

조선 영산창 표지석. 고려 해릉창 자리로 추정되는 곳에 세워져 있다.

품도 개경으로 실어 날랐다. 풍성한 남도지역 물산은 개경 왕실과 귀족들 실생활과 문화생활에 꼭 필요한 것이었기에 해릉창에서 운반되는 물품에 많은 관심이 쏠렸다. 이와 같이 해릉창은 개경으로 지방 수취물을 조운하는 일반적인 조창 이상으로 유통 경제활동에서 차지하는 비중이 커서 공적인 영역 외에 상인 집단에도 큰 역할을 했을 것이다.

고려 말엽 왜구 침략으로 조정에서는 공민왕 5년인 1356년에 모든 수송은 육로를 이용하도록 명령했고, 공민왕 7년에는 창고를 내지(內地)로 옮기게 했다. 조정에서는 전라도 도순문사나 도진변사 등 군관들이 조운선을 호위하도록 조치하여, 나주 해릉창을 비롯한 전라도의 조운 활동이 중단되지 않게 했다. 이리하여 고려말 나주 목포에서 조운 활동은 군·현 단위 소규모로 이루어졌지만 조운의 맥이 이어졌다.

◈ 도내기샘(나합샘, 나주 영산포 삼영동)

2장 56쪽에 간략히 소개했는데, 이 샘의 주인공 나합에 대해서는 이런 이야기가 전해온다.

조선시대 이름난 신하였던 이서구(李書九)가 전라도 관찰사로 있을 때, 나주에 인물이 태어날 것을 점치고 "나주 영산포 택촌으로 내려가면 아이를 낳은 집이 있을 것이니 남자 아이면 즉시 죽이고 여자 아이면 살려주어라"라고 명령을 내렸다. 영산포에 이르러 아이가 태어난 집이 있어 확인하니 여자 아이여서 살려 주었는데 커서 나합(羅閤)이 되었다.

도내기샘을 이용하던 나합의 모습에 애태워하던 총각들 사이에 이런 민요가 돌았다고 한다.

나주 영산 도내기샘에 상추 씻는 저 처녀야

상출랑 씻거들랑 속에 속잎은 네가 먹고 쭉대길랑 나를 주면
동지섣달 긴긴 밤에 쭉대기 값은 내가 하리
에~헤야 에헤야~ 에~에야 에헤야~

그 산 초목은 다 베어도 금산 오죽은 베지 마소
연속 삼 년 키워 갖고 담장 안에 물이 들면 옥당 처자를 낚을라네
잘 낚으면 능사로다 못 낚으면 상사로다
능사상사 고를 맺어 그 고를 풀도록 놀자

◈ **홍룡사 터**(나주시 삼영동 187번지로 추정)

　홍룡사는 고려 태조 왕건이 2대 왕 혜종을 낳은 나주 오씨 장화왕후를
위해 지은 절이다.

　혜종이 된 무는 912년에 태어났는데, 왕건이 903~918년에 나주에서 활
동하여 어린 시절 아버지 왕건과 나주에서 성장했다. 혜종은 도량이 넓고
지혜와 용기가 뛰어나서 태조를 따라 후백제를 정벌할 때도 맨 먼저 말
에 올라 그 공이 제일이었다. 그는 동궁에 있을 때 스승을 예로써 높이고
관직에 있는 대신들을 잘 접대하여 어진 명예가 조정과 민간에 널리 알려
졌다.

　최지몽은 왕건과 종군하면서 어려움을 함께했고, 18세 어린 나이에 종
7품에 해당하는 관직에 올랐다. 왕건이 죽고 혜종이 즉위한 후에도 혜종
을 정성껏 보필했다. 혜종을 보필한 무인 대표는 박술희였고, 문신의 대
표자는 최지몽이었으리라. 최지몽은 나주 가까이에 있는 영암 출신이다.

　혜종은 어린 시절 나주에 대한 추억과 애향심이 있었고, 왕위에 오른
후에도 여전했다. 아쉽게도 왕위에 오른 지 2년 만에 병이 들어 후사를
정하지 않은 채 세상을 뜨고 말았다. 혜종이 죽은 후 홍룡사(興龍寺) 안에
혜종에 대한 사당인 혜종사(惠宗祠)를 짓고 제사를 지냈다.

혜종이 왕위를 계승하여 백성과 사직을 잘 보존하여 창업에의 도움과 수성한 공이 있어 종묘에서 백세불천(百世不遷)의 제사를 받드셨으며, 옛 고장을 돌보고 보호하여 사당을 지어 제사했다.

_『신증동국여지승람』 35권 「나주목」

1428년 8월 『세종실록』에 "나주에 소장한 혜종의 진영과 소상(흙으로 빚은 인물이나 신불상)을 개성 '유후사'로 옮겨 각릉 곁에 묻으라"는 지침이 내려졌고 그대로 따랐다는 기록이 있다. 1429년(조선 세종 11년)에 이인관 장득수가 "혜종의 소상과 진영을 옥교자에 모시고 2월 6일 서울로 떠났다"는 금성일기 기록으로 보아 이때 없어진 것으로 추정된다. 혜종의 진영과 소상을 개성으로 옮긴 것은, 조선 태조 이성계가 유교를 장려하기 위해 펼친 '숭유억불정책'에서 비롯했다.

《전남일보》 2021년 2월 24일 자 기사 〈고려 왕건 건립 천년고찰 나주 흥룡사 터 찾았다〉에 "고려 태조 왕건이 장화왕후를 위해 영산포 산기슭에 지어준 흥룡사 터가 600여 년의 긴 잠에서 깨어났다."라고 전했다. 고려 말 윤소종은 "흥룡사는 앙암 바위에 올라 보인다."라고 했으므로 흥룡사 터는 면허시험장 동북쪽 위 나주시 삼영동 187번지로 추정되는데, 유물이 나오지 않아서 아직 그 위치가 확정되지 않았다.

◈ **완사천**(나주시 완사천길 2)

2장 49~50쪽 참고.

◈ **둥구나루**(나주시 나주역길 56)

둥구나루는 예전에 강이 굽이쳐 흐르는 지점에 있던 천혜의 포구였다. 그래서 나주 사람들은 '둥구나루'라고 부른다. 나주역에서 영산강 쪽 뒤편인 나주스포츠테마파크 부근으로 난 길이 둥구나루길이다.(나주 어른들은 둥구나루라고 부르나, 길은 동구나루길이다.)

왕건이 나주와 인연을 맺기 시작한 것은 903년(신라 효공왕 7년). 『고려사』에는 건국 전 왕건이 영산강 일대로 몇 차례 원정 가게 되는데, 그때마다 대규모 수군을 이용했다는 기록이 있다. 4차 원정 때는 군선 70여 척에 병사 2천여 명이 동원됐다.

나주에 온 왕건은 둥구나루 또는 남포에 정박했을 것이다.

왕건과 장화왕후가 만난 장소에 관한 지역 사람들의 설은 두 가지로 나뉜다. 먼저 남포로 들어왔다면 택촌 도내기샘이 완사천이었을 것이다. 다음으로, 둥구나루터로 들어왔다면 나주고등학교 입구의 원님샘이라는 샘을 (60~70대 나주 어른들은) 왕건샘이라고 불렀다 한다. 그런데 어느 순간 원님샘이라고 붙어 있다고 의문스러워한다. 현재 나주시청이 2000년 무렵 산기슭에 지어졌는데, 시청에서 나주 쪽으로 있는 동네가 홍룡동이다. 홍룡동에서 원님샘이 있는 나주고등학교 쪽으로는 걷기에 아주 멀지 않은 거리다. 어쨌든 완사천은 지금의 시청 바로 밑에 만들어져 있고, 둥구나루는 나주역 뒤편 나주스포츠테마파크로 가는 길이 동구나루길이라고 정해져 있다.

둥구나루는 1801년(순조 1년) 신유박해로 유배 가던 다산 정약용과 그의 형 정약전이 함께 머물다 헤어진 곳이기도 하다. 천주교를 믿은 죄로 유배당한 정약전과 정약용은 율정점 주막에서 하룻밤을 묵고, 둥구나루에서 배를 타러 정약용은 영산강을 건너 강진으로, 정약전은 흑산도로 떠났다. 율정점은 노안 IC에서 나주 시내를 향해 오다가 동신대학교 바로 전 4거리쯤 표지석이 있었다.

◈ **왕실과 국가 안녕을 기원하는 나주 팔관회(금성관: 금성관길 8)**

고려시대에 나주의 높은 위상은 금성산신제와 팔관회에서 찾아볼 수 있다. 팔관회는 개경, 서경, 나주에서만 열렸기 때문이다.

팔관회는 고려 왕조의 운명과 함께했던 국가적인 행사다. 왕실에서 주관하는 정례적인 의식으로, 백성도 함께 참여하여 왕실과 국가의 안녕을 기원했다. 태조는 『훈요십조』에서 여섯 번째로 연등회와 팔관회를 열도록 했다. 수도에서 열린 개경 팔관회 다음으로 서경 팔관회가 비중 있게 열렸다. 정도전의 『삼봉집』에 있는 팔관회 기록을 살펴보자.

> 현종께서 남으로 순행하여 이곳에 이르렀는데, 마침내 왕조 중흥의 공을 이루고서는 나주에서 팔관회를 하사하여 개경에 견줄 수 있게 했다.

팔관회가 고려시대에 국가적 행사였음을 감안하면, 당시 나주 위상이 상당했음을 짐작할 수 있다. 팔관회는 음력 10월 서경에서, 11월에 개경에서 열렸고, 나주 팔관회는 12월에 열렸을 가능성이 높다.

나주에서 팔관회가 개최하게 된 까닭은 무엇일까? 『삼봉집』에는 이렇게 언급한다. "고려 왕조와 나주의 깊은 인연을 설명하며 이 인연이 곧 나주에서 팔관회를 개최하도록 한 것이다."

여기서 '이 깊은 인연'은 현종이 거란을 피해 나주로 온 것을 뜻한다. 현종이 거란 침입으로 남쪽으로 피난하여 나주에 이른 것은 1010년(현종 2)인데, 이듬해인 1011년 1월 11일 거란은 퇴각했다. 그러나 현종은 남행을 계속하여 1월 13일 나주에 도착하여 7일 정도 머물렀다.

현종은 피난 도중 많은 위협에 직면했다. 지방관이나 지역 토착세력으로부터 도전과 협박을 받아 위기에 처한 경우도 한두 번이 아니었고, 호위하던 장졸들마저 불온한 움직임을 보이기까지 했다. 게다가 후삼국 통일 후유증이 남아서 안전마저 보장받지 못할 만큼 위태로웠다.

그럼에도 현종이 나주를 최종 목적지로 선택한 이유는 무엇보다 나주에 대한 신뢰가 컸기 때문이다. 왕조 창업 이전부터 맺어온 고려 왕실과 나주의 뿌리 깊은 인연에 바탕한 것이라 할 수 있다. 현종 일행이 천신만고 끝에 노령을 넘어 나주 지역에 들어섰을 때 그러한 기대에 보답이라도 하듯 나주인은 그들을 따뜻하게 맞았다.

나주에는 현종의 피난과 얽힌 설화가 지금까지 전해진다. "현종이 금성산성에 머물면서 거란의 침입에 대비했다"든지, 그가 "개경으로 돌아갈

때 네 마리 말이 끄는 수레를 타고 지나간 자리에 사마교(駟馬橋)가 세워졌다"는 이야기가 그것이다. '현종이 나주에서 팔관회를 개최하도록 한 것'은 남행에서 겪은 고초로 생사의 위기에서 벗어난 뒤 보답하려는 뜻에서였을 것이다.

팔관회에 국왕이 행차하는 것은 개경에 국한되지만, 국왕이 참석하지 않은 상태에서 서경 팔관회가 열렸듯이, 나주 팔관회도 서경 팔관회와 같은 여건에서 마련되었을 것이다.

◈ 국가적인 제사가 된 금성산신제

금성산신은 『고려사』에 금성대왕으로 기록되어 있으며, 금성산신제는 왕실이 주관하는 팔관회로 베풀어졌다. 팔관회는 삼국시대에 시작되어 고려 시대 국가행사로 치러진 종교 행사라고 할 수 있는데, 고려 태조 26년 4월 기록에 의하면 "연등회는 부처를 섬기는 일이지만 팔관회는 천령 및 오악·명산·대천·용신을 섬기는 일이다"라고 했다.

나주 팔관회와 산악신앙의 연결 고리는 나주 금성산이다. 금성산은 나주의 진산이며 고려시대 국가에서 관리하는 산악제장(山岳祭場) 중 하나로, 관아에서 주관하는 금성산신제가 거행된 곳이다. 따라서 나주를 상징하는 금성산의 숭배제와 팔관회의 연관성을 짐작할 수 있다. 나주목으로의 승격이나 나주 팔관회 개최 등 현종의 나주 우대 정책 속에 금성산 신앙도 더불어 우대받게 되었다.

금성산신제와 관련된 다섯 사당 가운데 상·중·하 사당만이 처음부터 산신당으로 금성산 정상과 중턱 및 산자락에 위치했다. 국제사는 나라의 안녕이나 국왕의 장수를 기원한 사우로 추측되며, 하실사 남쪽 방향으로 나주 시내 외곽에 위치한다. 나주 예조당은 나주 팔관회 때 고려 왕조의 조상신 즉 태조를 기리며 제향하는 사당으로, 시내 중심부에 위치했다. 『송사집』 권지23, "제문"에 실린 금성산 제문(祭錦城山文)을 소개한다.(*연이 구분되어 있지 않으나 임의로 나누었다.—편집자)

장엄하고 빛나도다 신의 궁이여/ 금성의 산이여 산 가운데에 있네/ 나라 안에서 제사를 질서 있게 행하니/ 은혜가 지극하고 예가 융숭하네/ 빛나고 빛난 영령이 오르내리니/ 계수나무 깃발 창공을 날며 휘날리네

영령이시여 고결함을 즐기셔서/ 시절이 화명하고 세월도 풍년이네/ 사특함이 엿보이면 가까이 못하게 하고/ 말씀마다 돌보고 담장을 높이 했네/ 정갈한 제사로 보답하니 이윽고 흠향하셔서/ 우리로 하여금 편안하고 공이 되게 하소서

국가의 운명 이에 혼란스러우니/ 금수의 자취 종횡하고/ 멧돼지처럼 돌격하고 선어처럼 돌아다니니/ 호랑이가 떠나고 용이 몸을 숨기네/ 별관에 왕의 수레 머무르자/ 신민은 불탄 듯 미친 듯하네

어찌 존령께서는 혼매하여/ 서로를 버리고 서로를 잊으십니까/ 나는 신령을 위해 아름다운 계책 냈으니/ 아름다운 계책 진실로 선하도다/ 해풍을 타고 요사한 배를 절단했으니/ 나는 이미 힘입어 영령을 선양하네

그 소굴을 불살라 그 족속을 귀신으로 만들고/ 우리나라에서 그 자취를 멸하소서/ 현자가 나아가니 사특한 자 물러나고/ 국가는 태평하니 백성은 강녕하네/ 제사의 건육과 아름다운 과일/ 나의 아름다운 말과 좋은 술을 흠향하소서

『고려사』「정가신 열전」에는 금성산신에 관한 흥미로운 기록이 있다.

충렬왕 3년(1277) 나주 사람들이 전하기를, 금성산신이 무당에게 강림하여 "진도와 탐라 정벌에 내가 실로 힘을 다했거늘 장수와 사졸에게 상을 주면서 내게는 녹을 내리지 않은 까닭이 무엇인가, 반드시 나를 정녕공으로 봉해야 할 것이다."라고 일렀다고 했다. 정가신이 그 말에 현혹되어 왕을 넌지시 설득하여 정녕공으로 봉하며, 또한 그 고을의 녹미 5석을 떼어내 해마다 그 사당으로 돌리도록 했다.

삼별초를 평정하는 과정에서 광주보다는 나주 지역의 역할이 훨씬 두드러졌는데도, 난이 진압된 후 인정받은 곳은 무등산신에 대한 봉작을

내려진 광주였다. 그래서 나주 사람들은 금성산신을 섬기는 무당의 입을 빌려 지역 민심을 표출한 것이고, 이를 파악한 정가신이 노력하여 금성산신에게 봉작이 내려질 수 있었다. 지역 진산 신앙을 우대하는 것은 그 지역 위상을 높이는 것과 직결되기 때문이다.

나주 팔관회가 개최된 후 금성산은 개경 송악산과 더불어 산신당을 다섯 곳이나 거느린, 고려에서 숭배받은 산악 가운데 하나로서 위상이 뚜렷해졌다. 손꼽히는 산악제로서 금성산신제의 위상은 여말선초에 이르도록 조금도 흔들리지 않았다. 조선 초기 기록이기는 하지만, 산신이 영험하여 그에게 제사를 올리는 때면 "나주 사람만이 아니라 전라도 사람들이 찾아가 제사 드리는 자들이 끊임없이 줄을 이어 가득 차 막혔다."라는 글에서 금성산신제의 위용을 짐작할 만하고, 금성산신이 매우 영험하고 신령스러웠음을 알 수 있다.

천년 고려의 시작 왕건길을 살펴보았다. 고려 건국의 기틀이 되고 왕을 배출한 어향으로서 나주와 나주인의 자부심이 느껴진다. 왜 나주 사람들이 나주를 작은 서울인 '소경'이라 했는지 이해된다. 이러한 흐름이 나라가 어려움에 처했을 때 분연히 일어나 의병으로서 나라를 지키는 힘의 원천이지 않았을까.

지역 확산의 고리가 된 나주 5·18 민주길

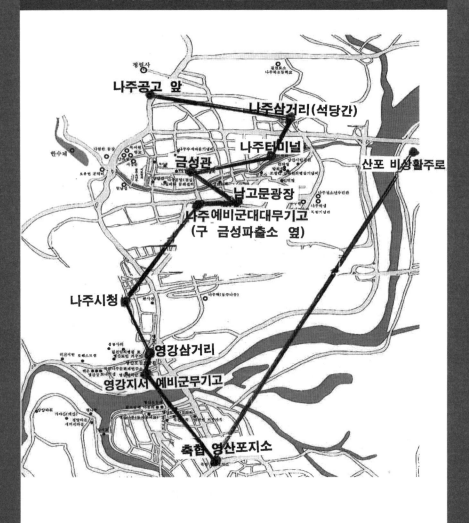

6장
지역 확산의 고리가 된
나주 5·18 민주길

나주공고 앞 ➡ 금성관 ➡ 나주터미널 ➡ 나주 삼거리(석당간) ➡ 남고

문광장 ➡ 나주예비군대대 무기고(구 금성파출소 옆) ➡ 나주시청 ➡ 영

강삼거리 ➡ 영강지서 예비군 무기고(구 영강파출소 옆) ➡ 나주축협 영

산포지점 ➡ 산포 비상활주로

먼저 5·18민주화운동이 어떻게 해서 일어나게 되었는지 이해를 돕기 위해 1980년 전후 상황을 살펴보자.

1979년 10월 26일, 유신헌법을 제정하고 독재를 일삼던 대통령 박정희가 중앙정보부장 김재규의 총탄에 맞아 사망하는 사건이 일어났다. 이후 그동안 정권의 압박에 억눌려 있던 국민은 민주화에 대한 열망이 들불처럼 솟아올랐다. 기나긴 '겨울 공화국'이 끝나고 그토록 기다리던 민주주의가 왔다고 환호했다. 그러나 전두환 일당은 12·12 군사반란을 일으켜 군을 재편하고, 전국적으로 열기를 더해 가는 민주화 요구를 강압적으로 탄압하려는 음모를 비밀리에 진행했다. 군인들이 또다시 정권을 장악하려는 시도에 맞서, 1980년 민주화 요구의 시위가 전국적으로 일어나고 있었다.

전두환을 비롯한 군사 반란세력은 1980년 5월 17일 24시를 기하여 전국적으로 계엄령을 발동하고, 시위가 전국적으로 일어나고 있음에도 광주를 타깃으로 공수부대를 배치했다.

5월 광주지역에는 민주화에 대한 시민들의 동의와 학생 시위에 대한 상당한 수준의 지지가 형성되어 있었다. 시민들이 서로의 생각을 확인한 것은 5월 14일부터 16일까지 전남도청을 비롯한 시내 일원에서 열린 '민족민주화 대성회'였다. 당시 광주지역의 시위는 대학생들이 중심이 되고 시민들이 결합한 가운데, 경찰과의 유기적인 협조하에 평화롭게 치러졌다. 심지어 5월 16일 횃불시위와 화형식까지 열렸음에도 아무런 사고 없이 집회가 마쳐졌다. 그 과정에서 학생운동과 시민들 사이에 강한 연대가 형성되었다. 만일을 대비하여 16일 횃불시위에서 이후 행동지침이 안내되었다. "민주화에 역행하는 정국의 반전이 일어날 경우 전남대학교 정문에 10시에 모여 시위를 재개합시다."

10일간의 5·18민주화운동의 시작은 5월 18일 아침 전남대학교 정문 앞에서 시작되었다. 당시 전남대학교 정문 앞에는 도서관에 공부하러 왔다가 계엄군에 의해 출입이 저지된 학생들과, 또 휴교령이 내리면 그다음 날 오전 10시에 교문 앞에 모이자는 약속을 기억하고 나온 학생들이 모여 있었다.

이들은 1980년 3월부터 계속해 왔던 대로 자연 발생적인 시위를 전개했다. 이에 대해 공수부대원들은 상식을 초월하는 무자비한 폭력으로 대응했다. 전남대 교문 앞은 피 흘리며 쓰러지는 학생들과 끌려가는 학생들, 너무도 뜻밖의 사태에 도망치는 학생들로 순식간에 아비규환을 보여주고 있었다. 이러한 사태는 5월 18일 하루 내내 반복되었으며, 시간이 갈수록 그 정도는 더 심해졌다. 당시 광주 시위 진압에 동원됐던 나주 경찰의 말을 들어보자.

그날 18일, 너무 과잉진압이었다. 공수부대들이 총을 거꾸로 멘 채 진압 방망이를 들고 있었다. 우리 동원된 경찰들은 모두 도로 양쪽 옆으로 배치돼 있었다. 경찰 병력만으로도 충분히 막을 수 있었다. 학생들은 경찰 병력과는 대화도 했고 경찰 정보라인도 살아있었다. 공수부대가 그렇게 나와야 할 이유가 없었다. 왜 그렇게까지 과잉진압을 하는지 의아했다.

과잉진압을 하다 보니 시민들이 다 모여들었다. 그때부터 유언비어가 횡행하기 시작했다. 젊은 친구들이 도망가면 공수부대가 아주 끝까지 쫓아갔다. 그날 너무도 과잉진압이 됐다.

_염행도, 나주 5월 민중항쟁 체험 구술집 『5·18과 나주 사람들』, 2020

현장에서 도망친 학생들이나 그 현장을 목격한 시민들은 이러한 광경을 '피', '죽다', '죽이다', '흡혈귀', '무차별', '무참히', '천인공노', '총', '칼', '대검', '군대' 등으로, '난리 났다' '6·25 때도 그렇지는 않았다'로 표현하며 다른 사람에게 알려야 했다. '난리 났다'라는 말이 삽시간에 광주 전체로 퍼졌다.

당시 광주지역에서 저항 공동체가 형성된 계기는 세 가지로 정리된다. 하나는 5월 14~16일의 민주화 대성회 등 민주화 시위를 통해 형성된 시민들의 동의이고, 둘째는 김대중 구속이라는 상징적 사건으로 인한 시민들의 좌절과 분노, 세 번째는 계엄군의 비인간적이고 무차별적인 폭력 행사다.

계엄군의 폭력 행사는 기존 지역 네트워크를 운명공동체로 바뀌게 했다. 그 결과 5월 18~21일 사이에 상식적으로 설명할 수 없는 저항 공동체가 형성되었다. 다음 증언을 들어보자.

고향에서 부모님을 도와 농사일을 하다가 군 입대를 위해 대기하던 중이었다. 1980년 5월 21일 오후 1시경 친구와 2년 후배 세 명이 청동마을회관에 앉아서 이야기하고 있는데, 젊은 학생들 두 명이 다가와서 '어휴! 선배님들 큰일이 났습니다. 광주에서 난리가 났습니다. 학생과 시민이 다 죽어가고 있습니다.'고 했다. '이게 무슨 소리냐? 이렇게 당하고 있어야 하느냐? 국민을 지켜야 하는 군인들이 국민들 가슴에 총을 겨눈다는 것이 말이 되느냐? 같이 해야 하지 않느냐? 안 되겠다. 우리 세 명이 같이 가자.'

_김소진, 나주 5월 민중항쟁 체험 구술집 『5·18과 나주 사람들』, 2020

분노한 학생들이 시내로 진출해 군인들이 야만적인 폭력을 저질렀음을 시민들에게 알렸고, 소식을 전해 들은 시민들이 시내로 모여들었다. 이때 시내 곳곳에 숨어 있던 계엄군 병력이 경찰과 교체되기 시작했다. 그리고 광주 시민을 대상으로 참혹한 학살이 벌어졌다. 계엄군은 곤봉과 총으로 시민들을 거침없이 내려쳤다. 계엄군에 붙잡힌 시민들은 죽도록 두들겨 맞고, 바지가 벗겨진 채 속옷 차림으로 아스팔트 위에 무릎을 꿇어야 했다. 그 후 군 트럭에 실려 어디론가 끌려갔다.

5월 20일 밤이 지나고, 21일이 밝아오자 계엄군에 의해 희생당한 시민들 시신이 발견되었다. 계엄군이 살상을 저지르자 분노한 시민들이 시내로 쏟아져 나와 금남로 전남도청 광장으로 향했다. 하지만 도청 광장은

나주의 기억을 걷다

이미 무장한 계엄군이 점령하고 있었다. 시민들은 광장 앞에서 계엄군과 대치했다. 5월 21일 부처님오신날 오후 1시, 도청 옥상에 설치된 스피커에서 애국가가 울리더니, 계엄군이 항의하는 광주 시민들을 향해 갑자기 총을 쏘기 시작했다. 사격은 10여 분간 계속되었고, 금남로는 순식간에 생지옥이 되고 말았다.

이때, 광주 시민들은 "국민 생명과 재산을 지켜야 할 국군이 총까지 쏘며 시민들을 폭도로 매도하기에 우리도 무장해야겠다"라고 생각했다. 그런 그들은 나주, 화순, 영암, 해남, 함평, 무안 등지에 있는 경찰서에 보관되어 있는 무기를 가져다가 무장을 하기 시작했는데, 사람들은 이들을 '시민군'이라고 불렀다.

광주지역에서 만들어진 저항 공동체는 강한 향토애와 인적 네트워크에 의해 전남으로 번져갔다. 광주와 전남은 1985년까지만 해도 전라남도였다. 전라남도 광주시였기에 전남에는 부모가 있고 자녀는 광주에서 학교에 다니거나 광주에 살거나 친척이 사는 경우가 대부분이다. 따라서 광주의 일은 전남의 일이었다. 그런 데다가 전남 신안과 목포가 근거지인 김대중의 구속 역시 전남인들을 분노케 하는 밑받침이 되었다.

전남의 5·18민주화운동은 주로 호남선이 통과하는 곳이나 인근 지역으로 확산되었다. 광주를 중심으로 인근 지역이나 서남부지역으로 확산된 것이다. 5·18민주화운동이 전남 서남부지역으로 확산하게 된 데는 광주에서 내려온 시위대와 나주 시위대의 홍보 역할이 크다.

다음은 나주지역을 중심으로 5·18민주화운동을 살펴보자.

나주지역은 광주와 가까운 지리적 여건 때문에 광주로 통학하는 학생이나 직장인이 많이 사는 지역이다. 1980년 5월 당시에도 광주에서 발생한 일을 어느 지역보다 신속하고 정확하게 알고 있었으며, 그로 인한 직접적인 피해자도 많았다. 이 때문에 상대적으로 신군부와 계엄군에 대한 분노가 매우 강했던 지역이다. 더구나 광주에서 북으로 가는 길이 계엄군에 의해 막히자, 나주는 전남 서남부지역으로 가는 관문이 되어, 전남지역 항쟁에서 중심적인 위치를 차지하게 되었다.

이런 상황에서 5월 20일 오전 10시경, 광주와 나주를 오가는 대중교통이 군의 저지선에 의해 차단되었다. 오후 5시경 나주로 나오다가 효천 부근에서 계엄군에 의해 부상당했다는 7~8명의 사람들이 억울해했다.

나주에 시위 차량이 처음 등장한 것은 5월 21일이다. 그날 점심시간이 조금 지날 무렵, 총기를 구하러 광주에서 내려온 시위대가 나주에 나타났다. 이들은 남평면 인근을 한 바퀴 돈 다음 나주터미널 광장과 나주경찰서 앞 삼거리에 모여 있던 지역민들에게 계엄군의 발포 소식을 전하면서 시위 동참과 무기 조달을 호소했다. 이미 광주지역의 소식을 듣고 분노하고 있던 나주 지역민들은 이들 시위대에 적극 동조했고, 500여 명이 시위대에 합류하여 시위를 벌이기 시작했다. 당시 나주터미널에는 광주로 가려다 길이 막혀 세워둔 수십 대의 차량이 있었는데, 시위대들은 이 차들을 타고 차량시위를 벌이기 시작했다.

나주지역의 시위는 그 자체로도 중요하지만, 가장 중요한 의미는 광주와 그 밖의 전남지역에서 연결고리 역할을 했다는 것이다. 즉 광주에서 내려온 시위대와 나주에서 참여한 시위대가 뭉쳐 새로운 시위대를 만들어, 한 팀은 나주·함평·무안·목포 방면으로, 다른 팀은 나주·영암·강진·해남 방향으로 버스를 타고 가면서 광주의 항쟁 소식을 전했다. 이들 시위대로 인해 전남 서남부 지역이 5·18민주화운동에 동참하게 되었다. 즉 나주사람들은 광주사람들이 겪은 고통에 침묵하지 않고 응답한 것이다.

그리하여 전남의 5·18민주화운동의 역사적 흔적이 있는 곳은 나주시 11곳, 함평군 8곳, 무안군 6곳, 목포시 12곳, 영암군 8곳, 강진군 7곳, 해남군 8곳, 화순군 13곳, 이후 3곳이 보강되어 모두 76곳이 있다. 그중 5·18민주화운동 사적지로 지정된 곳은 광주에 30(35곳)호, 전남에 76곳 중 25호이고 그중 나주는 11곳 중 5호이다. 나주에는 5·18민주화운동 표지석이 9곳, 안내판이 2곳이 있는데, 그중 사적지로 지정된 곳은 금성관, 나주공고 앞, 금성파출소 예비군집중무기고, 시청, 영강삼거리 등 5곳이다. 금성관과 남고문 주변인 금성파출소 예비군집중무기고는 사적지 표지석을 세우지 못하고 이전 모양 그대로다. 두 곳 모두 문화보전지역이기 때문이다.

1980년 당시 나주지역 5·18민주화운동 참여자 중 구속 송치자는 24명이며, 불기소자(기소유예)는 13명, 훈방자는 177명이다. 나주 출신 5·18민주열사는 37명(2019년 12월 기준)으로 현재 국립 5·18민주묘지와 가족묘지에 모셔져 있다. 1986년도부터 매년 나주시 지원으로 5·18민주화운동 나주기념식을 거행하며, 나주 남산시민공원 망화루에 오월영령을 위한 분향소를 설치하여 추모하고 있다. 2009년부터 5·18민주화운동기념 나주시민문화제를 통해 해마다 다양한 프로그램으로 5·18민주화운동 정신을 기린다.

2020년 5·18민주화운동 40주년을 맞아 나주시 지원으로 5·18민주유공자나주동지회가 주축이 되어 5·18체험구술집인 『5·18과 나주사람들』을 출간했다. 2023년에는 5·18민중항쟁고등학생동지회에서 「5월, 새벽을 지킨 소년들」을 출간했다.

독재정권을 퇴장시키고 민주주의 시대를 활짝 여는 데는 광주 시민만이 아니라, 성숙한 시민의식으로 역사의 고비마다 시대적 사명을 앞장서 실천한 전남도민 그리고 나주시민이 있었으니, 다 함께 조명받으며 존경받고 기억되어야 한다.

◈ 나주공고 앞(건재로 41, 경현동 15)

영강삼거리 전라남도 5·18사적지 나주-4호는 나주공고와 금성중·고 앞에 있다. 1980년 5·18민주화운동 당시 광주에서 벌어진 계엄군의 발포와 시민학살 소식을 듣고 한독공업고등학교(현 나주공업고등학교)를 비롯한 30여 명의 고등학생이 5월 21일 오후 영암·함평 등지에서 올라오는 시위 차량에

나주공고와 금성중·고 입구 버스정류장 뒤편의 사적비

탑승하여 시위에 참여했다. 당시 나주지역 고등학생들이 시위에 참여하는 계기가 되었으며, 불의에 대항할 줄 아는 학생 정신을 일깨운 곳이다.

2022년 5·18민주유공자 나주동지회 회장인 김기광도 1980년 당시 한독공업고등학교(현재 나주공업고등학교) 3학년 학생으로, 5·18민주화운동에 참여하여 27일 마지막까지 도청에 있었다. 그는 참여 - 시민군 활동 - 상무대 영창 - 교도소 - 훈방 - 나주5·18동지회 활동의 전 과정을 경험하여, 그 사연을 중간중간 발췌해서 들어보고자 한다. 전 과정을 이해하는 데 도움이 될 것이다.

 1980년 5월 18일 (중략) 부처님오신날인 초파일 전날, 다음 날이 쉬는 날이어서 세지 친구 집에 놀러 갔다. … 사람들이 굉장히 많이 몰려있었다. 이게 대체 무슨 일인가 했다. 아저씨, 아주머니들 말이 광주에서 난리가 나서 군인들이 사람들을 총으로 쏴 죽인다는 것이었다. '총으로 사람을 쏴 죽인다고? 이제 난리 났구나!' 하고 나주를 가려는데 차가 다니지 않았다. … "광주는 난리가 났는데 젊은 사람들이 뭐 하나?"고 했다. 버스는 유리창이 다 깨져있고 각목을 차 밖으로 내밀어서 차체를 두드리면서 왔다. '이거 진짜 난리가 난 모양이다'고 생각했다. 나주로 가려면 이 버스를 타야겠다고 생각하고 친구와 선배들이 모두 그 버스에 탔다.
 (중략) 차가 후진으로 무기고(금성파출소 예비군 집중무기고)를 밀었는데, 나는 그곳이 무기고인 줄 몰랐다. 사람들이 엄청나게 많이 모여 있고 아는 사람들도 많이 보였다. … 무기고 담이 쿵 하고 넘어가면서 자욱하게 먼지가 났다. 사람들이 우~ 하고 무기고로 몰려 들어갔으며, 군중심리에 나도 따라 무기고로 들어갔다. 판자로 짜여진 총 박스를 보니 M1과 카빈총도 있었으며 실탄과 권총, 수류탄 등이 쌓여 있었다. 처음에는 M1소총을 들었다. 학교에서 교련 시간에 들었던 총이기도 했다. (중략)
 군용트럭을 타고 광주공원 옆 천변을 따라 올라갔는데 양림동이라고 했다. 주민들이 차를 세우고는 배가 고프지 않냐고 물으면서 물도 떠다 주고 김밥도 갖다 주고 약국에서는 드링크도 올려주었다. 심지어 돈까지 주었지만 우리는 돈은 받을 수 없다고 했다. 그런 상황이니 우리는 용기백배하지 않을 수 없었다. 광주 시민들이 눈앞에서 계엄군들의 만행을 다 봤고 그 천인공노할 계엄군들을 쫓아내기 위해 우리가 무장했으니 어찌 우리를 응원하지

않았겠는가! (중략)

22일 아니면 23일 정도에 도청에서 기동순찰대가 조직되었다. 그래서 나는 26일 기동타격대가 조직되기 전까지 군용트럭을 타고 계속 돌아다녔다. 도청으로 들어가니 시신들이 셀 수도 없이 많이 들어오기 시작했다. 시신들은 경찰청 앞마당에 놓아두었다. 누군가가 처음에 나에게 시체 옮기는 일을 하라고 했다. 머리가 없는 시체, 사지가 찢긴 시체, 총에 맞아 신체 일부가 없거나 온몸에 구멍이 숭숭 뚫린 시체 등이 엄청나게 들어왔다.

(중략) 내 손으로 옮긴 시신만 해도 100구는 훨씬 넘었다. 엄청나게 많은 시신을 상무관으로 옮겼다. 당시 낮에는 기온이 올라가 시신이 빨리 썩으니 그 냄새는 코피가 터질 정도로 지독했다. (중략) 그렇지만 그때는 옆에서 솥으로 밥을 했다. 무서운 것인지 어떤 것인지 감각도 없었고, 배고프면 그냥 시신 옆에서 밥을 먹고 서로 교대해서 가족들이 찾아오면 안내하곤 했다.

한번은 도청 입구 쪽문에서 임산부가 들어오면서, 남편을 찾으러 왔다고 했다. 들어오려는데 사람들이 말렸다. (중략) 그래서 내가 남편의 인상착의를 물었다. 인상착의를 말해주길래 내가 찾아볼 테니 기다리라고 하고 찾았다. 다행히 없어서 "그런 인상착의는 여기 없으니까 살아계실 것이다. 집으로 가서 기다리시라"고 했다. (중략)

도청에 들어가니까 순찰대를 조직한다고 해서 자원했다. (중략)

어느 날 내가 총을 들고 도청 정문 아닌 다른 출입문에서 경계와 안내를 한 적이 있다. 근무를 서고 있는데 누군가 내 팔을 확 잡아끌었다. 어머니가 나를 찾기 위해 나주에서 도청까지 걸어오신 것이다. 어머니는 얼른 집에 가자고 하셨지만, 나는 "가면 안 돼요. 내가 가버리면 군인들이 우리를 다 죽일 건데 나라도 여기 있어야지 군인들을 막을 거 아니요" 하고는 어머니만 내려가시라고 했다. 내 고집을 아는 어머니는 우시면서 나주로 내려가셨다.

도청에 있을 때는 잠을 거의 자지 못했다. 밤이 되면 모두 어딘가로 가서 잠을 자고 아침에 다시 모였다. 한번은 도청 앞쪽에 있는 병원원장이 도청으로 왔다. "도청은 잠잘 곳이 협소하니까 병원이나 우리 집에서 잘 수 있다"고 하고 자기를 따라오라 해서 나와 모르는 두 명이 같이 가서 하룻밤 묵은 기억이 있다. 그 의사가 집에서 밥도 해주었다. (중략) 순찰대가 윤상원 형

위주로 많이 돌아갔다. (중략) 26일 밤에 계엄군이 진압하기 위해 도청으로 들어온다고 했다. 그래서 그날 오후에 타격대를 모집했다.

우리는 모두 결의에 찬 표정으로 함께 선서를 했다. 선서 내용이 다 기억나지 않지만, "우리는 광주시민의 생명과 재산과 명예를 위해 목숨을 바친다. 그리고 이왕 죽으려면 우리가 멋있게 죽자"라며 사기가 넘치고 결연한 모습으로 기동타격대에 지원했다.

1980년 5월 26일, 우리 5조는 도청에서 저녁밥을 먹고 나왔다. 기동타격대는 마지막으로 도청을 지키는 '사수대'라고 소문이 났다. 저녁을 대충 때우고 순찰 돌기 위해 지프차를 타고 금남로를 지나갔다. 그날따라 왜 그렇게 금남로가 넓고 깨끗하게 보이는지…. '아! 오늘이 마지막 날이구나' 하는 생각이 들었다. 터미널 쪽에서 계림동으로, 천변을 타고 전남방직과 양동을 돌아서 터미널에 도착한 때가 새벽 2~3시쯤 됐을 것이다. 우리는 터미널 쪽을 사수하라는 명령을 받았기 때문에 터미널 담벼락 옆에 차를 세웠다. 잠시 담벼락에 기대고 앉아 있다가 사람이 없이 비워진 여인숙으로 들어가 벽에 기대어 총을 세워놓고 앉아 있는 상황이었다. 우리 모두 21일 이후 제대로 잠을 잔 적이 없다. 먹을 것이 있으면 먹었고, 잠깐이라도 잘 수 있으면 쪽잠을 자고 그랬다. 거의 매일 긴장된 상태로 지냈다. 그날이 우리가 마지막이라고 생각해서 그랬는지 몰라도 같이 있던 사람들도 똑같이 약속이나 한 듯이 다 같이 깊은 잠이 들었다.

갑자기 콩 볶는 요란한 소리에 놀라서 창밖을 보니 군인들과 장갑차들이 계림동 쪽과 양동 쪽에서 시꺼멓게 몰려오고 있었다. 우리는 '군인들과 싸우는 것보다 경계에 실패했다'는 자책감이 들었다. 무전기가 있었는데 계엄군이 들어오는 것을 도청에 연락하지 못한 것 아닌가. 우리 조원 다섯 명이 모두 잠이 들어버린 것이다.

여인숙에서 나와 도청으로 가야 했다. 그런데 기동타격대 5조라고 표시가 되어 있어서 지프를 탈 수는 없었다. 그곳에서 일단 나와서 다른 집 안으로 들어갔다. 젊은 사람이 있었는데 "지금 나가면 계엄군에게 죽으니까 판초 우의 다 벗고 총을 숨겨놓고 나가라"고 했다. 그 사람은 장롱을 가리키며 판초 우의와 총을 넣어 놓으라고 했다. 다른 조원들은 모두 우의와 총을 넣었지만 나는 총만은 챙겼다. 그렇게 그 집에서 나와 골목골목으로 해서 도청 쪽으로 가다가 어느 집으로 들어갔다. 동태를 살피기 위해 2층 계단으로 뛰어 올라가는 순간 뒤에서 "손들어!" 하고 소리치면서 계엄군이 M16 소총을 천장에 갈겨버리니 파편들이 사방으로 튀었고 겁에 질린 나는 총을 든 채로 그 자리에 얼어붙어 두 손을 번쩍 들고 말았다.

세월이 흐른 지금도 그 광경이 떠오르면 가슴이 아려온다. 차라리 그때 죽었더라면, 구차하게 목숨 따위에 연연하지 않았더라면, 사람 심리가 비겁해질 수 있다는 것을 그때 알았다. 지금 생각해도 왜 그때 계엄군이 총을 들고 뛰어가는 나를 향해 직접 조준 사격하지 않고 천장에 대고 총을 갈겼는지, 만약 그때 내가 돌아서기만 했어도 지금쯤 살아남은 자로서의 부끄러움을 느끼며 살고 있지는 않았을 것이다.

나는 총을 뺏기고 계단 밑바닥에 엎드렸다. 손을 뒤로 돌려 가는 나일론 줄로 양 엄지손가락과 손목을 묶여 위아래로 포승을 당했다. 그때 손목을 어찌나 세게 묶었던지 나일론 줄이 손목을 파고들어 지금도 희미하게 흉터가 남아있다. 그리고 내 베이지색 옷 위로 등과 엉덩이에 빨강 매직으로 '극렬분자'와 'X'자 표시를 했다.

(중략)

그때부터 눈도 못 돌리고 말도 하지 못하게 하고 고개 숙인 상태로 공용터미널로 끌려갔다. 공용터미널 바닥에 "대가리 박아!"라고 해서 머리를 바닥에 박고 있었다. 그때 카메라를 들고 기자들이 들어왔다. 어떤 군인이 "나도 전라도 사람인데 이 새끼들 죽여도 시원치 않을 놈들이다."라고 욕을 했다. 서울 말투였다. 곁눈질로 얼굴을 보았다. 계급이 대위였다. 조금 뒤에 군인 두 명이 시신을 질질 끌고 와서 우리 옆으로 패대기치듯이 던졌다. 터미널 근방에서 누군가 총에 맞아 죽은 것이다. 그러면서 "이 새끼 때문에 총알이 몇 발이나 들어갔는지 모르겠네, 되게 안 죽대"라고 했다.

공용터미널 근방에서 잡힌 사람들이나 시신은 모두 터미널로 모았다. 20~30명 정도 되니 도청으로 옮겨갔다. 그때 도청 건물 뒤로 아침 해가 넘어왔다. 아침 9시 정도 됐을 것이다. 군용트럭인지 버스인지 걸어갔는지 기억도 안 난다. 도청으로 가서 현관 입구 옆에 '꼬라박기', 일명 '원산폭격'을 시켰다. 들어갈 때부터 피비린내와 시체 옮길 때 났던 냄새들이 심했다. 바닥이 새까맸다. 하도 새까매서 처음엔 차에서 나온 기름인 줄 알았는데 사람 피였다. 사람 피가 그렇게 양이 많고 새까만 줄 처음 알았다. 그때부터 줄줄이 묶인 우리는 현관 입구 처마 밑에서 대가리를 전부 박고 있었다. 그때 도청에 묶여 있을 때 여기저기서 총소리도 들렸으며, 확인사살을 했다는 소리도 들렸다. 내가 터미널에 있을 때와 혼동은 되지만 도청에서 머리를 박고 있을 때 "이 새끼들 다 죽여버려"라는 소리와 "이 새끼들 숨 안 넘어가고 있는 새끼들 다 죽여 버려라"는, 그런 말들이 기억난다.

(중략)

그렇게 도청에 하루 종일 꼬라박고 있다가 오후에 어디로 가는지도 모르는 채 버스에 우리를 태우고 이동했다. 나중에야 우리가 간 곳이 상무대 헌병대 영창이었다는 것을 알게 됐다. 버스 한 대에 50여 명의 사람을 의자에 앉히지도 않고 전부 굴비 엮듯이 엮은 채 바닥에 바짝 엎드리게 하고는 군인들이 의자 위에서 사람들을 밟고 다니면서 고개만 들면 개머리판으로 찍고 다니니 여기저기서 '윽', '윽' 하는 신음소리가 난무했다. 그날은 하루 종일 바닥에 머리를 박고 있었기 때문에 상무대 영창 안에서는 머리 윗부분이 다 벗겨지고 진물이 마르지 않았다. 우리가 도착한 곳이 상무대 영창 앞이었는데 연병장 옆에 서 있던 키 큰 미루나무 가지에 해가 걸려 있는 것을 보고 '이 나무에 눈 가리고 묶어놓고 세워서 총살시키는구나!' 하는 처량한 생각이 들었다. 지금도 높은 나뭇가지에 해가 걸려있는 것을 보면 그때가 생각나서 울컥해진다.

모두 상무대 영창 안에 있는 연병장으로 들어간 뒤, (중략) 신원을 조회하고 확인했다. 나는 당시 집 주소를 부른 것이 번지가 잘못돼서 집과 연락이 되지 않았다.

상무대 영창생활 두세 달쯤 지났을 때 우리 모두를 연병장으로 나오게 했다. (중략)

사촌 형이 소령으로 진급해서 영관급 교육을 받으러 상무대에 왔다. 어머니는 도청진압 때 내가 죽었다는 말을 듣고 망월동이든 어디든 시체가 있다고만 하면 내 시체를 찾는다고 시체란 시체는 다 뒤적이며 확인하고 다니셨다고 했다. 시간이 지나고 이리저리 수소문해서 내가 죽지 않고 상무대 영창에 있다는 소식을 듣고 사촌 형한테 연락을 했다. 마침 사촌 형이 헌병대장과의 친분으로 위병소 창문으로 운동하고 있는 내 얼굴을 확인하고 집에 '잘 있다'고 전해주었다. 그렇게 연락이 되어 9월 말경 첫 재판을 받을 때 어머니가 오셨다.

상무대 영창에 이송됐을 때 처음 거의 3일 동안은 하루에 밥 한 끼 줄까 말까 했고, 날마다 두들겨 맞았다. 나는 키가 커서 맨 앞 오른쪽에서 '기준'이 됐는데, 군기 잡는다면서 맨 앞의 나를 시범 케이스로 불러내서 두들겨 팼다. 거의 20일 가까이는 상무대 영창에서 계속 굴렸다.

20일에서 한 달 정도 됐을 때 처음 취조를 받았다. 처음에는 취조받고 들어온 사람치고 정상적으로 들어온 사람이 없었다. 어떤 사람은 기어서 들어오기도 하고 어떤 사람은 피똥을 싼 채로 돌아왔다. (중략)

나는 처음 취조받을 때 거짓말을 했다. 사실대로 말하면 죽일 것만 같았다. "21일에 나주에서 올라와 진월동 친구 집에 있다가 26일 도청에 구경하러 왔다가 잡혔다"고 진술했다. 수사관들은 취조할 때 일단 기선을 제압하려고 처음부터 무조건 몽둥이로 두들겨 패는 것이었다. 바늘이나 볼펜으로 손톱 밑을 찌르고 처음 보는 작은 수갑을 엄지에 채워 손을 못 움직이게 하고는 고문을 했다. (중략)

한번은 기간병을 시켜서 한 말쯤 되는 큰 주전자에 취사장에서 라면 국물을 가득 가져오라고 했다. 먼저 나를 의자에 앉혀서 손은 뒤로 돌려 수갑을 채우고 발목은 의자 다리에 수갑으로 채워 움직이지 못하게 하고 내가 보는 앞에서 커다란 국자로 고춧가루를 떠서 주전자에 한 국자 가득 붓고는 휘휘 저으면서 공포심을 갖게 한 다음 내 머리카락을 잡아 머리를 뒤로 젖히고 의자 위로 올라서서 내 콧구멍 위로 라면 국물을 붓는 것이었다. 아무리 머리를 흔들고 그 국물을 안 들이키려 해도 위에서 부을 때 한 모금만 콧구멍으로 들어와도 머리가 깨지는 것 같은 고통은 물론이고 (중략)

그놈들은 고문에 도가 튼 놈들이라 죽지 않을 정도로 심심풀이로 고문하는 고문 기술자들이었다. 조서도 자기들이 이미 다 써 뒀으니 진술은 받지도 않았다. 처음에는 '김대중 내란 음모사건'으로 나를 엮었다. '김대중에게 돈을 얼마 받았느니 언제 만났느니' 이렇게 써두었고 모두 시인만 하라는 것이었다. 나는 "고등학생이라 그런 적도 없고 돈도 받은 적이 없다"고 부인했지만, (중략)

어느 날은 갑자기 나를 다시 불러내서 영문도 모른 채 하루 종일 두들겨 맞았다. (중략)

영창에 있으면서 자살을 기도해서 결국 병원에서 죽은 사람도 있고, 고문을 너무 당해서 정신 이상이 된 사람들, 자살하려고 철창에 머리 박고 머리에 피 흘리며 병원으로 옮겼지만 그 후 어떻게 됐는지 모르는 사람, 죽겠다고 남들 자는 새벽에 영창 벽에 머리를 박아 머리가 깨져서 병원에 실려 간 사람도 있었다. (중략)

나는 처음에 영창 7소대에서 지냈지만 3개월 정도 지난 후에는 같이 구속되어 있던 명노근 교수님과 어른들이 건의하여 대학생을 비롯한 모든 학생을 5소대로 옮겼다. 5소대에서는 영창생활에 어느 정도 익숙해질 정도로 시간이 지나 조금은 자유스러움이 있었다. 교수님께서는 틈틈이 시국과 역사, 문화 등의 강의를 하셨다. (중략)

처음 잡혀 왔을 때는 이삼십 평 정도밖에 되지 않는 방에 2, 3백 명도 넘는 사람들을 그 좁은 방에 밀어 넣고 정자세로 앉아 있게 하고 며칠 동안 잠도 재우지 않았다. 시간이 지나면서 많은 사람이 훈방으로 나가고 어느 정도 공간도 생기고 여유가 있었지만 징역은 징역이었다. (중략) 그만큼 그때 우리는 처참하리만큼 공포를 느꼈고 정말로 절박했다. (중략)

재판을 받기 위해 법정에 들어갔는데, 가족들이 방청객으로 왔지만 돌아볼 수 없었다. 하지만 어머님의 특이한 기침 소리를 듣고 어머니가 오셨다는 것을 알 수 있었다. 작은 성경책 뒷장을 한 장 찢어 '나는 잘 있으니 걱정하지 마시라'는 내용을 깨알같이 써서 꼬깃꼬깃 접어 바지춤에 숨겨 둔 종이를, 재판이 끝나고 영창으로 돌아가려고 대기하고 있을 때 어머니께 곁눈질로 보여드리고 '바닥에 떨어뜨린다'고 신호를 보냈다. 어머니가 고개를 끄덕이시기에 그대로 바닥에 떨어뜨리고 발로 밟고 있었다. 우리가 출발하고 어머니가 내가 서 있던 자리에 쪽지가 있어서, 그대로 주저앉아 한참을 계시다가 겨우 그 쪽지를 집어 들고 갔다고 하셨다. 나는 단기 3년에 장기 5년을 구형받았고, 실형에서는 단기 1년에 장기 1년 6월을 선고받았다.

(중략)

10월 27일인가, 그날 아침에도 다른 여느 때와 마찬가지로 조식으로 꿀꿀이죽을 먹고 나니 갑자기 사람들 이름을 불렀다. (중략) 한참 후 버스가 도착한 곳은 광주교도소였다. (중략) 감시하는 군인도 없이 자유롭게 한 방에 6~8명이 있었는데, 식사 때는 메주콩이 들어있는 밥 따로 국 따로 1식 3찬의 반찬까지 따로 주었다. 그때는 그것도 상무대 영창에 있을 때보다 자유로워 한 방에 있는 우리끼리 "이런 징역이라면 죽을 때까지 살라고 해도 살수 있을 것 같다"라며 서로 웃던 기억이 난다. 상무대 영창에서 얼마나 인간 이하 취급을 받았으면 그런 생각이 들었을까?

교도소 생활이 5~6일 정도 지난 후 나를 포함한 40~50명 정도 될까 하는 사람들을 호명하여 복도에 세우고는 다시 수갑과 포승줄을 묶은 채로 버스에 태워 이동했다. 모두가 불안해서 서로 얼굴만 쳐다보고 영문도 모르는 채 버스에 앉아 있었다. 얼마 후 도착한 곳이 5개월 넘게 생활했던 상무대 헌병대 연병장이었다. (중략) 지휘관인 듯한 장교가 나와서 "여러분은 관할 관님의 너그러운 처사로 집으로 돌아가게 됐으니 다시는 이런 사태에 휘말리지 말고 사회생활에 충실해라"며 일장연설을 했다. (중략)

옷은 전부 곰팡이가 피어 있었다. 내가 썼던, 도수 있는 안경과 신발 그리고 약간의 돈까지도 없어졌다. 급한 대로 곰팡이 나는 옷을 주워 입고 맨발로 도수도 맞지 않은 안경을 쓰고 단체로 버스를 타고 상무대 입구로 나왔다.

상무대 앞에는 신부님과 여러 수녀님이 계셨고, 여러 단체에서 많은 사람이 와 있었다. 어떤 수녀님이 내 맨발을 보더니 "고생 많았다. 신발을 사주겠다"고 했지만 나는 신발보다 짜장면이 먹고 싶었다. (중략) 상무대 앞 식당에서 간단하게 식사를 한 후 친구 부모님이 신발 사러 가자고 하셨다. 나는 괜찮다고 하고 진월동에 있는 친구 집으로 가면 된다고 했더니 택시를 타고 가라고 하시며 5천 원을 주셨다.

택시 안에서 사람 인연의 놀라움을 느꼈다. 상무대 앞에서 택시를 탔는데, 기사님이 항쟁 당시 순찰대 활동을 할 때 도청에서 대신 시체 확인을 해준 임신부의 남편이었다. 그는 초라하고 곰팡이 냄새 나는 나를 보고는 "어떻게 된 일이냐?"고 물었다. 그래서 그동안의 사정을 대충 말했더니 고생했다고 하고는, 당시 자신도 며칠 동안 집에 안 들어갔는데 부인이 찾으러 다녔다고 했다. 부인이 남산만 한 배로 이리저리 찾으러 다녔고, 혹시라도 죽었을까 해서 시신이라도 확인하려고 도청에 갔는데 웬 젊은 사람이 "임산부는 못 볼 것이 많으니 대신 확인해 주겠다"고 해서 들어가지 못했다는 말을 들었다고 했다. 나는 "그때 만삭인 아주머니 한 분을 들어가지 못하게 하고 내가 직접 확인해 준 적이 있다"고 말해주었다. 그랬더니 "당신이 그 사람이었냐? 정말 고맙다. 그때 아들 낳아서 잘 크고 있다"며 나주까지 태워다 주겠다고 했다. 그러나 친구 집에 먼저 가야 한다며 사양했다. 기사님은 택시비도 받지 않고 나주 가는 교통비나 하라면서 돈 만 원과 연락처를 줬다. 그러나 나중에 연락처를 잃어버려 연락하지 못하고 있다.

그렇게 석방되어 진월동에 있는 친구 집에 갔더니 친구는 집에 없고 친구 부모님만 계셔서 큰절을 한 뒤 어머님이 주신 친구 옷으로 갈아입기 위해 냄새나는 옷을 벗어버렸다. 목욕한 후 옷과 신을 갈아 신고 나주 집으로 내려왔다. 집에서는 내가 석방된다는 연락을 받지 못해 아무도 내가 오는 줄을 몰랐다. 내가 갑자기 집에 나타나니 가족과 이웃은 내가 살아 돌아왔다는 반가움에 일대 소동이 일어났다. (중략)

아무튼 부모님께서는 만신창이가 된 내 몸을 추스르기 위해 좋다는 온갖 약을 먹였다. 이 병원 저 병원은 물론 골병든 데 좋다고 똥물까지도 먹이셨다. (중략)

사실 당시에는 민주화운동이니 뭐니 하는 것보다, 나라가 엎어지는 전쟁과 다름없는 상황에서 선량한 민간인들에게 악랄한 만행을 저지르는 계엄군으로부터 부모 형제와 이웃을 지켜야 한다는 긴박함으로 끝까지 총을 놓지 못한 것이다.

5·18이 겉으로는 '국가유공자'라고 하고 '국가보훈단체'가 됐다고는 하지만, 아직까지 사단법인이다. 국가보훈처에 등록된 단체 중 유일하게 5·18 단체만 공법 단체가 되지 않아 법적 보장을 받지 못하고 있다. 공법 단체가 되어 조금이나마 자립할 수 있는 여건이 마련되어야 한다.

또한 해당하는 분들에게 노후를 보장하는 연금도 없다. 호프만식으로 계산하여 55세까지의 노동력 상실분에 대한 보상만 받았다. 당시 고문으로 아프신 분들이 많고 힘들어하고 계신다. 56세 이후부터 진정한 배상이 동반된 연금이라도 받을 수 있는 근거도 마련되기를 간곡히 바란다. (후략)

_김기광, 나주 5월민중항쟁 체험 구술집 『5·18과 나주사람들』, 2020.

국가유공자인 5·18민주화운동에 참여하신 분들을 국가가 어떻게 대우해야 할지, 함께 의지를 모아 풀어가야 할 문제임을 알게 되었다.

◈ **금성관**(금성관길 8, 과원동 109-5)

금성관은 1980년 5·18 당시 나주군청이 있던 자리로, 5월 21일 광주 외곽이 봉쇄되어 광주 잠입이 불가능하게 되자 전남 각 지역에서 모여든 수많은 시위대가 집결하는 장소였다. 금성관 정문 밖 왼쪽에 5·18광주민주화운동 안내판이 있다. 5·18민주화운동 나주 상황에 대해서는 지금의 시청 표지석에 기록되어 있으므로 여기서는 당시 나주의 행정 중심인 군청 자리에서 일어난 상황을 안내판과 사례를 중심으로 살펴보자. 안내석에는 이렇게 기록되어 있다.

금성관은 1980년 5·18 당시 나주군청이 있었던 자리로 5월 21일 광주 외곽이 봉쇄되어 광주 진입이 불가능하게 되자 전남 각 지역에서 모여든 수많은 시위대가 집결하는 장소였다.
나주 지역민들은 민·관이 합심하여 시위대를 위해 김밥과 주먹밥 등 식사와 음료 및 잠자리까지 제공해 주었고, 5월 23일과 24일에는 시위대들이 가지고 있던 M1소총, 카빈소총 등의 총기류를 군청 앞마당에 자진 반납했던 곳으로 5·18민주화운동 기간 중 나주지역이 평화적으로 시위를 마무리할 수 있도록 이용되었던 장소다.

당시 나주경찰서와 군청에서의 활동 상황을 나주군청 공무원이었던 분

이 시민들 및 공무원들과 함께하여 풀어간 이야기를 들어보자.

당시 나주군청 공무원이었다. 5월 23일부터던가? 무기를 회수했다. '군청에서 방송을 해야 된다'고들 했다. 나에게 가두방송 문장을 만들라고 했다. 그래서 무기 회수에 관련된 방송 문장을 작성해서 차에 가지고 다니며 스피커에 대고 방송을 했다. '무기를 회수한다. 그러니 무기를 갖고 있는 사람은 무기를 잘 보이는 곳에 가만히 내놔라. 어디서 어떻게 가져왔는지 절대 묻지 않는다. 그러니까 잘 보이는 곳에 가만히 내놔라.' 그런 내용이었다. 그런 뒤에 무기가 막 회수됐다.

목포나 영암 쪽 모두 나주를 거쳐 광주로 들어간다. 초창기에는 나주경찰서에서 식사를 보급했다. 그런데 상황이 악화되다 보니 보급로가 막혀버렸다. 경찰에서 보급 차량을 운행할 수 없었다. 그러다 보니 군청에서 '주먹밥을 만들어주면 좋겠다'는 요청이 있었다. 군청에서는 이를 수용하여 주먹밥을 만들었다. 그런데 주먹밥을 실어 광주로 보내야 하는데 길이 막혀버리니까 보낼 수가 없게 됐다. (중략) 광주로 올라가는 많은 시위대가 밥을 먹지 못하고 있었는데 밥 이야기를 했다. 그래서 이 주먹밥을 정의감에 나눠줘 버린 것이다. 주먹밥을 먹은 사람들이 허기진 상태에서 요기했다는 말이 퍼졌다. 그렇게 '나주군청에 가면 밥을 준다'는 말이 돌아서 사람들이 밥을 먹기 위해 군청으로 몰려들었다. 모여든 사람들이 그렇게 많았다. 당시에는 계엄군 그 사람들이 미웠다. 그래서 어떻게 해서든지 시위대들을 옹호하고 박수를 쳐주었다. 나주읍내에서 윤영한 씨가 도정공장을 했다. 그 도정공장 쌀을 가져다 밥 짓고 주먹밥을 만들어 나눠주기 시작한 것이다. 많이 만들 때는 12,000개 정도? 아무튼 쌀을 많이 가져다 주먹밥을 만들었다. 초기에는 주먹밥 양이 많지 않았다. 그래서 나주 중앙로에 있던 식당 종업원분들을 동원해서 만들기도 했다. 그런데 갑자기 수요가 많이 늘어나서 부녀회와 여성회, 새마을회 조직이 가담하여 밥을 엄청나게 만들었지만 광주로 가지 못하고 밥을 먹기 위해 군청을 찾아온 모든 사람한테 공급하게 된 것이다.

_이영규, 나주 5월민중항쟁 체험 구술집 『5·18과 나주사람들』, 2020.

당시에는 몰랐지만, 지금 돌아보니 치안 유지가 그렇게 잘 돼 있고, 누구 하나 통솔을 안 해도 각자가 치안 유지나 질서에 적극적으로 참여했다. 전혀 모르는 사람들이지만 누구와도 마찰 없이 논의해도 함께 한목소리를 내고 함께 생각하는 상황들이었다. 전남도민들이나 광주시민들이 마음이 똑같았다는 점, 누구 하나도 흩어짐 없이 자기 일처럼 생각해 가면서 시민과 도민을 지키려는 마음에 감동받았다. 그때 나이 드신 분들이 길거리에서 시위대들을 향해 음식을 제공했던 부분에서 정말 감동받았다.

_김오진, 나주 5월민중항쟁 체험 구술집 『5·18과 나주사람들』, 2020.

항쟁 기간 동안 빠지지 않아야 할 부분은 경찰과 지방 공무원들의 태도다. 비록 3~4일의 짧은 기간이지만 목포시와 비슷하게 나주에서도 민·관 협력이 잘 이루어졌다. 시민들과 공무원들은 시위대와 시민군에게 협조적인 태도를 보였는데, 이는 23일부터 무기 회수와 대책을 모색하는 데 긍정적인 영향을 끼쳤고, 국가가 어려울 때마다 나라 살리는 데 앞장서온 나주인으로서 자부심을 갖게 했다. 또한 나주시민들이 나눈 주먹밥과 음료수는 부당한 권력에 저항하는 높은 민중의식으로 지역 공동체를 위하여 민주주의 사회를 함께 만들어가는 밑거름이 되고 있다고 평가한다.

금성관은 예나 지금이나 나주에서 행사가 있을 때 중요한 중심지다. 2019년 10월 25일 그 중요성이 인정되어 보물 2037호로 지정되었다.

◈ 나주터미널(나주로 192, 중앙동 4-10)

나주터미널은 나주 관내뿐 아니라 광주와 전남 서남부권을 이어주는 교통 중심지로, 3~4일의 짧은 기간이었지만 5·18민주화운동의 실상을 알린 곳이다. 많은 나주 주민이 이곳에서 버스로 영암, 강진, 장흥,

나주터미널 건너편 약국 앞에 있는 표지석

해남, 함평, 무안, 목포 등지를 돌며 항쟁 소식을 전했고, 이로써 시위는 전남 전역으로 확산했다.

◇ **나주 삼거리**(석당간길 60, 성북동 108-7, 석당간 근처)

나주 석당간 앞 삼거리 표지석은 석당간 옆 벽면 앞에 위치한다.

이곳은 5·18민주화운동 당시 광주에서 전남 서남부권으로 이어지는 교통요충지로, 광주에서 벌어진 계엄군의 만행과 시민들이 겪은 참상이 가장 먼저 전해진 곳이다. 1980년 5월 21일 오전 광주 차량시위대가 나타나자 수많은 나주 주민들이 시위 차량에 탑승하여 영암, 강진, 장흥, 해남, 함평, 무안, 목포 등지로 돌아다니며 항쟁 소식을 전파하여 시위가 확산하는 계기를 마련했다.

(왼쪽) 나주 석당간 앞 삼거리 5·18민중항쟁 표지석 (오른쪽) 나주 석당간(사진 이우철)

◇ **남고문 광장**(남고문로 86-1, 금성동 116번지)

남고문 광장은 1980년 5월 21일 오전 광주 차량시위대가 나타나 계엄군의 만행과 참상을 알리자 나주 주민들이 대거 시위에 참여한 곳이다. 이때 나주 시민군의 주요 거점지로 시위차량들은 이곳에 집결하여 각각의 임무를 부여받았다. 주민들은 자발적으로 김밥, 주먹밥, 음료수 등을 시위대에게 제공했고, 계엄군의 진입을 막기 위하여 나주 시민군들이 주야로 경계근무를 섰다. 남고문 광장 표지석은 남고문에서 도로 뒤쪽인 나주초등학교 방향 도로에 있다.

◈ 금성파출소 예비군 집중 무기고

(예비군 대대분부 무기고, 남고문로 64, 금성동 41-6)

(구)금성파출소 예비군 집중 무기고 표지석

남고문 광장 표지석에서 나주초등학교 방향으로 큰길 따라 100m쯤 올라와 길가를 자세히 살피면 왼쪽에 금성파출소 예비군 집중 무기고 표지석이 있는데, 많이 훼손되어 있다. 관리가 되지 않아서일까? 아니면 사람들이 감정 풀이를 해서일까?

금성파출소 예비군 집중 무기고는 1980년 5월 21일 계엄군의 발포로 인한 시민학살 사실이 알려지자 이에 격분한 다수의 시위대가 아시아자동차에서 탈취한 군용차량을 이용하여 이곳 무기고에 보관 중이던 LMG, M1, 칼빈소총 등 800여 정의 총기와 55,000여 발의 실탄 및 다수의 수류탄 등을 획득, 무장하고 무기의 상당수를 광주로 이송하여 5·18민중항쟁에 큰 도움을 준 곳이다.

5월 21일 점심을 먹고 양장점에서 일하고 있었는데, (중략) 예비군 무기고 앞에 도착하니 트럭이 있었다. 그 트럭이 군용트럭인가 했는데 후진으로 무기고 담장을 밀어버리니 벽이 무너졌다. 재차 후진으로 밀어버리니 무기고 벽도 허물어졌다. 무기고가 무너지자 이 사람 저 사람들이 몰려 들어가서 총을 들고 나왔는데 나도 총을 한 자루 들고 나왔다. 총을 만져보지 않았는데 들고 나온 총이 매우 무거웠다. 그때 다른 선배가 M1은 무거우니 카빈총

을 들으라고 바꿔 주었다. 그래서 카빈총과 탄창을 들고 옆에 있던 버스에
올라탔다.

_고귀석, 나주 5월민중항쟁 체험 구술집 『5·18과 나주사람들』, 2020.

◈ 나주시청(시청길 22, 송월동 1100)

나주시청 사적비는 정문에서 왼쪽 주차장으로
올라가다 보면 왼쪽에 시청을 바라보며 서 있다.
나주시청 정원에 세워진 전라남도 5·18사적지 나
주-1호에는 나주의 5·18민주화운동 상황을 이렇
게 안내한다.

나주시청 5·18민주화운동
사적비

1980년 5월 21일, 광주에서 온 차량 시위대로부터
전두환을 비롯한 신군부의 정권찬탈을 위한 내란
과 계엄군의 만행으로 광주시민들이 학살당하고
있다는 소식을 전해 듣고 분개한 당시 나주 군민들은, 이날 오후부터 나주
경찰서 무기고와 금성파출소 예비군 무기고 및 영강파출소를 비롯한 읍·면
지역 경찰지서 무기고를 부수고 LMG기관총, 카빈소총, M1소총과 실탄, 수
류탄 등을 다량 획득하여 광주 시민군들에게 지원했다.
한편 일부 나주 청년들은 영암, 강진, 해남, 진도, 함평, 무안, 영광, 목포까
지 순회하면서 광주에서 벌어진 계엄군의 만행과 시민 학살 소식을 전파하
고, 항쟁 참여자를 모집하는 등의 적극적인 활동을 하여 전남 서남부 지역
으로 항쟁이 확산하는 계기를 만들었다.
광주의 참상 소식에 구름처럼 나주로 모여든 전남 서남부 각 지역의 수많
은 시위대와 차량들이 계엄군의 봉쇄작전으로 광주 진입이 불가능하게 되
자, 나주 군청(현 금성관) 앞에 집결했으며, 나주의 민·관이 합심하여 이들에
게 주먹밥, 김밥, 음료수 등 식사와 잠자리를 제공했다. 특히 21일 저녁부터
는 계엄군이 광주 외곽지역을 차단하여 나주에서 광주로 접근하는 사람들

을 향해 무차별 사격을 가했고, 이때 상당수의 일반 시민과 시위대가 부상 당하거나 사망하여 5·18민주화운동 기간 중 나주는 광주를 제외한 지역 중에서 가장 많은 희생자가 발생했다.

◈ 영강삼거리(나주시 영산포로 263-41, 삼영동)

영강삼거리는 1980년 5·18민주화운동 당시 광주와 전남 서남부권을 이어주는 국도 1호선의 교통요충지로, 당시 영암, 함평, 강진 등지에서 올라온 수많은 시위대와 시위 차량들이 거쳐간 곳이다. 당시 인근 주민들은 시위대들에게 빵, 음료수, 김밥 등을 제공하며 격려하고 용기를 북돋아 주었다. 영강삼거리 영산포철도공원 출입구 건너편에 전라남도 5·18사적비 나주-5호가 세워져 있다.

영강삼거리 5·18사적비 나주-5호 사적비

◈ 영강지서 예비군 무기고(영산포로 293-1, 영강동 174-21)

1980년 5월 21일 오후 광주에서 온 차량시위대가 계엄군의 발포와 광주 시민 학살 소식을 알리자 이에 격분한 나주시민들이 광주 시위대와 함께 이곳 무기고를 부수고 M1소총, 카빈소총 등 200여 정의 총기와 14,000여 발의 실탄을 획득하여 시민군이 무장할 수 있는 계기가 되었고, 나주 시위대 일부가 광주로 진군할 수 있었다.

영강지서 예비군 무기고 앞 표지석

171

◈ 나주축협 영산포지점 앞(예항로 3819, 이창동 188-11)

나주축협 영산포지점 앞 표지석
은 영산포 버스터미널에서 광주 쪽
차도로 100여m 가면 약국을 지나
모퉁이에 있다. 5·18민중항쟁 당시
영암, 강진, 해남 등지에서 올라온
시위대와 차량이 이곳에 집결하여
나주를 거쳐 광주로 올라가는 교두

나주축협 영산포지점 앞 표지석

보 역할을 했다. 당시 100여 대의 시위 차량과 1,000여 명의 시민군이 이
곳을 거쳐 갔고, 시민들이 시민군에게 헌신적으로 김밥, 빵, 음료수를 제
공했던 곳이다. 시민군으로 참여한 분의 이야기를 들어보자.

5·18 전에는 서울 이태원에서 조그만 가내공장을 운영했다. (중략)
오후 2시경 차를 타고 영산포 터미널에 도착했는데, 그때 관 하나가 터미널
에 있었다. 사람들이 그것을 보고 참 많이 분노했다. (중략)
내가 탄 버스는 영암을 거쳐 해남으로 내려갔다. 해남에서 주민들의 호응은
매우 좋았다. 손을 흔들어 주는 사람들도 있었다. 해남으로 가서 읍내를 한
바퀴 돌고 우슬재를 다시 넘어와서 강진 성전 앞에서 다시 회전을 했다. 목
포에 갔을 때 목포 광장에 여러 대의 차들이 모여 있었다. 21일에는 그렇게
많은 호응이 있었던 것은 아니지만 22일에는 아주 대단한 호응이 있었다.
_송만용, 나주 5월민중항쟁 체험 구술집 『5·18과 나주사람들』, 2020.

◈ 산포 비상활주로(나주시 영산로 6187, 내기리)

5·18민주화운동 당시 전남 서남부지역 시위대가 광주로 진입하기 위해
집결했던 곳이다. 당시 150여 대의 차량과 2천여 명의 시위대가 모인 장
소로, 5월 22일에는 계엄군과 시위대 사이 전선이 형성되었으나 무장이

빈약했던 시민군은 계엄군의 저지선을 뚫지 못하고 많은 사상자가 발생했다.

5·18민주화운동이 남긴, 아직도 상처와 아픔으로 남아있는 문제들을 어떻게 풀어가야 할지 가늠하기 위해 나주 5·18동지회원 한 분의 말에 귀 기울여보자.

산포 비상활주로 표지석

40년이나 지났는데도 술을 먹지 않으면 잠을 자지 못한다. 밖에서 조그만 소리가 나도 깜짝깜짝 놀란다. 트라우마가 있다. 문소리만 나도 옛날 철창문 소리같이 들리기 때문에 한 번 머리에 심어져서 항상 불안하고 긴장이 된다. 지금도 밤에 잠을 제대로 못 자는 사람들이 많다. 연금법이라도 돼서 이제 자녀들에게 부끄럽지 않은 아빠가 됐으면 좋겠다.

_박삼수, 나주 5월민중항쟁 체험 구술집 『5·18과 나주사람들』, 2020.

나주 5·18 민주길을 사례를 담아 살펴보았다. 체험하신 분들이 그 아픈 기억을 다시 끄집어내느라 힘들었을 텐데, 상황을 기록해주니 그 자리에 있었던 것처럼 상상할 수 있었다. 우리 사회의 민주화에 5·18민주화운동이 갖는 위상은 어떠하며, 5·18에 참여한 이분들의 기여는 얼마나 소중한 것이었나? 이분들의 아픈 상처를 낫게 하고자 우리 사회는 무엇을 해야 하나, 깊이 성찰하고 보답해야 한다.

나주 5·18 민주길을 걸으면서, 국가란 무엇이며, 국가는 어떤 역할을 해야 하는지, 정의로운 사회란 무엇인지에 대해 다시금 생각하게 된다.

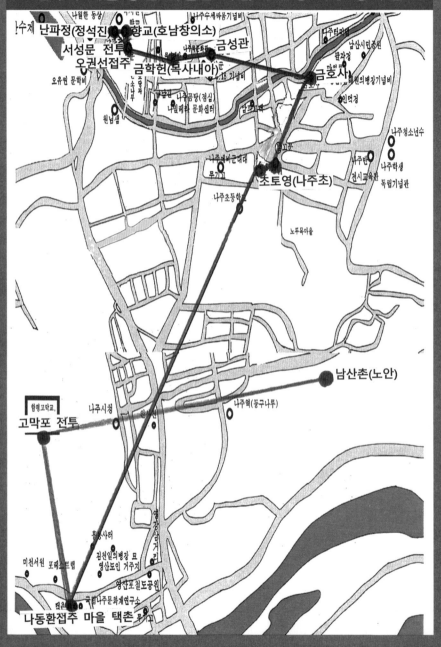

민주주의를 향한 치열한 싸움의 현장 나주 동학길

7장

민주주의를 향한 치열한 싸움의 현장
나주 동학길

난파정(정석진) ➡ 향교(호남창의소) ➡ 서성문 전투와 오권선 대접주 ➡

금학헌(목사내아) ➡ 금성관 ➡ 초토영 터(나주초) ➡ 금호사와 나동환

교장 마을 택촌 ➡ 고막포 전투(고막천 석교) ➡ 남산촌(노안)

우리에게 동학은 어떤 의미인가? 인권과 민주주의 발전에 동학은 어떤 의미를 지니는가?

1886년 노예제가 폐지되면서 계급제도가 무너졌고, 그로부터 8년 후인 1894년 동학농민혁명이 일어났다. 이때 농민이란 국민의 대다수, 아니, 95%에 해당하는 사람들이었을 테니, 우리나라 국민 전부라 해도 과언이 아니다.

우리나라 근현대사를 잘 살펴보면, 노예제 폐지는 민주주의의 기반을 형성했고, 동학농민혁명은 우리나라 민주주의의 시발점이다.

나주는 목사가 있는 전라도의 중심지였다. 지금의 도청과 같은 곳이다. 동학과 관련해 목사 고을 역할로서의 유적지는 많다. 그러나 넓은 나주평야가 있고 교통이 발달해 물산이 풍부했기에 예로부터 수탈의 대상지이기도 하다. 밑바닥으로부터 동학이 뿌리 깊이 자리 잡고 있을 수 있는 여건인 셈이다.

1894년 나주에서도 동학농민혁명 세력이 일어나 반봉건 개혁과 반일 항쟁에 나섰다. 1천여 명을 지휘하는 대접주 오권선, 가르침의 중심 교장 나동환, 4~500명을 지휘한 접주 김진욱, 윤태한, 전유창, 한달문 등을 통해 나주 동학의 규모를 추정할 수 있다. 나주는 보수적인 유생들의 세력이 강하지만, 무장기포 이후 오권선(자 중문) 나동환, 전유창 등 5백여 명이 백산대회에 참여할 정도로 세력이 확장되어 있었다.

전봉준을 중심으로 한 농민군은 4월 18일 무안을 점령하고 나주지역 공형(고을의 호장, 이방, 수형리)에게 보낸 통문에서 봉기의 목적을 "탐관오리를 처벌하고 청렴하고 바른 관리들을 포상하며 향리들로 인한 폐단을 바로 잡고 백성에게 해가 되는 것을 개혁하기 위함"이라 했다.

동학에서 나주는 부사 민종렬을 중심으로 수성군이 앞선 무기를 기반으로 수비를 잘해 유일하게 성을 빼앗기지 않은 곳이다. 전주화약(和約) 이후 전라도에 53개 지역에 집강소가 설치되었지만 나주는 유일하게 집강소가 설치되지 않은 곳이어서 농민군에게 나주는 '등에 찔린 가시 같고 눈에 박힌 바늘 같은 곳'이었다.

1차 봉기 후 농민군과 수성군 사이에 1894년 7월 5일 서성문 전투가 벌어져 농민군이 큰 피해를 입고 철수한 후, 음력 8월 13일 전봉준은 수행원 10여 명과 나주목사를 방문해 목사내아에서 부사 민종렬과 담판을 지었다. 이후 2차 농민군 봉기로 10월 21일 침산 전투, 11월 9일 동창 전투, 11월 13일 용진산 전투에서 치열한 싸움이 벌어졌다. 11월 18일 고막포 전투에서 치열한 공방전이 벌어졌지만, 좁은 고막천교는 수많은 동학군이 흘린 피로 붉게 물들었다. 11월 24일 금안면 남산촌 전투 후 전열을 정비해 마지막으로 나주성 공략을 7번이나 시도했다. 이후 남평을 지나 능주로 퇴각했다. 전봉준이 이끈 2차 농민군의 공주 우금치 전투는 1894년 10월 24일부터 11월 10일까지 벌어졌다.

동학 농민군들은 왜 이렇게 나주를 집요하게 공격했을까? 나주는 전라도 행정 중심의 목이고, 교통의 요충지인 까닭에 각 군·현과 연락하기 위해서는 나주를 반드시 수중에 넣어야 했기 때문이다. 나주 점령은 인근 지역 장악과 폐정개혁 추진에도 영향을 주며, 후방에서 침투를 노리는 일본군을 막을 수 있기 때문이다.

지금의 나주초등학교는 전라우영 터인데, 호남초토영을 설치해 동학농민군을 수감하거나 처형한 현장이 있어 아픈 역사를 담고 있다. 금성관에는 동학농민혁명 당시 관군과 농민군의 치열한 전투 과정을 기록한 〈금성토평비〉가 있다.

농민군이 진압된 후 정부에서는 나주 호장 정석진, 별장 전학권, 퇴교 김창균 등 2/3가 향리층인 나주 인물 25명의 공훈을 인정해 〈갑오공군록〉에 올려 주었다.

전라남도와 무등역사연구회가 파악한 광주·전남의 동학농민혁명 유적은 21개 시·군에서 102건이다. 이 중 나주지역은 7개소로, 주둔지 2개소(금성산과 함박산 농민군 주둔지), 전투지(서성문 전투지), 회담지(나주 목사내아), 처형지(호남초토영 터) 각 1개소, 기념비(금성토평비, 나동환의적비·진주정씨행적비) 2개소이다.

나주 시내만 둘러보아도 동학농민혁명과 관련한 역사 현장이 여러 곳에 있다. 우리나라 민주주의의 출발점이라 할 수 있는 동학농민혁명의 현장을 살펴보며, 지금의 민주주의가 자리잡기까지 처절하게 싸워 온 분들의 노고를 생각하고 감사하며, 우리가 어떻게 살아가야 할지 생각하는 시간이 되기 바란다.

나주시가 주최하고 원광대학교 원불교사상연구원이 주관해 2019년부터 2022년까지 4년 동안 열린 한·일학술대회의 활동으로 나주 동학이 좀더 구체화되어 가고 있다.

2022년 10월 19일자 한겨레신문에는 이런 기사가 실렸다.

2006년부터 17년간 일본 시민 229명이 참여한 '동학농민군의 역사를 찾아가는 여행'을 주도해 온 원광대 박맹수 총장은 "나주는 일본 동학진압군이 주둔한 탓에 동학군 피해자가 가장 많았다. 어두운 역사의 진원지인 나주에서 한일 화해와 동아시아 세계 평화에 기여하자는 차원에서 한·일 시민과 나주시가 함께 위령비를 세우기로 했다."고 전했다. 일본 답사단에 참여한 나카츠카 교수는 이번 여행에 대해 "일본인들이 청일전쟁에서 뭘 했고 동학은 왜 일어났는지, 일본인들을 위한 교육 목적이 크다"고 했다. 그는 2000년 나주 한·일 학술대회에서 "동학농민혁명의 항일 봉기는 동아시아에서 제국주의 패권 체제가 성립할 전야에, 그 패권에 대한 선구적인 이의 제기였다"고 평가했다.

깨어있는 시민과 자치단체를 본받아, 참혹한 역사를 일으킨 일본 정부의 뼛속 깊은 성찰과 반성 그리고 배상이 필요한 때다. 한민족은 끊임없는 일본의 만행을 절대로 잊지 못하고 있다는 것을 깨달아야 한다.

또 하나 좋은 소식은, 명혜정 작가의 나주동학웹소설 「이어라! 갑오년」이 출간 준비중이라는 것이다. 명혜정 작가는 장흥 석대들 동학 전투를 주 무대로 했던 「깊은 강은 소리없이 흐르고」를 쓴 작가다. 석대들 전투에서 치열하게 싸우던 주인공들이 여기 나주 초토영에서 죽임을 당했으니, 그 후속편이라 해도 과언이 아닐 것이다. 「이어라! 갑오년」을 읽으면 치열했던 나주 동학 상황을 좀더 자세하게 이해할 수 있으리라.

◈ **난파정(蘭坡亭, 정석진, 나주시 나주천1길 21)**

1장 '걸어서 나주 한 바퀴' 15~18쪽 참고.

◈ **연합 농민군과 관군의 치열한 서성문 전투와 오권선 대접주**
   (영금문, 교동 42, 서내동 117, 나주시 경현동 산)

나주 원도심에 자리한 나주읍성은 국내 최대 규모의 읍성이다. 나주읍성 중앙에 있는 금성관 서쪽에는 서성문이 있다. 서성문 편액은 '영금문'으로 표기되어 있다. 이는 1815년 편찬된 것으로 전하는 『나주목여지승람』에 "동남북 삼문에는 편액이 없으며 서문에만 영금문이라는 편액이 있다."라는 기록에 의한 것이다.

서성문은 일제강점기 때 일본에 의해 철거되었다. 지금의 서성문은 고증을 거쳐 2009년 6월부터 공사를 해서 2011년에 전통 성문 문루와 성문을 보호하는 시설인 옹성 등을 복원했다.

금성산 동학군 주둔지는 경현동 산자락이다. 1894년 7월 5일, 만여 명의 동학 농민군이 나주성 공격을 위해 주둔했다. 7월 1일 오권선·최경선이 이끄는 동학 농민군은 장흥의 이방언, 함평의 이화진, 무안의 배규인, 담양의 국문보 등과 더불어 나주 노안 금안동에서 합류해 수일 동안 전투를 벌이고 금성산에 주둔했다. 나주 인근에서 활동하던 대접주급 농민군 지도자들이 총동원되어 나주 공격에 나선 것이다.

서성문에서 보이는 금성산 월정봉과 장원봉

서성문은 1894년 7월 5일(음력) 동학 농민군과 관군이 전투를 벌인 곳으로, 역사적으로도 중요한 유적이다. 동학 농민군은 강력한 관군의 기세에 눌려 끝내 성을 함락하지 못하고 3천여 명의 사상자를 내며 물러났다. 〈금성정의록〉에는 당시 서성문 전투 모습을 이렇게 서술하고 있다.

… 오권선은 괴적의 우두머리가 되어 군중들을 통솔하고 와서 금안도에 진을 치고 수삼일 동안 침략을 가하면서 금성산으로 개미 떼가 붙듯이 올랐고, 초 5일 어두울 무렵 산 정상으로부터 물밀 듯이 내려와 서성문을 공격했다.

집강소 활동을 할 시기부터 나주 대접주를 역임한 오권선(1861~?)에 대해 알아보자. 오권선 나주 대접주에 대한 이야기는 전해오는 소문과 더불어 이병수의 『금성정의록』에도 자주 나온다.

오권선은 나주군 삼가면 새동(현 광산구 송산동) 출생이다. 그는 오남규의 외아들인데, 오남규는 나주 부호였으며 성 내에서 자제들 교육을 맡을 정도의 학식 있는 선비였다. 오권선은 어렸을 때부터 글 잘한다는 칭송을 들으며 촉망을 받았다.

오권선은 1894년의 백산기포에도 참가하고, 장성 전투와 전주성 점령에도 가담하여 크게 활약한 것으로 보아 입도 시기는 매우 빨랐던 것으로 보인다. 그런가 하면 오권선은 농민군들이 전주에서 물러나와 집강소 활동을 시작하게 될 무렵 나주 대접주를 역임했다. 나주에서는 1894년 당시 오권선(자字 중문)을 두고 '잘 났다 오중문, 글 잘한다 오중문, 쌈 잘한다 오중문'이라는 말이 오르내렸다고 전한다. 심지어 이병수도 『금성정의록』에서 이렇게 말했다.

… 오권선은 이른바 옛 동학의 대접주로 도당 수천 명이 고부, 장성, 전주에서 세 차례 접전을 벌일 적에 사납게 합세한 자다. (중략) 고을 북쪽 40리는 모조리 큰 고난에 빠져 있었다. 그들이 행군할 적에 나발을 불고 대포를 쏘았으며, 큰 깃발을 내걸고 좋은 말을 타고 다녔다고 기술할 정도로 오권선의 활동은 대단했다.

7월 들어 최경선과 연합부대가 합세하여 농민군이 활약했음에도 나주성은 쉽게 함락되지 않았다. 나주는 그만큼 양반 또는 유림 세력이 드센 곳이었다. 그러나 오권선은 나주성 밖에서 다른 고을 집강소에서처럼 활동하며 비리를 척결하고 있었다. 나주 관아는 장악하지 못했으나, 성 밖 주변 지역은 농민군 수중에 들어와 동학농민군에 의한 통치행위가 이루어지고 있었던 것이다.

8월 13일 전봉준과 목사 민종렬의 담판이 있었고, 9월 2차 기포 때 전봉준은 일본군과 관군이 나주 쪽으로 기습해 올 것에 대비해 손화중을 나주로 가게 하였다. 2차 기포 때도 나주에서 오권선은 손화중과 함께 3천 명의 농민군을 이끌고 일어났다. 공주 쪽으로 북상하지 않고 이 지역을 지키는 상황이었다. 이들은 광주와 경계에 있는 침산, 광주 두동, 선암 등지에 진을 치고 나주성을 호시탐탐 노리고 있었다. 10월 21일 침산 전투, 11월 13일 용진산 전투, 11월 18일 고막포 전투에 걸쳐 크게 전투를 벌였으나 큰 희생을 당했다.

이때 수성군(민보군)에는 오권선의 아버지 제자들이 많이 있었다고 한다. 이들은 오권선의 친구였던 셈이다. 어제의 친구가 오늘의 적이 되었으니, 시대의 탓이라 할 수밖에. 더욱이 같은 오씨 문중의 형뻘 되는 오준

선은 엽전 오백 냥을 수성군의 경비로 내놓기도 하였다.

마지막 전투는 11월 24일 노안면 서답바위 일대에서 벌어진 남산촌 전투다. 농민군이 길을 막고 있을 적에 큰 상여가 나왔다. 농민군은 출출한 김에 상가의 술잔이라도 얻어 마시려 했는지 상여를 멈추게 하였다. 그런데 갑자기 상여가 넘어지면서 수성군들이 쏟아져나와 농민군을 기습하였다. 그리하여 농민군은 혼비백산하여 흩어졌다. 이때 수성군 쪽에서 '오중문은 죽이지 마라'는 지시가 있어서, 오권선은 말을 타고 달아났다. 오권선과 이웃마을에 사는 이병수는 이때의 상황을 『금성정의록』에 이렇게 전하였다.

시체가 가득히 널려 있고 흐르는 피가 똘을 이루었다. 오권선은 겨우 나귀를 타고 멀리 도망쳤다. 부대가 남산을 넘어 추격하여 하촌 뒤에 이르러 권선이 죽었는지 살았는지 확인할 수 없었으나 까맣게 모습을 감추어버렸다.

이렇게 해서 나주성의 공방전은 끝났다. 아홉 달 동안 일곱 번에 걸쳐 큰 전투가 벌어진 것이다. "나주 공방전은 어디까지나 오권선의 끈질긴 도전에서 나온 것"이라고 『발굴 동학농민혁명』의 작가 이이화는 말한다.

오권선은 많은 재산과 명망으로 이곳 농민군을 규합하고 양곡을 조달하였다. 그리고 성 외곽은 완전히 오권선의 수중에 있었으며, 광주에 근거지를 마련한 손화중·최경선과 연합 또는 지원이 이루어졌다. 그러나 아픈 사실은, 이런 전투를 벌일 적에 민보군인 정석희가 오씨 제각에 불을 지른 것이다. 이 제각 방화사건은 오권선을 평생 죄의식에 빠지게 했고, 오씨 문중에 한과 원망을 남겼다. 오권선은 "오씨 문중의 재실을 지을 돈을 마련하고서야 고향에 가겠다"고 했다. 끝내 나타나지 못한 걸 보면 가난하게 살았던 모양이다. 그래서 〈나주 오씨 족보〉에는 사망 연도가 기재되지 않았다. 신분을 감춘 탓에 손자는 1994년까지 할아버지 일을 모르고 있었다. 슬프고 가슴 아픈 이야기다. 오권선은 나주를 떠난 뒤 행방이 밝혀지지 않았다. 후손의 증언에 의하면, 처음 태인에서 숨어 지내다가 금산에 가서 살았다고 한다. 후손으로 1912년생인 아들 오도수, 손자

오종덕이 있다.

그렇지만 나주 지방에서 오권선 대접주의 신화 같은 행동은 아련히 민중의 입을 통해 전해온다.

◈ 전봉준과 민종렬의 담판 장소 목사내아
(금학헌, 금성관길 13-8, 금계동 33-1)

목사내아는 조선시대 나주목에 파견된 지방관리인 목사의 살림집이다. 건물 이름은 '금학헌'인데, 이곳에서 1894년 8월 13일 전봉준과 나주목사 민종렬이 담판을 벌인 곳이다.

7월 5일 나주성 함락에 실패하자, 전봉준이 비무장인 채로 나주읍성을 찾아 민종렬 목사와 담판을 벌인 사건은 목숨을 건 모험이었다. 전봉준은 키가 작고 땀에 젖은 옷가지를 걸쳤으나 기세는 산과 같았다. 그는 "나는 순영(巡營, 관찰사)의 문첩(文牒, 궁궐과 병영을 드나들 수 있는 표)을 가지고 영리(營吏, 아전)와 비밀히 왔으니, 성문을 열어 민태수를 만나게 하라"고 했다.

겸산 이병수가 수성군 입장에서 쓴 『금성정의록』에는 전봉준이 민 목사를 만나 뵙고 사례를 하기 위해 왔다고 한다. 수문 별장은 전봉준을 죽여버리자고 했으나 민종렬이 "전시에 임해서 적을 죽이는 것은 당연하지만 연민을 두고 정을 빌기 위해 와서 청하는 자를 죽이는 것은 무사로서 도리가 아니다"라며 만류해 만남이 이루어졌다고 기록했다.

전봉준은 자신들의 이번 거사가 민족적인 차원에서 이루어진 것임을 밝히고, 군인을 해산하고 동학도인을 모두 놓아주라는 요구 조건을 제시했다. 그러나 이에 대해 민종렬 목사는 "명분 없는 거사(擧事)는 법에 의해 주륙되어야 하며, 부도덕한 말은 듣고 싶지 않다."고 회답하여 회담은 결렬되었다. 당시 모습을 『금성정의록』에서는 "… 민공께서는 … 위로는 군주가 정치하는데 걱정을 끼쳤으며 아래로는 만백성들을 사상케 하는 참혹한 큰 죄악을 저질렀으니 중벌로 처함이 마땅할 것이다. … 특별히 너의 한 오라기 목숨만 용서해 주노니 돌아가서 너희 무리를 타일러 즉시

전봉준 장군과 민종렬 목사가 담판을 한 목사내아 금학헌

귀화하면 천벌을 면할 것이라고 이르라 했다. 전봉준은 기가 질려 감히 말을 못하다가…"라고 적고 있다.

반면 농민군 측 입장에서 서술된 오지영의 『동학사』에는 "목사 민종렬이 전봉준에 대한 기풍과 언사를 듣고 간담이 서늘하고 말문이 막혀 감히 한마디도 항변할 수 없었으며, 오직 머리를 숙이고 전후 사유를 듣기를 청할 뿐이었다고 한다. 또한 전봉준이 각 군에 집강소를 설치하고 국사를 논의한 일 등 전후 사정을 낱낱이 말하는데 사리가 그럴듯하고 위풍 역시 당당했다."라고 적고 있다.

어쨌든 집강소 설치와 활동에 협조해 달라는 전봉준의 요청에 민종렬은 은근히 위협하며 거부했고, 심상치 않은 분위기를 감지한 전봉준은 "영암을 다녀올 테니 일행들 옷을 세탁해 달라"며 기지를 발휘해 남문으로 빠져나오며 위기를 벗어났다. 전봉준이 나주목사 민종렬과 담판까지 했지만 나주에서 집강소 설치는 허사가 되고 말았다.

◆ **금성관**(나주시 금성관길 8)

금성관에 들어서면 왼쪽에 비석군이 있다. 오른쪽에서 두 번째에 금성토평비가 있고 앞에 안내판이 세워져 있다. 나주 수성군이 동학농민군을 물리치고 나주성을 지킨 것을 기념하기 위해 1895년에 세운 비다. 금성토평비(錦城討平碑, 전라남도 문화재 제17호)는 거북을 새긴 받침돌 위에 비석 몸을 세우고 그 위에 지붕돌을 올린 모습이다. 비문은 기우만이 글을 짓고 송재회(宋在會)가 글씨를 썼다. 동학농민혁명이 일어나 동학군이 나주에 들어오는 과정, 나주목사 민종렬이 여러 장수들과 방어계획을 세우는 과정, 수성군과 동학군이 나주목에서 전투를 벌이는 과정 등 3부분으로 나누어 상세하게 기록했다. 일부를 소개한다.

금성관에 있는 금성토평비

나주평적비(羅州平賊碑)

… 당시 나주목사 민종렬 공은 유학을 배운 이로 나주에 부임해와 향약으로 주민을 가르치고 이끌어 백성들로 하여금 나라가 위태로울 때 목숨을 바쳐 옳은 것을 돕고 사특한 것을 없애는 것이 의(義)라고 알게 해왔기에 원래 충효를 숭상하던 풍속이 이에 떨치고 일어나기 쉬워 나주의 선비로부터 급사에 이르기까지 성을 지키는 데 이론이 없었다. … 그 서신의 뒤쪽에 "명분 없이 반란을 일으킨 것은 법에 따라 마땅히 죽일 것이며, 도리에 안 맞는 말은 듣고 싶지 않도다"라고 써서 쫓아 보내니 적의 기세가 꺾여 수십 리를 물러갔다. … 목사가 이르길, "정태완(정석진), 너는 도통장으로 크고 작은 군무를 모두 네가 관장하되, 싸울 때 몸을 돌보지 않고 사기를 격려시키는 것은 너만이 할 수 있다. … 김창균 너는 통찰로서 모든 군사들이 명령을 시행하는지 안 하는지를 네가 모두 살피고, … 윤기문, 너는 국기를 맡아 갑옷을 꿰매고 병기를 손질하는 것을 게을리하지 말도록 해라. …
목사는 "너희 68인을 수족으로 여기고, 병사들은 너희를 두목으로 여기니, 적을 무찔러 나라에 보답하는 것도 너희에게 있고 적을 놓아주어 임금을 버리는 것도 너희에게 있다."라고 훈시했다. 모두들 눈물을 흘리며 죽음을 무릅쓰고 싸우기를 바라니, 이에 의기(義氣)가 성안에 가득 차고 의성(義聲)은 사람들에게 전파되니, 적들의 간담이 서늘해져 사기가 땅에

민주주의를 향한 치열한 싸움의 현장 나주 동학길

떨어졌다.…

이 비는 1895년 정수루 앞에 세워졌던 것을 금성관 앞으로 옮겼다가 1976년 금성관 안으로 다시 옮겼다. 1990년 전라남도 문화재 제175호로 지정되었다. 신정일은 동학농민혁명에서 나주 상황을 "나주 선비문화가 혁명의 걸림돌이 되었다"라고 표현했다.

◈ 초토영 터(남외1길 16, 남외동 128)

공주 우금치 전투가 실패로 끝나면서 일본군 토벌대 등에 의해 동학군에 대한 대대적인 학살이 자행된다. 그 현장 중 하나가 전봉준·손화중을 비롯한 동학 농민군이 수감되거나 처형된 초토영(현 나주초등학교)이다. 교문 밖에 안내석이 세워져 있다. 이 자리는 남쪽에 있는 성문인 남고문 밖에 위치하고, 전라 우영(현 육군주둔지) 자리다. 안내문에는 "1895년 탐관오리의 가렴주구에 시달리다 폭발한 농민들이 일으킨 동학 농민운동을 진압하기 위한 초토영이 설치된 곳으로, 당시 이곳 우영터에서는 수많은 동학 농민군이 체포된 후

나주초등학교 교문 앞에 세워진 동학 농민혁명 안내석

추포(쫓아가서 잡음)되어 힘없이 쓰러져 갔다."라고 적혀있다.

1894년 10월 28일 호남초토사에 임명된 민종렬은 나주에 초토영을 설치했다. 초토영은 호남의 동학 농민군 진압을 위한 본부 역할을 했다. 그 해 12월 이후에는 장흥의 이소사, 최동린을 비롯하여 각지에서 체포된 수천여 명의 수많은 동학군이 이곳에 수감된 후 처형되었다.

동학 농민군 진압군 우선봉장 이두황이 남긴 일기인 「양호우선봉일기」

에는 "일본 진영 대대장의 지시에 따라 죄인 등 도합 94명도 같이 압송해 나주에 도착했다. … 지난 12월 30일, 94명 중에서 73명은 일본 진영에서 쏘아 죽였고…"라는 기록도 있다.

일본군 후비보병 제19대대 제1중대 제2소대 제2분대원이었던 일본인 쿠스노키가 비요키치가 남긴 종군 일기에는 이런 기록이 있다.

> 남문으로부터 4정(400m) 정도 떨어진 곳에 작은 산이 있고, 그곳에는 사람 시체가 쌓여 실로 산을 이루고 있다. 이는 지난번 장흥부 전투 이후 수색을 엄밀하게 해서 숨어 있을 곳이 곤란해진 농민군이 민보군 또는 일본군에 포획되어 고문당한 후 중죄인을 죽인 것이 매일 12명 이상으로 103명을 넘었으며, 그리해 그곳에 시체를 버린 것이 680명에 달해 그 근방에는 악취가 진동하고 땅은 죽은 사람들의 기름이 하얀 은(白銀)처럼 얼어붙어 있었다.

이 같은 상황을 종합해 볼 때, 나주 초토영에서 천여 명, 아니 수천 명 이상의 사람이 죽고 처형당했으리라 추측된다. 엄혹한 세월이다. 그날의 죽음이 죽음으로 그치지 않고, 민주주의를 향한 큰 발걸음의 시작이었음을 일깨우고 있다. 후세대들이 국민이 주인 되는 세상을 향하여 끊임없이 나아가고 있음을 전한다. 처형되고 수감되었던 모든 분의 영혼의 안식을 빌며 묵념을 올린다.

◈ 금호사 의열각과 나동환 동학 접주 마을 택촌(나주시 남내동 4-2)

나주초등학교에서 남고문을 휘돌아 터미널 쪽으로 100m쯤 걷다 보면 오른쪽에 삼강문이 있다. 거기서 앞으로 50m쯤 가다가 오른쪽으로 개천을 따라 100m쯤 내려가면 오른쪽에 금호사가 있다. 금호사 오른쪽에 의열각이 있다. 의열각에는 나주의 동학 교장 나동환(羅東煥, 1848~1937)의 의적비와 부인 진주 정씨 행적비가 있다.

택촌마을

　나동환은 1894년 500여 명의 동학군을 이끌고 나주성을 공격했으나 실패했고, 전봉준이 체포되자 함평군 월야면 연암리 처가로 은신했다. 부인 진주 정씨는 남편과 아들을 다른 곳으로 피신시켰고, 자신은 관군들에게 잡혀 혹독한 고문을 받다가 생을 마쳤다.

　이들을 기리기 위해 의열각(義烈閣) 안에 나주나공동환의적비(羅州羅公東煥義蹟碑)와 효열부진주정씨행적비(孝烈婦晉州鄭氏行蹟碑)를 세웠다. 정수루 옆에 있었으나 금성관 일대를 정비하면서 나주 남산 밑 금호사로 의열각을 옮겼다.

　나동환은 1894년 나주 동학 교장으로 택촌에 거주했다. 지금은 택촌마을에 물길이 닿지 않지만, 고려 시대와 조선 시대 택촌은 포구가 형성되고 배가 드나들어 상당히 번성했다. 세곡을 쌓아두는 조운창인 영산창이 있었다. 택촌마을길에서 대나무 숲길을 따라 올라가면 동산처럼 위에 위치해 있다. 아래에서 보면 영산창 표지석 뒤로 동산 중간에 있는 전봇대 바로 앞이다. 현재는 사유지다.

　『신증동국여지승람』 35권에 의하면 앙암과 남포(영산포 택촌에 위치한 포구)는 지척 간이다. 그 밑은 물이 깊어 헤아릴 수 없는데 속설에 용이 있다고 한다. 바위 밑에 구멍이 있는데, 조수가 밀려갔을 때는 보인다. 금강 남안에 있다는 앙암은 '상사바위'라고도 하며, 지금 택촌마을 강 건너에 있다.

택촌마을 동쪽 200여m 지점에
대해 한 현지 주민은 이렇게 말했
다. "택촌마을 남쪽을 '서낭뱅이'라
불렀으며, 그 동쪽은 현재 대밭으
로 변했다. 옛적에는 초가 7~8호
가 있었고 선창가에 6칸의 창고 같

나동환의 검

은 큰 집이 있었다. 큰 집은 고기를 잡아오면 작업하는 공간이었고, 그 아
래 나루와 포구가 있었다. 나루는 건너편 이창동(지금의 홍어거리 근방)과 연
결되었고, 강 건너에는 막걸리 주막집이 한 채 있었다. 일본 사람들이 들
어오면서 선창도 주도권이 영산포로 넘어갔다. 영산포와 연결되는 목교
(1914.5.9.개통)가 건설되면서 나루도 소멸했다."

나동환의 유물로는 1894년 2대 교주 최시형으로부터 받은 교수 겸 교
장 위촉장과 1896년 접주 위촉장이 있고, 나동환이 차고 다니던 검은 손
자 나도산이 1987년 독립기념관에 기증했다.

2022년 나동환의 증손자 나화균이 아버지 나도산으로부터 이어받은
앉은뱅이책상 서랍 속에서 1913, 1914, 1916년 시천교 대교주가 나동환에
게 발급한 세 종류의 위촉장을 발견했다. 의열각을 세우기 위한 자료도
함께 발견되었는데, 나동환 부인 효열부 진주 정씨 행적을 담은 나주향교
통문과 광주, 전주, 남원 향교의 답 통문 등이다.

1972년에 세워진 삼강문 안에 있는 나동환 의적비에 기록된 내용을 살
펴보자.

공은 어렸을 때부터 품은 뜻과 행실이 고상하고 깨끗했으며, 경서와 사기에
익숙하고 통달해 관직과 작위가 이조참판(동학 교장을 이렇게 표현했으리라 추측
함)에 이르렀으나 당시 나라 정치가 어수선하고 떠들썩해 간신들이 권세를
부리고 임금의 인척들이 날뛰며 행동함으로 삼정(군정, 전정, 환곡)이 문란하
고 부정과 부패가 점점 배어들어 농민이 제멋대로 날뛰니 백성이 어육(魚肉)
이 됨은 물론 … 임금이 임금답지 못하게 되고 아비가 아비답지 못하게 되
는 혼란 속에 국가는 존망의 위기에 처했다.

그러므로 공이 보국안민의 충의와 폐정개혁의 열의하에 동학 교주 최시형과 의기가 서로 맞아 … 동학 접주라는 중책을 지고 나주에 부임해 동지 규합과 교세 확장에 마음과 힘을 다하는 중에 1894년 갑오년 2월 15일에 고부 접주 전봉준으로부터 의거한다는 통보를 받고 나주 교도 500여 명을 인솔 합세해 제폭구민(除暴救民), 왜이축멸(倭夷逐滅), 폐정개혁(弊政改革), 삼정확립(三政確立) 등의 기치를 높이 들고 분전 고투하니 며칠이 지나지 않아서 좌우도 10여 군이 바람 따라 향응해 장성을 점령한 후 파죽지세로 전주를 점령하고 대승의 여세를 몰아 나주를 격파하고자 대장 전봉준의 지휘로 고창접주 신정옥과 5천여 병력을 인솔, 어등산에 포진하고 공이 선봉으로서 수십 차 성을 공격했으나 수성군의 반격으로 승산이 없음을 간파하고 어등산 해산했다. …

정리하자면, 나동환은 동학 교장으로서 1894년 장성 전투와 고부 전투에 나주 동학농민 500여 명과 함께 참가했고, 그해 4월 나주 서성문 전투에 나주 공격 선봉장으로 나주 동학농민들과 함께 참가했다. 다른 지역은 관군과 농민군이 대부분 1전으로 끝났지만, 나주지역은 일곱 번 싸워 모두 관군이 승리했다. 1896년 나주 동학 접주로 위촉되었다.

나동환 교장이 이렇게 많은 활동을 했음에도 2022년 현재 '동학농민혁명 종합정보시스템'과 '동학농민혁명기념재단' 인터넷 사이트에는 등재되지 않았다. 왜 일까? 그 까닭을 알려면 가족사와 우리나라 역사를 함께 살펴봐야 할 것이다.

나동환의 10대조 나질은 금남 최부의 둘째 사위다. 1728년 무신난, 즉 이인좌의 난이 있었다. 이인좌 측과 혼인에 의해 친인척 관계로 맺어져 있는 나동환의 3대조부터 5대조까지 많은 사람이 죽임을 당했다. 나라에 반기를 들어 가족이 연좌제로 죽임을 당했기에 그 트라우마가 상당했을 것이다.

1894년 동학농민혁명이 일어났을 때 상황을 살펴보면, 나주 목사 민종렬은 나주 백성들을 향약으로 교화해 민심을 얻으면서 관아에 도향약소를 두고 도향약장에 나동환과 한집안인 나동륜을 위촉했다. 나동환과 나동륜은 나주 나씨 금암공파로 나동환은 영산강 북쪽편 택촌에 살았고, 형 나동륜은 영산강 건너편 하촌에서 살았으니 서로 잘 아는 사이다. 나동륜은 초토사 민종렬의 측근이고 동학농민군을 회유하는 글을 짓는 등, 관군 활동의 중심에 있었다. 동생 나동환은 동학농민군 지역 우두머리인 교장으로 활동했다.

이인좌의 난과 관련한 가족사와 동학농민혁명이 일어날 당시의 도향약장인 나동륜과 동생인 나주 동학 교장 나동환의 상황이었을 때, 나동륜과 나동환은 어떻게 행동했을까? '내가 나동환의 위치에 있었다면 어떻게 했을까'를 상상하면서 택촌을 바라보자.

◈ 고막포 전투 (고막천 석교, 함평군 학교면 고막리 143)

서성문 전투, 침산 전투, 용진산 전투에서 패했음에도 농민군은 나주성 공격을 멈추지 않았다. 그만큼 나주성을 점령하려는 의지가 확고했다. 이들은 나주 서쪽 30리 지점에 있는 함평 고막포에 진을 치고 민종렬에게 경고문을 보냈다.

1894년 11월 18일 고막포에서 치열한 전투가 벌어졌다. 광주, 나주, 무안, 함평 일대의 동학군이 총집결해 북쪽과 서남쪽에서 나주성을 공략한 대규모 공방전 와중에 일어난 전투로, 무안과 함평지역 농민들이 주도했다.

이 전투의 중심에는 무안 대접주 배상옥(1862~1894)이 있다. 접주는 그 지역의 동학도를 이끄는 최고 책임자다. 배상옥은 전봉준이나 손화중, 김개남 같은 접주들과 같이 동학 농민군의 주요 지도자였으나 그의 이름은 일제에 의해 철저히 지워졌다. 그런 연유로 다른 접주들과 달리 배상옥은 잘 알려지지 않은 '잊혀진 영웅'이지만 무안 지역에서는 그를 기념하는 식이 열린다.

전남 무안군 삼향면 대양리에서 태어난 배상옥은 무안, 함평, 장흥, 해남, 강진, 영암지역의 동학교도들에게 큰 영향을 끼치며 전남지역 일대의

함평군과 나주시의 경계, 처절한 싸움의 현장인 고막천 석교(사진 이우철)

전투를 주도적으로 이끌었다. 당시 관군의 기록인 '순무선봉진등록'에는 "무안은 거괴가 많고 그중에서도 배상옥·배규찬 형제는 무안의 거괴로 남도 연해 지역에서는 '괴수자'라고 칭하며 전봉준, 김개남, 손화중, 최경선 등에 뒤지지 않는다."고 기록되어 있다. 배상옥의 주무대인 무안 청천마을에 가면 마을을 지키는 크고 굵은 나무들이 영웅의 이야기를 건네준다.

무안 대접주 배상옥과 무안-함평 일대의 농민군은 11월 15일 나주 외곽 30여 리 지점에 있는 고막포(당시 무안현 금동면)와 고막원 주변으로 모여들었다. 동학 농민군 세력과 대척점에 있던 수성군은 무안 일대의 동학군을 공격하고자 포군 3백 명을 인솔해 동학군이 고막포에 진을 치고 있다는 사실을 알아냈다. 고막포 전투는 1894년 11월 15일~20일에 벌어졌고, 18일에는 치열한 전투가 벌어졌다. 수성군이 먼저 대포를 쏘고 동학군 일부는 대포를 피해 산 아래로 내려가 사방에 불을 지르며 대응했다.

결국 동학군이 참패했다. 관군 측에서는 "포환이 향하는 곳마다 적들이 죽었다. 관군은 기세가 올라 한 명이 1백 명을 감당하지 않은 이가 없었고 시체가 들판에 널려 있었다."라고 기록했다. 고막천교 좁은 다리에서 후퇴하며 수성군을 맞아 공방을 벌였지만, 조수 때문에 물이 불어난지라 수많은 동학군이 다리를 건너지 못하고 물에 빠졌고, 고막천교는 동학군이 흘린 피로 붉게 물들었다. 고막천교는 전남유형문화재 제68호로 지정되어 보호되고 있다.

◈ 남산촌 전투(노안면 노안로 165 노안초등학교 건너편)

1894년 11월 24일 벌어진 금암면 남산촌 전투는 나주 수성군과 동학 농민군 사이에 벌어진 실질적인 최후 전투다. 금암면 남산촌은 현재 나주시 노안면 남산 마을이며, 전진 배치된 함박산은 현재 나주 동신대학교 앞 사이클 경기장이 있는 작은 산으로, 나주읍성 북문의 코앞에 해당한다.

11월 21일, 농민군은 서창을 공격하여 세곡을 탈취했으며, 11월 23일에는 나주성과 10리 거리에 있는 금암면 남산촌과 태평정 등지에 진을 쳤다. 이곳은 성에서 멀지 않아 성안까지 말소리가 들렸다 한다. 밤이 되자 농민군은 북문 밖, 지금의 나주 성향공원이 있는 함박산까지 진격해왔다. 농민군이 진을 치고 있던 날 밤, 수성군졸들이 막소에서 언 몸을 녹이려 불을 피우다 불이 났다. 막소에 대매듭이 쌓여 있어서, 대매듭 타는 소리가 총을 쏘는 소리 같아, 놀란 농민군들이 남산촌 부근으로 후퇴했다.

결전의 날인 24일, 농민군은 남산에서 야숙을 했는데, 관군 선봉장 정석진이 남산 앞에 이르러 숲속을 가만히 보니 농민군들이 꽂아 놓은 깃발이 하늘을 덮었고, 막사들이 산을 둘려 쳐 있었으며, 마침 소를 잡아먹으려던 참이었다. 관군은 이때를 노려 기습한 것이다. 치열한 싸움이 벌어졌고 양측 모두 많은 사상자를 냈다. 이때의 모습을 두고 매천 황현은

침산전투에서 동학군이 먹은 주엽나무 열매와 주엽나무

『오하기문』에서 "죽은 자와 포로는 헤아릴 수 없었고, 양민들도 많이 죽었다."고 기록했으며, 이병수는 『금성정의록』에서 "시체가 들판에 가득했고, 흐르는 피가 냇물을 이루었다. 적 오권선도 겨우 몸만 빠져나가 노새를 타고 멀리 도망쳐 버렸다."고 기록했다.

그러나 당시 농민군에 대한 관군의 진압은 여기에 그치지 않고, 끝까지 추격하기도 했으며, 농민군의 가족까지 피해를 입히며 참혹한 행위를 저지르기도 했다.

동학 농민군은 이렇게 나주를 여러 번 집중 공격했음에도 왜 모두 실패했을까?

첫째, 지형적으로 나주는 거대한 성의 진지와 같다. 뒤쪽인 서북쪽으로 금성산이 거대한 성벽을 이루고, 앞쪽인 남동쪽으로는 영산강이 휘감아 돌면서 거대한 해자를 이룬다. 지형적으로 공격할 수 있는 지점이 많지 않은 데다 나주읍성이 탄탄하게 지어져 공략하기 쉽지 않았다.

둘째, 군사적으로 나주는 인근 12개 군·현을 관장하는 목으로, 대포와 천보총 등 각종 무기를 갖추었으며, 강진의 병영진지 등에서 징발한 포군 250여 명의 훈련된 전라병사가 포진하고 있었다. 또한 민종렬 목사는 그해 4월부터 수성군을 조직해 나주성을 방비하고 있었다. 도통장 정석진, 부통장 김재환, 도위장 손상문, 중군장 김성진, 통찰 김창균(김창곤) 등 향리를 주축으로 농민군 공격에 철저하게 대비하고 있었다.

셋째, 나주 민란의 영향으로 나주 향리층 세력이 수성군의 지휘부를 장악하여 죽을힘을 다하여 나주동학농민혁명 세력을 압살하는 데 앞장섰다. 그 이유는 5년 전부터 3년간 일어난 민란과 관련된다. 녹봉이 없던 나주 아전들이 가혹하게 세금을 거둬들인 관계로, 1889~1891년까지 3년간 세 차례 38개 면민이 들고일어났다. 이 나주 민란에 나주 향리층은 '간악한 향리' 즉 간향, 간리로 지목되어 나주민에 의해 혹독한 곤욕을 치렀다. 1891년 10월 암행어사 이면상이 나주 민란을 수습하여 양측(민란 주동자와 간악한 향리)을 죽지 않을 만큼 엄한 형벌에 처하였다.

그러나 민란 주동자 두 명이 죽고, 민란에 참여한 사람들에게 엄한 형벌이 가해졌다. 암행어사 이면상이 순영(전라 감영)에 글을 보내 7명의 향리들을 간향, 간리(간악한 향리와 관리)로 지목하여 엄벌을 내리고, 3도를 넘는 유배(월삼도 정배)에 처하게 했지만 행해지지 않았다. 간리로 지목된 자들은 1891년 복직되었다.

이렇게 나주 아전의 가혹한 징세 때문에 발생한 나주 민란의 요인이 근본적으로 해결되지 않아, 1894년 나주 동학 혁명을 낳았다. 1894년 나주 동학농민혁명 세력에 의해 나주읍성이 다시 함락될 위기에 처하자, 나주읍성에 거주하던 향리층은 3년 전의 곤욕을 다시 치르지 않고 자신들의 권력과 부를 유지하고자 나주목사 민종렬과 한 몸이 되어 자신들의 재산 일부를 헌납하면서 나주동학농민혁명 세력을 압살하는 데 총력을 기울였다. 나주의 유림세력 또한 자신들의 기득권을 위해 신분제 폐지와 사회 개혁에 나선 동학농민혁명 세력을 압살하고자 '민보군'을 결성하여 나주 수성군과 연대하였다.

민주주의를 향한 치열한 싸움의 현장 나주 동학길을 살펴보았다. 동학 정신은 나라를 지키는 의병으로, 5·18민주화운동으로, 촛불 혁명으로 끊임없이 흐르며 우리 사회의 민주주의를 발전시키고 있다.

2021년부터 시작된 제2기 진실과 화해를 위한 과거사정리위원회(진화위)에서 동학농민혁명에 참여한 조상들이 있으면 신청서를 내라고 한 글을 본 적이 있다. 민족의 앞날을 위해, 이 땅의 민주주의를 위해 온몸을 바쳐 싸우신 분들이 밝혀져서 합당한 대우를 받기 바란다.

그분들의 노력이 지금의 대한민국을 있게 한 초석이었음을 다시금 새기며, 목숨 바쳐 당당하게 싸워 온 우리 할아버지, 할머니께 머리 숙여 깊이 감사드린다.

나라 위해 온몸 바쳐 싸운 나주 의병길

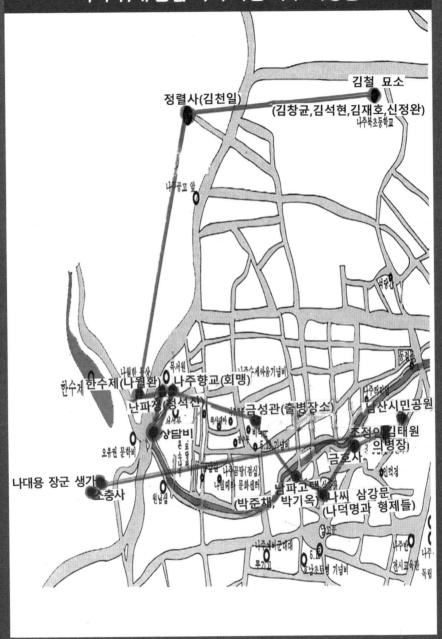

8장

나라 위해 온몸 바쳐 싸운 이들을 기리는
나주 의병길

김철 묘소(김창균, 김석현, 김재호, 신정완) → 정렬사(김천일) → 한수제(나월환) → 난파정(정석진) → 상담비 → 나주향교(회맹) → 금성관(출병 장소) → 남파고택(박준채, 박기옥) → 금호사와 나씨 삼강문(나덕명과 형제들) → 남산시민공원(김태원, 조정인 의병장) → 나주학생독립기념관 → 나대용 장군 생가 → 소충사

임진전쟁 당시 호남에서는 국가적인 위기를 극복하기 위해 자신을 희생하면서 절의를 지킨 수많은 호국 의병이 등장했다. 엄청난 희생이 있었지만 임진전쟁을 통해 호남은 '의향'이라는 인식이 강해졌다. 이순신은 친척에게 보낸 편지에서 "전라도가 없었다면 국가가 없었을 것(若無湖南 是無國家)"이라고 했는데, 이는 호남 의병이 보여준 희생정신과 활약상이 어느 정도인지를 말해준다. 물론 나주도 예외는 아니었다.

임진전쟁 때 전라도에서 가장 먼저 의병을 일으킨 김천일 의병장을 비롯한 나주 사람들, 거북선을 만들어 왜적들과 싸워 이기게 한 나대용 장군이 그렇다. 향토방위라는 소극적인 차원을 벗어나 '근왕'을 표방하며 국가를 지키기 위해 다른 지역까지 진출한 최초의 의병으로 김천일 의병장과 함께한 나주 의병 3백 명이 있다. 다 이름하지는 못하지만 알려진 몇 분을 함께 불러본다.

나주 임진의병의 시작이 된 이광익 의병장(충효당)과 사촌 이설 의병장(선무원종공신), 김천일의 아들 김상건 의병장(진주 창렬사), 유구하게 빛나는 충·효·열 정신을 지닌 박산마을 양산숙 의병장(양씨 삼강문 내 삼세구정려), 충의정신을 실천한 유학의 대가 노안 금안동 홍천경 의병장(월정서원), 전투와 기록으로 승리한 다시 가흥리 최희량 의병장(무숙사)과 형 최희급 의병장, '노블레스 오블리주'를 실천한 다시면 회진리의 임환 의병장(영모정), 영산강에서 일본군을 저지하다 순절한 동강면 월송리 최욱 의병장(정려각), 형제들과 충절을 다한 나사침의 아들 나덕명·나덕준·나덕헌·나덕신 형제 의병장(금호사), 거북선을 만들어 임진전쟁을 성공으로 이끈 나대용 장군(소충사), 대굴포 전투에서 해상의병으로 활약한 무안 몽탄면의 김충수 의병장(우산사) 부부와 동생 김덕수·김예수 의병장, 정유재란 때 순국한 나주 출신 11개 가문(행주 기, 평택 임, 전의 이, 순천 박, 제주 양, 경주 최, 문화 유, 하동 정, 광산 김, 광산 정, 수성 최씨)의 의병장(상담비) 등 수없이 많은 분이 나라를 지키기 위해 온몸을 바쳐 싸웠다.

한말에도 명성황후 시해 사건과 단발령, 고종의 아관파천(1896) 이후 유생층과 향리층이 결합하여 나라를 지키고자 근왕 의병을 일으켰다. 정석진 의병장과 나주 의병, 김태원 의병장과 동생 김율 그리고 조정인 의병장과 나주 의병들, 일제하 독립을 위해 싸운 나월환, 김창균(곤)과 아들 김석현, 김복현(김철) 손자 김재호, 손자며느리 신정완, 11·3학생독립운동의 주역 박준채, 박기옥, 이광춘, 윤승현 등, 나주 사람들은 나라가 위험에 처했을 때마다 분연히 일어나 지키었다. 이러한 자주 의식은 어디서 온 걸까?

나주향교와 금성관은 지역 유림들이 의견을 모아 맹세하고 발대식을 하여 진출하던 곳이다. 이중환은 『택리지』에서 나주의 상징이 된 나주 소경에 대해 "나주는 노령 아래 한 도회지로서 금성산을 등지고 영산강을 두르고 있는 읍의 지세가 한양과 비슷하기에 예부터 이름난 벼슬 집안이 많다."라고 하여, 서울을 가보지 못한 사람들이 나주에 와서 서울 구경을 대신했다고 한다.

그러나 필자는 금성산과 영산강의 지형적 특성도 그러려니와 서울과 같이 4개문이 있고, 무엇보다도 나주 사람들은 작은 서울이라는 자주 의식을 가지고 목포에서 영산강 따라 내륙으로 이어지는 이 땅을 왜구의 침략으로부터 온몸을 바쳐 지켜왔기에 소경(小京)이라 부른다고 생각한다.

영산강 따라 발달한 서원·정자는 배움과 뜻을 모으고 그것을 기리는 공간이었다. 그리하여 나라가 위기에 처했을 때, 분연히 일어나 의병으로 온몸을 바쳐 이 땅을 지켜왔다는 것을 새삼 깨닫는다.

◈ 3대 5명이 항일독립운동에 참여한 광주 3·1운동의 주역
하산 김철 묘소(나주북초등학교 안, 청암길 47-23)

하산 김철 집안은 3대에 걸쳐 다섯 분이 건국훈장을 받은 항일독립운동가 집안이다. 나주 향리였던 김창균(족보상 이름은 김창곤이고 김창균은 행정기관에 등록된 이름)과 그 후손들은 나주에서 태어났다. 김창균(곤)·김석현 부자의 무덤은 나주에서 목포 가는 길목 맛재 바로 못 미쳐 오른쪽에 있다. 1896년에 건립한 '의병장 김해김공창곤지묘'라 새긴 비에는 김창균과 두 아들 김석현·김복현(김철), 그리고 손자 김재호 등 3대에 걸친 항일독립운동을 기록하고 있다. 광주 3·1운동의 주역 김철 묘소는 나주 북초등학교로 들어가서 오른쪽 산등성이에 있다. 1976년에 세워진, '독립지사김철묘(獨立志士金哲墓)'라고 새긴 비와 표지판이 있다. 나주사랑시민회(회장 최장수) 회원들이 묘지 벌초를 하고 있으며, '김철 선생 추념식'은 나주사랑시민회가 주관하여 제 시민단체 회원들이 선생의 삶과 그 정신을 기리고 있다. 좀 더 자세히 들여다보자.

김창균(곤) 의병장과 김석현 의병장은 1896년 사망했다. 1895년 8월 명성황후 시해 사건이 벌어지자 전국의 수많은 유생은 종묘사직을 지키기 위해 일어났다. 전남에서도 기삼연, 기우만, 고광순 등의 유학자들은 국모의 원수를 갚고 나라를 지키자고 의논을 했다. 나주 향리였던 김창균(곤)도 분노했다. 뒤이어 단발령이 강행되자 기우만의 격문이 전라남도의 각 고을에 전해지고, 나주에서는 의병을 결성하려는 움직임이 일어나고 있었다.

1896년 2월, 전라남도 최초로 유행 이학상을 의병장으로 하는 나주의병이 결성되었다. 나주향교에 집합한 유생과 향리들은 100여 명이 넘었다. 이 가운데 김창균(곤) 의병장과 그의 아들 김석현 의병장은 적극적으로 의병 활동에 참여하며 많은 기여를 했다.

그 첫 번째가 친일 관리 안종수를 처형하는 것이었다. 부관찰사 격인 참서관 안종수는 단발령 선포와 함께 상투를 자르는 등 도를 지나치게 행동했다. 나주성 관리 100여 명과 행인의 상투를 강제로 잘랐으며, 향교의 명륜당을 군대 막사로 고치려 하는 등의 악행을 서슴지 않았다. 이에 김창균(곤) 의병장은 향리와 군인 수백 명을 이끌고 안종수 등을 처단하고 돌아와서 말했다. "참서관 및 총순 무리들은 역적으로서 이제 다 맞아 죽었으니 본 고을의 의병은 처음만 있고 끝이 없어서는 안 된다."

김창균(곤)을 중심으로 수많은 유생과 향리들이 유행 이학상을 총대장으로 추대하고, 뒤이어 향리들의 집무 장소인 연리청에 창의소(倡義所)를 설치하고 부서를 배정했다. 김창균(곤)은 좌익장을 맡았다. 나주의병이 초기에 향교에서 연리청으로 이동했다는 것은, 실질적인 군사 업무는 향리들이 주도권을 쥐었고 향리의 대표격인 김창균(곤)과 김석현의 영향력이 매우 컸음을 말해준다.

나주의병은 주요 목적이 왕을 지키는 근왕의병이었다. 반개화, 반침략적, 근왕을 지향한 것이다. 이러한 이유로 고종의 해산명령에 바로 순응했다. 선유사로 파견된 신기선의 해산 권고와 친위대의 압박으로 2월 26일 해산한 것이다.

나주의병이 해산된 뒤 의병에 가담한 유생과 향리들에 대한 가혹한 조치가 내려졌다. 해남군수 정석진을 비롯한 많은 유생과 향리들이 형장의 이슬로 사라졌고, 김창균(곤)과 김석현 의병장은 그 무대를 보성으로 이동하여 계속 활동했다. 그러나 전주진위대 김병욱 부대의 끊임없는 추격으로 1896년 5월 김창균(곤)과 김석현은 붙잡혀 순국했다.

(왼쪽) 김창곤(균)과 김석현 의병장 묘소 (오른쪽) 김철 선생 묘

김창균(곤)의 다섯째 아들로, 김석현의 동생인 김복현은 김철이라는 예명으로 잘 알려져 있다. 김철은 8세 때인 1890년 10월 7일 나주단발령 의거를 주도했던 김창곤의 의거가 실패하여 김창곤이 처형당한 후, 어려운 유년기를 보냈다. 어릴 적에는 한학을 공부했으며 1919년 교회 활동을 통해 항일운동을 모색하던 그는 광주·전남 지역의 3·1운동 책임자로 추대되어 광주 3·1운동을 주도했다. 그리고 목포와 나주 등을 방문해 전남 각지로 시위를 확산시켰다. 구체적으로 그 과정을 살펴보면 아래와 같다.

1919년 2월 하순에 서울에 가 있던 김필수 목사가 3·1운동 준비 측으로부터 광주의 만세 시위를 위촉받고, 광주에 내려와 김복현(김철), 최홍종 등을 만나 논의하고 돌아갔다. 김복현(김철)은 최홍종과 상경하여 담양 출신의 일본 유학생 국기열의 주선으로 청량리 근처의 산기슭에서 광주 출신 유학생 김범수·정광호·최정두 등과 광주만세시위를 협의했고, 광주·전남의 만세시위책임자로 추대되었다.

3월 6일 김복현(김철)은 〈독립선언문〉, 〈동포에 고하는 격문〉, 〈독립가〉 등을 가지고 광주로 와서 남궁혁·강석봉·김강·김용규·김태열·손인식·송홍진·최병준·최정두·한길상·최한영 등과 함께 준비하여 3월 10일 광주장터에서 시민, 학생 1000여 명의 선두에서 태극기를 흔들고 독립만세를 소리 높이 부르며 광주시내를 열 지어 행진하다 체포되었다.

이후 재판에 섰을 때 그는 "이 운동의 주도자는 나다. 내 지시에 따라 행동한 학생들은 그냥 돌려보내라. 내 이름은 김철(金鐵)이다. 쇠는 불에 달구고 두들길수록 더욱 단단해진다. 얼마든지 해볼 테면 해봐라"라고 주장했는데, 이때부터 철(鐵)이라는 이름을 갖게 되었으며, 나중에 철(哲)로 바꾸었다. 해방을 맞이한 그는 전남건국준비위원회 부위원장으로 추대되었고, 건준이 해체된 후 인민위원회에서도 부위원장을 맡았다. 1946년에는 신민당 전남지부 위원장으로 활동하는 한편 조선인민당에서도 활동했다.

미 군정이 들어서면서 다시 옥고를 치르고 분파투쟁의 과정에서 소외되면서 2선으로 물러나 친일세력의 재등장과 남북 분단, 정치 부패, 동족상잔의 전쟁을 목격하면서 한숨으로 밤낮을 보냈다.

1960년 4·19혁명 이후 그는 사회대중당 전남도당을 결성했고, 이후 사

김철 선생과 함께한 광주 3·1운동의 주역들. 왼쪽부터 한길상·
최한영·최병종·김강·김태열·최정두·박일구·김범수·김종삼.

회대중당에서 분리된 사회당 고문을 맡아 민주주의 완성과 조국 통일을
위한 마지막 투쟁을 전개한다. 그러나 이 역시 5·16 쿠데타로 짓밟혀 버렸
고, 민주주의와 통일의 비원을 가슴에 묻은 채 1969년 가족의 품에서 세
상을 떠났다.

김철은 항일민족운동의 침체기였던 시기에 광주에서 만세운동을 주도
해 전남 지역의 3·1운동을 촉발시킴으로써 나주인의 의로운 기상과 민족
정신을 유감없이 보여주었다.

김철의 아들 김재호는 1933년 중국으로 건너가 조선혁명정치군사간부
학교 2기생으로 입학했다. 이후 조선의열단원으로 활동하다 1935년 조선
민족혁명당 창립에 주도적으로 참여했다. 1941년 조선의용대 입대 이후
임시정부 선전위원이 되고, 1942년 임시의정원 전라도 의원으로 선출되어
의정활동에도 참여했다. 해방 후 정치·사회 운동을 계속하다가 박정희 유
신체제에 강력하게 저항했다. 김재호의 아내 신정완 또한 독립운동가이
자 3대 대통령 후보였던 신익희 선생의 딸로, 임시정부에서 활동했다.

김창균(坤) 의병장은 1995년에, 김석현 의병장은 2003년에 건국훈장 애
국장이 추서되었지만 후손을 찾지 못해 전하지 못하다가, 2019년 전남대

학교 김재기 교수 팀이 김달호 씨를 찾아 24년 만에 전해졌다. 1990년 김복현(김철) 선생은 건국훈장 애족장이, 김재호, 신정완은 건국훈장 애국장이 추서되었다.

김창균(곤) 의병장 가문은 손자와 며느리까지 총 5명이 건국훈장을 받는 항일독립운동의 명문가지만, 그것조차 알리지 못하고 세월이 흘러 잊힌 것은 후손들의 잘못일까? 이렇게 된 것은 자신의 조상이 의병이었다는 사실을 숨기고 살아야 했던 우리의 아픈 근현대사의 한 측면을 보여준다. 국가보훈처 홈페이지 상단에는 아직도 독립유공자의 후손을 찾지 못해 전해주지 못한 훈장들이 남아 있다.

나라 위해 싸워 온 하산 김철 가족사는 나주인의 자랑이다. 대를 이어가며 나라를 위해 온몸을 바쳐 싸워 온 그 기상을 기억하고 그 정신을 기리며 이어가야겠다.

◈ 정렬사(창의사 김천일 의병장 사당, 나주시 정렬사길 43)

〈호남절의록〉에는 임진전쟁, 이괄의 난, 정묘호란, 병자호란, 이인좌의 난이 일어났을 때 활약한 호남의병 약 1,460명의 행적이 기록되어 있다. 임진전쟁 편에 수록된 인물은 946명이고, 나주의병은 95명(나주 76명, 남평 19명)이다. 이들 중 김천일(1537~1593)과 함께 의병활동을 한 이들이 가장 많다. 그런 점에서 나주지역 의병활동 중심인물은 김천일이라고 할 수 있다.

1장 11~12쪽에서 간략히 소개한 정렬사(旌烈祠)는 임진전쟁 당시 호남 최초의 의병장 김천일을 모시는 사당이다. 김천일 의병장은 나주읍 흥룡동에서 진사 김언침의 외아들로 태어났다. 출생한 다음날 어머니가 세상을 떠나고, 족보상으로는 7일 만에, 기록상으로는 7개월 만에 아버지마저 돌아가셨다. 아버지가 어머니 본가인 외가에서 지내다 돌아가셨기 때문에, 김천일은 외조부 이함과 외삼촌 이광익 부부 슬하에서 자랐고 19세에 일재 이항 문하에서 수학했다. 1573년(선조 6) 군기시 주부를 첫 벼슬로 출

사하여 담양부사, 수원부사 등 일곱 고을 수
령을 역임했는데, 칭송이 자자했다.

임진전쟁 발발 후, 외삼촌 이광익 의병장의
적극적인 지지와 배려로(자료에 의하면, 김천일 의병
출병 시 천 명의 의병을 모집했다고 한다. 전투부대 300명,
쉴 자리 등을 만드는 목공부대와 짐 옮기고 먹을거리 준비
하는 보부상 700명이다. 무기, 쌀, 세금 조달 등 생산부대
는 제외.) 의병과 식량과 무기를 갖춘 김천일 의
병장은 아들 김상건과 여러 지역에서 모은 의
병들과 함께 나주 금성관에서 출병식을 가지
고 출정했다. 외삼촌인 애월당 이광익 의병장

**갑옷도 투구도 없이 칼을 쥔 김천
일 의병장 동상**

은 78세의 늙은 몸으로 말을 타고 적의 소굴
에 출몰하여 활동하다 공주 이인역에서 병을 얻게 되어, 통곡하며 임금
이 있는 북향을 향해 4배하고 생을 마감했다. 대단한 충절의 모범이라 할
수 있다.

김천일 부대는 1592년 6월 23일 수원 독성산성을 거점으로 활동하다가
8월 강화도로 진을 옮기고, 연안을 따라 목책을 두르고 배를 손질하는
등 전투 준비에 한창이었다. 이때 선조로부터 '창의사(倡義使)'라는 군호를
받고, 김천일은 주로 경기와 한양 일대에서 일본군을 견제하는 역할을 했
다. 그는 경기 지역 민심을 안정시키고, 한강 이남 전쟁 상황을 의주에 있
는 선조에게 전했다.

1593년 4월, 일본군이 한양에서 철수하여 경상도 밀양으로 모여 진주
성 공략을 준비하고 있었다. 그들은 1차 전투에서 패한 적이 있음에도
곡창지대인 호남으로 가는 길목을 차지하기 위하여 진주성을 점령하려
했다.

김천일 의병장 또한 진주성의 중요성을 잘 알고 있었기에 6월 14일 300
명의 의병을 이끌고 진주성으로 들어갔다. 그를 따라 충청병사 황진과 경
상우병사 최경회 등 관군과 의병부대들이 진주성으로 집결했다. 이렇게
김천일 의병장을 포함하여 수많은 호남 의병장들은 진주성을 지키기 위

독성산성 전투도(사진 이우철)

3천여 의병이 처절하게 싸운 제2차 진주성 전투
(사진 이우철)

해 성 안으로 들어갔다. 당시 영남 동인계 주류 인사들인 김성일, 조종도, 곽재우 등은 성을 비우자고 했지만, "지금의 호남은 국가의 근본이 되고, 진주는 호남에서 가까운 곳이니 실로 이와 입술의 경우와 같다. 진주가 없어지면 호남 또한 없어지고 말 것이다. 내 고장 내 나라는 내가 지켜야 한다. 믿을 수 있는 것은 자신의 힘뿐 이다."라고 주위를 격려하면서 호남 의병들은 경상도까지 진출하여 진주성 전투에서 목숨을 걸고 지키고자 했다. 진주성이 무너지면 바로 호남이 침탈당하기 때문이었다.

6월 16일 왜군이 함안까지 쳐들어오자 많은 관군이 후퇴했다. 하지만 김천일과 의병들은 파도같이 밀려드는 왜군을 무서워하지 않고 전투 준비에 만전을 기했다. 이때 적의 병력은 10만여 명에 육박했으나 진주성 내에는 3~4천의 군사만 있을 뿐이었다.

6월 21일 왜군의 진주성 공격이 시작되었다. 우세한 화력과 압도적 병력으로 집요하게 성을 공격했다. 장맛비로 약해진 외벽은 금방이라도 허물어질 듯했지만 김천일 의병장과 의병부대는 좌절하지 않고 6월 29일까지 9일 동안 버티었다. 이는 기적에 가까운 일이었다.

최후의 날인 6월 29일, 처음에는 동문 근처의 성벽이 무너지고 아군은 촉석루 쪽으로 모여들었다. 김천일 의병장과 나주의병들의 목숨을 건 사투에도 불구하고 치열한 접전 끝에 진주성은 함락되고 말았다. 김천일은 아들 김상건, 경상병사 최경회, 충청병사 황진, 복수의병장 고종후 등 여러 장수들과 촉석루 앞 남강에 투신하여 순절했다.

왜군은 진주성을 함락시킴으로써 전라도를 장악하는 전진 기지로 삼고자 했다. 그러나 진주성 전투에서 막대한 병력 손실을 입었기에 전력상의 차질이 생겨 진군 속도를 늦출 수밖에 없었다. 그러는 사이 조선군은 전열을 재정비할 수 있었고, 명의 원군이 가세하여 왜군의 호남 공략은 실패로 돌아갔다. 진주성의 분투가 왜군의 궁극적인 목적 달성을 좌절시킨 것이다.

진주 지역민들은 진주성을 지킨 호남 출신 3의병장인 김천일, 최경회, 황진(남원 출신) 또는 고종후를 '진주 삼장사'로 기억했으며, 그들을 위해 정충단이라는 제단을 설치하고, 성이 함락된 날 제사를 지냈다. 진주 삼장사에 대한 감사함이 가슴속에 남아서, 진주시 봉원초등학교 교가에는 삼장사를 기리는 구절이 담겨있다. 다음은 진주 봉원초등학교 교가다.

삼장사 혼이 깃든 진주의 서북/ 황새등 높은 곳에 자리잡아서/ 다정하고 씩씩한 어린이 모임/ 우리들의 배움터 그 이름 봉원/ 슬기롭게 일과 공부 알뜰히 하고/ 든든하게 몸과 마음 닦고 기를 제/ 조국을 사랑하자 다짐을 하며/ 빛내리라 영원히 그 이름 봉원

중·고등학교 교가에도 "이 강산 비바람에 머문 촉석루, 세월도 강물인데 넋은~"이라는 구절이 있다. 이렇게 교가에도 삼장사 얘기를 담아 감사한 마음과 더불어 그 정신을 이어가고자 한다.

삼장사에 대한 감사함은 꼭 세 분에 대한 것만이 아니다. 온 힘으로 진주성을 지키며 싸운 모든 의병들께 보내는 감사함이고 그 정신을 이어가고자 함이다.

삼장사 중 한 분인 충의공 최경회에 대해 조금 더 알아보자. 최경회는 논개의 남편으로 화순 출신이다. 36세에 과거에 급제하고 46세에 장수현감을 지냈으며, 58세에 16세의 논개를 부실(첩)로 들였다. 1592년 환갑의 나이에 문홍헌의 권유로 거병하여 송대창, 고득뢰, 허일, 권극평 등 인사들과 함께 참여했다. 전라우도의병장으로 불렸으며 병력은 1만여 명에 달했다. 남원, 전주, 무주, 진안을 거쳐 경북 성주성 싸움에서 크게 활약한 뒤 진주성으로 들어갔다.

1593년 6월 29일 밤 동쪽 성문이 무너지면서 왜적이 몰려들자 피신을 권유하는 부하에게 "성이 있으면 내가 있고 성이 없으면 나 또한 존재하지 않는다"라며 거절했다. 이후 김천일, 고종후 등과 남강에 투신해 숨졌다. 최경회 의병장은 이런 시를 지었다.

촉석루의 세 장사는/ 한잔 술로 웃으며 긴 강물을 가리키노라
강물은 도도히 흘러가고/ 저 물결 흐르는 한 혼도 죽지 않으리.

이 사실을 안 논개는 기생으로 위장해 7월 7일 승전축하연 자리에서 왜장을 바위로 유인하여 함께 투신해 최경회의 뒤를 따랐다. 65세의 최경장은 동생 최경회의 유품을 들고 1593년 8월 거병하기도 했다.

이처럼 호남 의병들의 처절한 싸움으로 임진전쟁 때 호남에 대한 약탈이 심하지 않았다.

김천일의 묘는 나주시 영산동 운전면허시험장 근처, 자신을 키워 준 양성이씨 선산에 아들 김상건의 묘와 함께 있다. 남강에 투신했기에 시신은 없고, 김천일의 거처에서 머리카락과 손발톱 등을 수습하여 외가의 선산에 모신 것이다.

김천일은 1603년 선조 36년에 좌찬성에 추증되고, 광해군 10년(1618년)에 영의정에 가증되었다. 진주 창렬사와 나주 정렬사에 그의 위패가 모셔져 있다. 진주 창렬사는 제2차 진주성 전투에서 순절한 분들을 모시는 사당이다. 나주 정렬사는 선조 39년(1606) 나주고등학교 뒤편 월정봉 아래 건립되어 1607년 정렬사로 사액되었다. 흥선대원군의 서원 철폐령으로 철폐되었다가 1984년 대호동에 복원되었다. 매년 음력 5월 16일에 추모 제향이 열린다.

◈ 광복군 나월환 장군 동상(나주시 경현동 116-1)

1장 12~14쪽 참고.

◈ 난파정(나주시 나주천1길 21)

1장 15~18쪽 참고.

◈ 정유전쟁 때 순국한 11개 가문의 의병장을 기리는 상담비
(백민원 시내버스 정류소 옆)

나주 정렬사와 진주 창렬사에 임진전쟁
에 참여한 의병장과 의병들의 위패를 모시
고 그분들의 정신을 이어가고자 노력하고
있다. 정유전쟁에 참여하여 순국한 의병장
과 의병들을 기리기 위해 나주 출신 11개
가문(행주 기, 평택 임, 전의 이, 순천 박, 제주 양, 경
주 최, 문화 유, 하동 정, 광산 김, 광산 정, 수성 최) 종
친들이 모여 상담비(嘗膽碑)를 세웠다.

이분들이 나라를 지키기 위해 온몸을 바
쳐 싸워왔기에 오늘날 우리가 이 땅에서 살
수 있게 되었다는 것을 새삼 느끼게 된다.
이렇게 의미 있는 상담비가 버스 정류장 옆
에 안내판도 없이 그냥 서 있어 못내 아쉽다.

상담비

◈ 나주의병 결성의 의지를 모은 회맹소 나주향교(나주시 향교길 38)

1장 19~22쪽에서 소개한 나주향교는 나라가 외적의 침입으로 위태로
울 때, 근왕의병을 일으킨 유림이 모여 의견을 나누고 맹세한 곳이기도
하다. 한말 의병 때 기삼연의 호남창의회맹소와 나주의병인 나주의소가
연합하여 거병의 의견을 모으고 이곳에서 맹세했다.

나주향교는 명륜당으로 들어가는 출입구가 오른쪽 옆에 있다. 출입구

명륜당 앞 동재

오른쪽에는 다양한 비석들이 있는데, 가장 오른쪽에 노비 김애남을 기리는 '충복사 유허비'가 있다.

나주의병 결성은 장성의병의 움직임과 밀접하게 관련된다. 1896년 음력 정월, 기우만은 나라를 위한 거의를 도모했다. 이 과정에서 기우만의 격문이 나주향교에 전달되자, 나주의 양반 유생들과 향리들은 기우만의 격문을 관내에 즉시 전달한 후 음력 2월 1일 대책 마련을 위해 향교의 동재에서 집회를 열었다.

음력 2월 2일 나주 유생 이승수 등이 중심이 되어 전 주서 이학상을 의병장으로 추대했다. 이어 음력 2월 4일 나주의 유생들은 기우만의 창의를 지지한다는 답통을 장성에 보냈다. 아울러 조관·유림·향리·군교 등이 연합하여 의병봉기에 적극적으로 호응하기로 합의했다.

2월 11일 기우만이 이끄는 장성의병이 나주로 이동하여 나주향교에 집결했다. 기우만이 이끄는 장성의병은 '호남대의소', 이학상을 의병장으로 하는 나주 의병은 '나주의소'라 하기로 하고, 군사를 모아 북상할 준비를 했다.

당시 전국 각지에서 의병이 일어나자 정부에서는 선유사를 파견했다. 호남지역에도 선유사 신기선이 파견되어 이들의 해산을 종용했다. 장성의병은 광주 광산관으로 이진하여 해산했으며, 나주 의병 역시 관군이 파견되자 2월 26~27일에 해산했다.

◈ **금성관**(나주시 금성관길 8)

1장 27~29쪽에서 소개한 금성관은 나주에서 행해지는 중요한 행사가 열린 곳이고, 모든 의병의 출병식이 거행된 곳이다. 임진전쟁 당시 김천일 의병장 출병식과 한말 의병인 기우만 의병장과 나주 의병의 출정 장소였다. 1980년 5·18 민주화운동 때 금성관은 나주군청이 있었던 자리로, 5월 21일 광주 외곽이 봉쇄되어 광주 진입이 불가능하게 되자 전남 각 지역에서 모여든 수많은 시위대가 집결하는 장소였으며, 나주 지역민들은 민·관이 합심하여 시위대를 위해 김밥과 주먹밥 등 식사와 음료 및 잠자리까지 제공했다. 또한 23일과 24일에는 시위대가 갖고 있던 M1소총, 카빈소총 등의 총기류를 자진 반납한 곳으로, 5·18민주화운동 기간 중 나주지역이 평화적으로 시위를 마무리할 수 있도록 이용되던 장소다. 금성관 입구 왼쪽에 5·18광주민주화운동 표지석에 그 자취가 기록되어 있다. 5·18광주민주화운동 표지석은 광주에 30개(35곳) 전남에 25개, 그 중 나주에 5개가 있다.

나주는 3·1운동, 6·10만세 운동과 함께 우리나라 3대 독립운동 중의 하나인 나주학생독립운동 진원지다. 1980년 광주민주화운동이 발발한 이후, 5월 19일 계엄군의 광주시민 학살 만행 소식을 맨 처음 접한 나주시민은 광주민주화운동에 적극 동참, 일제히 봉기했다. 5월 21일 계엄군과 맞서고 있는 시민군을 지원하기 위하여 나주경찰서 무기고와 영강파출소 예비군대대 본부 무기고를 접수하여 기관포 2문, 소총 1,000여 정, 실탄, 수류탄을 계엄군과 대치하고 있는 광주시민에게 지원하고, 나주시민은 소총으로 무장하여 영암, 해남, 함평, 무안 등을 돌며 시위했다. 광주민주화운동 소식을 전남 각 지역에 전하고 시위에 동참해줄 것을 간곡히 권유하여 전남서남부지역으로 시위가 확산하는 계기를 만들었다.

특히 나주시민군이 산포 비행장을 걸쳐 광주로 진입하는 과정에서 계엄군과 대치, 교전 끝에 사망 16명, 부상 131명 등 전남 시, 군 중에서 가장 많은 사상자가 난 이곳은 민주 시민 정신의 발원지라 할 수 있다.

지금도 나주에서 행사가 있을 때 금성관은 중요한 중심지이다. 2019년 10월 25일 그 중요성이 인정되어 보물 2037호로 지정되었다.

◈ 금호사와 나씨 삼강문(나주시 나주천 2길 130)

1장 41쪽에서 소개한 나덕명 의병장과 그 형제들이 충절을 다한 자취를 좀더 살펴보자. 소포 나덕명은 1551년(명종 6)~1610년(광해군 2) 좌찬성(오늘날 부총리급) 나사침의 장자로 나주읍에서 출생했다. 그는 어려서부터 기골이 장대하고 담력이 컸다. 29세 되던 1579년(선조 12)에 의금부도사가 되었다. 1589년(선조 22) 10월 정여립의 모반으로 일어난 동인과 서인 간의 정쟁으로 '정여립 옥사'가 발생했다. 두 아우가 정려립과 친분이 두터운 정개청의 문인이었다. 이 사건으로 다섯 형제가 유배를 떠나게 되었고, 나덕명은 함경도 경성에서 유배 생활을 시작했다.

임진전쟁이 일어난 후 나덕명은 이곳에 유배된 한백겸과 의병에 참여했다. 이후 왜군 토벌에 힘쓰다가 1593년 여름에 유배가 풀려 고향에 돌아왔다. 1596년(선조 29)에 부친상을 당하여 시묘를 했다. 이듬해인 1597년(선조 30) 정유재란이 발발하자 나덕명은 임환과 함께 창의하여 군대를 일으켰다. 왜적을 쫓아 동복에 이르러 많은 적을 무찌르고 포로를 붙잡는 큰 공을 세웠다.

이순신의 『난중일기』 1597년 12월 초 일기를 보면, 나덕명이 이순신을 두 차례 방문한 것이 확인된다. 의병 활동을 하던 나덕명이 이순신을 방문했다는 것은 일본군에 대한 정보 공유나 수군 재건과 관련이 있다. 이러한 공을 인정받아 나덕명은 선무원종공신에 녹훈되었다.

나사침의 차남 나덕준은 정개청의 문인으로 기축옥사에 연루되어 부령으로 귀양을 갔다. 1595년 보은현감으로 제수되었다. 1597년 12월 6일 정유전쟁 때, 고하도에서 수군 재건을 위해 총력을 기울이던 이순신을 찾아간다. 호남절의록에 "나덕준이 정유전쟁 때 곡식을 모아 충무공의 군지에 보냈다"는 기록이 있어 그 활동을 증명해주고 있다.

다섯째 아들 나덕신은 1591년 무과에 급제한 후 정유전쟁 때 이순신과 노량해전에 참여하여 공을 세웠다. 이때의 공으로 선무원종공훈 1등에 올랐으며 영암군수까지 올랐다.

여섯째 아들 나덕현(1573~1640)은 1603년 무과에 급제했고, 1624년에 일어난 반란을 진압하여 공신이 되었다. 여러 차례 청나라에 사신으로 다녀왔으며, 1779년에 충신으로 정려를 받았다.

이렇게 나사침의 여러 아들들이 임진전쟁과 정유전쟁 때 이순신을 돕거나 직접 참여하는 방법으로 공을 세웠다. 이들은 기축옥사를 통해 큰 피해를 입었음에도 이순신을 도와 구국활동을 전개했던 것이다.

나주 나씨 문중은 수많은 지역사회 활동에 참여하여 조선 시기 이후부터 현재까지 나주지역 역사문화를 살펴보는 데 있어 중요한 위치를 차지한다.

이 삼강문(三綱門)은 1722년(경종 2) 나주 나씨 문중에서 건립한 것인데, 이성현감을 지낸 금호 나사침을 비롯하여 삼대에 걸쳐 이충 이효 사열이 나오므로 이분들의 행적을 기리기 위하여 세운 것이다.

◈ **남파고택**(나주시 금성길 13)

나주 남파고택에 가면 11·3학생독립운동의 촉발제가 된 두 사람을 만날 수 있다. 애국지사 박준채와 박기옥이 살던 집이다.

박준채는 1914년 6월 28일 나주 남내동에서 태어났다. 1929년 10월 30일 하교길에 나주역 입구에서 광주중학교 3학년생인 일본인 학생 후쿠다 슈조를 비롯한 여러 일본 학생이 광주여자고등보통학교 3학년생이자 자신의 사촌 누나 박기옥을 비롯해 이광춘, 이금자의 댕기머리를 잡아당기며 희롱하는 것을 목격했다. 이에 박준채가 사과할 것을 요구하자, 후쿠다 슈조가 대꾸했다. "뭐냐, 조센징 주제에."

이에 격분한 박준채는 후쿠다 슈조의 뺨을 갈겨버렸고, 이로 인해 열차 내에서 한국인 학생과 일본인 학생들의 격투가 벌어졌다. 그러나 열차에 타고 있던 일본인들이 모든 잘못을 한국인 학생들에게만 몰아붙이자, 그는 분노를 삼키며 친구들과 함께 열차를 떠났다.

이 일은 곧 광주-나주간 통학생들에게 알려졌고, 이에 격분한 한인 학생들이 11월 3일 대규모 시위를 벌이면서 광주학생항일운동이 발발했다.

박준채 사진과 박준채 생가(사진 이우철)

박준채는 시위에 가담해 적극 활동하다 다음 날 체포되었고, 이로 인해 광주고등보통학교에서 퇴학당했다. 이후 혹독한 심문을 받다가 1929년 12월에 연소자라는 이유로 기소유예되어 출옥했다.

출옥 후 경성으로 상경하여 양정고등보통학교에 입학했고, 졸업 후 일본으로 유학 가서 와세다대학 정경학부에서 공부했다. 졸업 후 귀환한 그는 1960년대 초부터 조선대학교 교수로 봉직했고, 법정대학장, 대학원장을 역임했다. 은퇴 후 광주에서 여생을 보내다 2001년 3월 9일에 사망했다.

대한민국 정부는 1982년 박준채에게 대통령 표창을, 1990년 건국훈장 애족장을 수여했다. 2001년 그의 유해를 국립대전현충원 독립유공자 묘역에 안장했다.

박기옥은 1913년 10월 25일 나주 금계동에서 태어났다. 광주학생항일 운동의 불씨가 된 사건 이후 그녀는 시험 거부 백지동맹을 결성해 항일시위에 참여했다가 강제 퇴학당했다. 대한민국 정부는 2019년 박기옥에게 대통령 표창을 추서했다.

◈ 나주 남산시민공원 죽봉 김태원 의병장 기념비(나주시 남산길 23)

김태원(김준) 의병장은 양반 출신으로, 나주 문평면 상하마을인 갈마지에 살았다. 동생 김율(호는 청봉) 의병장은 기삼연의 제자로, 그의 영향을 많이 받았다. 김태원 의병장은 순릉참봉으로 재직했다. 1905년 을사늑약이 체결되자 이들 형제는 서로에게 뜻을 전하며 의병을 일으킬 계획을 세운다.

기적비 뒤에는 김태원이 동생 김율에게 보낸 편지글이 새겨져 있다. 형이 의병에 투신할 것을 권유할 때, 김율은 "대장부가 이런 세상을 당하여 의병을 일으키지 않는다면 어찌 국가에 보답할 수 있겠는가"라며 형의 제안을 기꺼이 받아들였다.

이들 형제는 10월 고창 문수사에서 기삼연과 만났는데, 그날 밤 일본 군경의 기습을 받아 우왕좌왕하던 의병들은 김태원이 선봉에 서서 일사불란하게 지휘하면서 안정을 되찾았다. 조직적인 반격에 당황한 일본 군경이 퇴각했다. 일본군과의 첫 전투를 승리로 이끈 것이다. 이에 기삼연은 1907년 10월 30일 장성 수연산 석수암에서 김태원을 호남창의회맹소 선봉장에 임명한다. 그 후 고창읍성을 점령할 때도, 또 영광 법성포에서도 김태원은 선두에 서서 의병을 지휘했고 큰 전과를 올렸다.

기삼연과 김태원은 의병활동을 확장하기 위하여 부대를 나누어 활동했다. 독자적인 의병부대를 조직한 김태원은 조경환, 최동학, 김옥현, 유병기 등을 참모로 임명하고, 동생 김율로 하여금 따로 의병부대를 이끌게 했다. 김태원·김율 형제는 영광·함평·나주 등 전남 서부지역에서 활동하면서 많은 전투에서 승리를 거두었다. 당시 사람들은 선비였던 김태원이 인솔하던 의병부대를 '참봉진', 김율의 의병부대를 '박사진'이라고 불렀다. 대신 일본군에게는 큰 골칫거리여서 일본 군경은 이들을 체포하기 위하여 혈안이 되어 '김태원 체포 15일 작전'을 전개하기도 했다.

1908년 2월 2일 설날 아침, 일본군 광주수비대가 김태원을 체포하기 위해 담양 무동촌 마을을 습격했다. 김태원은 일본 군경 기습을 받아 당황한 의병들을 독려하면서 일사불란하게 의병을 배치하여 맞서 싸웠다. 의병들이 강력히 저항하자 일본 군경은 결국 후퇴했다. 무동촌 전투는 일본 최정예 부대에 맞서 일본군 2명을 사살하고 2명에게 중상을 입힌 쾌거였다.

누군가는 일본군 2명 사살하고 2명 중상인데 그게 무슨 쾌거냐고 할 수도 있다. 그러나 완벽하게 최신 무기로 무장한 일본군과 제대로 된 무기도 없이 낙후된 무기로 싸우는 의병 간에 힘의 균형은 150~200:1 정도였다고 할 수 있다. 그러니 의병에게 엄청난 승리였던 것이다.

무동촌에서 광주수비대를 격파한 날 기막힌 일이 벌어졌다. 호남창의 회맹소 대장 기삼연이 체포된 것이다. 김태원은 기삼연을 구출하기 위해 광주 경양역(현재 광주 동강대학교 부근)까지 추격하지만, 이미 광주 헌병대로 호송된 뒤였다. 일본군은 김태원 부대가 기삼연을 탈출시키려는 움직임을 눈치채고 정식 재판도 없이 이튿날 광주천 서천교 밑 백사장에서 총살했다.

기삼연이 순국하자 김태원은 동생 김율과 함께 독립부대인 '호남의소'를 이끌고 더욱더 맹렬히 일본군과 교전을 전개하며 밀정 등 친일파 처단에도 앞장섰다. 장성 토천(현재 광주광역시 광산구 임곡 부근)에서는 일본군 30여 명을 살상하는 대승을 거두었다. 토천 뒷산에 보루와 방어 진지를 쌓은 다음 일본군을 유인하여 하루 종일 공방전을 벌인 끝에 일본군을 격퇴한 것이다.

일제는 김태원·김율 의병부대를 잡기 위해 제2 특설순사대를 편성하고 광주수비대와 헌병을 총출동시켰다. 1908년 3월 29일, 동생 김율이 송정리에서 일본군에 붙잡혀 광주감옥에 수감되었다. 김태원도 박산 마을 뒤 광주광역시 광산구 어등산에서 병을 치료하기 위해 숨어 있다가, 일제가 거미줄처럼 쳐놓은 일제 밀정의 제보로 발각되었다. 4월 25일 일본군 토벌대에 포위되자 김태원은 "나의 죽음은 의병을 일으킨 날 이미 결정됐다. 다만 적을 섬멸하지 못하고 장차 왜놈 칼날에 죽게 되었으니 그것이 한이로다."라는 말을 남겼다. 3시간 동안 벌어진 끈질긴 전투였지만 중과부적으로 김태원은 부하 23명과 함께 장렬히 순국했다. 1908년 4월 25일, 김태원 의병장 나이 서른아홉이었다.

앞서 한 달 전 일본군에 체포되어 광주감옥에 갇혀 있던 김율 의병장은 관찰사가 심문하려 하자, "너는 왜놈의 앞잡이로서 감히 백성 앞에 나설 면목이 있느냐?"며 호통을 치는 등, 죽음을 앞두고서도 독립정신을 굽히지 않았다. 일제는 먼저 체포되었던 동생 김율에게 형의 시신을 확인시키고 나자 그 자리에서 총살했다. 1908년 4월 26일, 김율 의병장 나이 스물일곱이었다.

김태원·김율 형제를 처형한 일제가 "이제 의병 근심이 없어졌다."며 술잔치를 벌였다 하니, 김태원 부대와 김율 부대의 활약상이 어느 정도인지 쉽게 짐작이 간다.

이로써 김태원·김율 형제의 의병 활동은 끝이 나지만, 김태원의 부하였던 조경환, 오성술, 전해산 등이 독립부대를 결성하면서 1909년까지 계속된다. 한말 우국지사 매천 황현은 "기발한 전략을 많이 이용하여 1년여 동안 수백의 일병을 죽였으며, 부하를 엄히 다스려 백성에게 민폐를 끼치지 않았다."라고 김태원 의병부대를 평가했다.

훗날 김태원은 1962년에, 김율은 1995년에 각각 건국훈장 독립장이 추서되었다. 광주 농성동에는 김태원 의병장 동상이 세워져 있고, 동상 앞 길이 김태원 의병장 호를 따서 죽봉대로다. 나주 남산시민공원뿐 아니라 함평공원에도 김태원 의병장 기념비가 세워져 있다.

◈ 남산시민공원 조정인 의병장 기념비(나주시 남산길 23)

조정인 의병장은 1872년 나주의 중심지인 서부면 명당거리, 지금의 나주시 산정동에서 태어났다. 어려서부터 기골이 장대하고 힘이 세어 장군감으로 불리웠으며, 대지주인 부친 덕에 부유한 집안에서 자랐다.

1905년 을사늑약이 체결되고 각지에서 의병이 조직되자 의병에게 군량과 무기를 지원하기 위해 미곡상을 열었다. 1907년 일본의 일방적인 정미조약 체결로 대한제국 군대가 해산되자 이에 격분하여 호남의병장 김태원·기삼연 등과 함께 의병을 일으켜 격문을 돌리고 의병대장으로 활약하게 된다. 이후 호남창의회맹소 선봉장 김태원 의병장과 연락을 취하면서 의병 모집에 많은 성과를 올렸고, 나주·함평·장성·영광·담양·광주 등지에서 일본 헌병과 경찰을 상대로 많은 전투에서 용맹하게 싸웠다. 직접 전투에 나서기도 했지만 의병에게 가장 필요한 총기를 구하여 무려

400정의 총기를 호남창의회맹소에 제공하는 등, 든든한 지원군 역할을 했다.

1908년 2월 담양 무동촌 전투에서 거둔 승리 이후 기삼연 의병장을 비롯한 김태원·김율 의병장이 일본군에 체포되어 순국하게 되자, 조정인 의병장은 독자적인 의병부대를 이끌고 항일의병전을 전개했다.

조정인 의병부대는 100여 명 안팎의 의병들로 활동했다. 당시 조정인 의병부대 활동에 대해 영산포 헌병대장이 한양에 있는 헌병대장에게 보고하자 '특별히 관심을 가지라'고 명령할 정도로 영향력이 컸다.

조정인 의병장이 특히 힘쓴 부분은 의병의 군량과 무기 등이었다. 당시 의병들의 화력은 일본 헌병과 경찰에 비해 매우 약했고, 이를 구하는 데 시간과 비용이 상대적으로 많이 들었기 때문에, 나주 가산(현재 광산군 삼도면 대산)에 탄약 제조소를 만들어 직접 탄약을 제조하고 무기를 정비하고자 했다. 또한 평지에서 싸울 때는 땅 색깔과 비슷한 황색 군복을, 산악지대에서는 나무와 풀 색깔과 비슷한 청색 군복을 입히는 등, 전투 지형에 맞게 차별화하여 효율적인 전투를 할 수 있도록 했다. 이는 오늘날 군복처럼 지형지물에 맞게 입을 수 있게 하는 선구자적 시각으로 실천했음을 보여준다.

1908년 6월 함평전투에서 승리한 이후 탄약 제조와 무기 정비에 온 힘을 다했지만 친일 세력의 밀고로 탄약 제조소가 발각되어 부하 심수근을 비롯해 백여 명이 함께 체포되고 말았다. 이때 보유한 소총이 4백여 자루에 달했다. 당시 의병에게는 상상할 수 없는 엄청난 양의 무기였다.

조정인 의병장은 체포된 후 6개월 만인 1908년 12월 교수형이 선고되어 항소·상고했으나 대구 복심원과 대심원에서 모두 기각되어 1909년 1월 대구 형무소에서 37세의 젊은 나이로 순국했다.

정부에서는 조정인 의병장에게 1977년 건국훈장 국민장(독립장)을 추서했고, 1993년 국가유공자증을 유족에게 수여했다. 남산시민공원에는 조정인 의병장 순절비가 세워져 있다.

◈ 11·3 학생독립운동의 진원지 나주역과 기념탑·기념관(죽림길 26)

(왼쪽) 나주학생독립기념관과 구 나주역 (오른쪽) 나주학생독립기념탑

학생독립운동은 3·1운동, 6·10만세운동과 함께 식민지 시기 국내에서 전개된 독립운동의 하나다. 특히 이 운동은 그 주역이 학생들이었다는 점에서 기존 독립운동과 다른 특징을 지니며, 일제의 식민지 노예교육에 대한 반발로서 1920년대 중반 이후 국내에서 전개된 항일학생운동의 결정판이라는 의미가 있다.

1929년에 일어난 학생독립운동은 나주에서 우연히 시작된 것이 아니며, 의로운 호남 정신과 독립과 자유를 위한 저항을 표출한 것으로, 깊은 역사적 맥락을 지닌다. 11·3 학생독립운동은 나주역 한·일 학생들의 충돌에서 비롯되어 광주 학생시위로 이어졌고, 이후 전국으로 확산했다. 나주는 학생독립운동의 발화점이었다.

나주지역은 일제 식민지 수탈이 가장 심한 곳이었고, 광주는 일제 식민교육 모순이 팽배하여 한·일간 대립이 심한 곳이었다. 이런 상황에서 학교 밖에서 일어난 한·일간 학생 충돌이 있었고, 이후 한국인 학생에게만 부당한 조치가 취해지자 민족적 충돌로 확대되었다. 그때 상황을 자세히 살펴보자.

1929년 10월 30일 당시 나주역에서 나주-광주 간 기차를 이용해 통학하던 후쿠다(광주중학교) 등 일본인 학생들이 조선인 통학생 박기옥, 이광춘

(광주여고보 3) 등 여학생을 희롱하자 이 광경을 목격한 박준채(광주고보 2)가 격분하여 후쿠다를 꾸짖으며 한일 학생 간 싸움이 벌어진 사건을 계기로 시작되었다.

이후 10월 31일 통학 열차 안의 사건, 11월 1일 광주역 충돌, 11월 3일 광주고보생 1차 봉기, 11월 12일 2차 봉기 등에서 나주 학생들은 주동적인 역할을 했다. 11월 27일 나주농업보습학교와 나주보통학교 학생들의 봉기, 1930년 2월 10일 2차 봉기 등에 이루기까지 나주에서도 줄기찬 항쟁을 했다. 이러한 사건으로 30명에 이르던 광주 통학생들은 전원 퇴학당했고 많은 이들이 옥고를 치러야 했다. 이처럼 나주인들은 학생독립운동의 발생과 확대 과정에서 주도적인 역할을 한 것이다.

나주에서의 사건이 기폭제가 되어 확대된 데는 1928년 광주지역 학생들의 식민교육에 항거하는 맹휴 투쟁이 있었고, 1920년대 중반 이후 각급 학교에서 전개되어 온 독서회, 성진회 등의 비밀결사 운동이 기반이 되어 일어났다는 점에서 중요한 의미가 있다.

11·3 학생독립운동은 이후 1930년대 전남지역의 항일지역운동에 커다란 영향을 주었다. 해방 후에도 학생층은 1960년 4·19, 1980년 5·18, 1987년 6월항쟁 등을 통해 한국의 민주화를 이끈 주역이 되었다. 학생독립운동의 정신은 그 발상지인 이곳 나주에 깊숙이 뿌리내려 미래의 희망찬 나주발전과 대한민국 건설의 밑거름이 될 것이다.

나주학생독립기념관에는 학생독립운동 진원지 '옛 나주역'에 당시의 역사를 생생하게 일깨울 수 있도록 학생독립운동 과정과 나주지역의 식민지적 상황, 11·27나주농업보습학생과 나주보통학생의 만세사건, 나주 출신 학생운동 지도자 등을 주제로 기념관을 건립했다. 기념관 옆에는 구 나주역이 옛 모습 그대로 있으며, 앞 광장에는 나주학생독립운동기념탑이 세워져 학생독립운동의 정신을 기리고 있다.

(왼쪽) 나대용 장군 생가 (오른쪽) 나대용 장군 동네 벽화

　나대용 장군 생가는 기와집은 아니지만 단아한 4칸집이다. 사립문과 잘 가꾸어진 정원이 있다.

　나주 문평은 거북선의 고향이다. 조선 선조 때 무인 체암 나대용은 학문에도 뛰어났고 말타기와 활쏘기에도 재능이 있었다고 전해진다. 임진전쟁 때 이순신 장군 휘하에서 거북선 건조에 전력을 기울였다. 고향 나주에서 5년간 거북선에 대해 연구하여 실험용 거북선을 저수지에 띄워놓고 궁리를 거듭했던 곳이 바로 문평이다. 방죽터로 알려진 곳에서 2km쯤 떨어진 곳에 고막천이 흐르는데, 예전에 고막천은 수량이 많고 제법 큰 배들이 오갔다고 전해진다. 조선 시대에는 고막천 인근 대굴포에 수군 기지가 있었으므로 나대용이 배에 관한 지식이 상당히 깊었을 것으로 보인다.

　완벽한 거북선 제작을 위해 그는 임진전쟁이 일어나기 1년 전인 1591년 이순신 장군을 찾아가 거북선 제작을 건의하고 제작했다. 거북선은 사천, 당황포, 견내량, 안골포 등에서 진가를 발휘했다. 옥포해전에서 일본군 전선 두 척을 침몰시키는 공을 세워 이순신이 "몸을 돌보지 않고 힘을 낸 자는 오직 나대용뿐이다."라며 포상을 청하는 장계를 올리기도 했다.

　임진전쟁 후 나대용은 선조로부터 특명을 받아 남해 일대 요충지를 지키는 역할을 했다. 남해 현감으로 있을 때는 쾌속정인 해추선을 발명하기도 했다. 관직 생활 중 일곱 고을에서 수령을 역임하여 모범적으로 수

행하여 청백리로 이름을 떨쳤다. 임진전쟁 때 공을 인정받아 선무원종공신에 녹훈되었다.

뒷동산이 포근히 감싸는 듯한 아담한 동네 담벽에는 나대용 장군이 지휘하고 거북선을 띄우는 모습 등의 벽화가 그려져 있다. 생가와 동네를 나와 왼쪽 길로 돌아가면 나대용 장군 영정과 위패가 봉안된 소충사가 있다. 소충사는 나대용 장군의 애국충절 정신을 기리기 위해 1977년에 건립되었다. 나 장군 추모제가 매년 4월 21일 과학의 날 해군 3함대 소속 나대용함 잠수함 승조원 30여 명이 참가하여 열린다.

나대용 장군상

부족하지만 나주 의병길을 살펴보았다. 나라 위해 몸 바쳐 싸운 의병들의 투혼으로 오늘의 이 땅이 있고, 지금의 우리가 살고 있음에 다시금 고개 숙여 깊이 감사드리게 된다.

의병들이 뜻을 키우고 모았던 생가, 향교나 서원, 정자 등이 제대로 관리되지 않아 안타깝다. 우리가 함께 관리하고, 공간이 의미 있게 후세들에게 전달될 수 있도록 채워가야 한다. 할 일이 많다.

영산강 줄기 따라 수많은 의병과 의병 집안들이 있는데, 기념비조차 제대로 안 된 곳이 있다. 나주에 남도의병역사박물관이 세워지고 있는데, 나주시도 적극적으로 나서서 시민단체들과 협력하여 후손 된 도리를 다하는 데 힘을 모아야겠다.

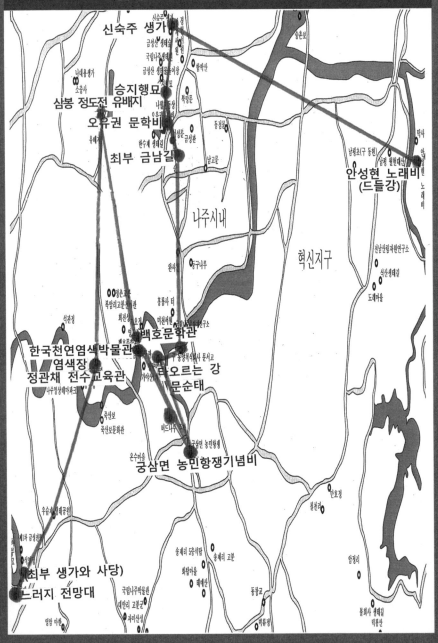

삶을 담아내는 문화·문학길

신숙주 생가

나대용생가
소충사

승지행묘
삼봉 정도전 유배지
오유권 문학비

최부 금남길

나주시내

혁신지구

안성현 노래비
(드들강)

전남산림자원연구소

식산생태길

도래마을

정촌교분
복암리고분전시관
회진선
석관정

백호문학관

한국천연염색박물관
염색장
정관채 전수교육관

타오르는 강
문순태

죽산보
죽산보문화관

궁삼면 농민항쟁비

온수마을
궁삼면 농민항쟁기념비

만호정
절천리

우습제생태공원

송제리 5층석탑
송제 고분
암정리

최부 생가와 사당
느러지 전망대

국립나주박물관
대안리 고분군
자미산성

회탑마을
태예산

동항교

불회사 생태길
덕룡산

9장

삶을 담아내는 문화·문학길

안성현 노래비(드들강) ➡ 신숙주 생가 ➡ 최부 금남길 ➡ 오유권 문학비 ➡ 승지행묘 ➡ 문순태(타오르는 강, 궁삼면 농민항쟁기념비) ➡ 백호 문학관 ➡ 한국천연염색박물관과 염색장 정관채 전수교육관 ➡ 삼봉 정도전 유배지 ➡ 느러지 전망대(최부 생가와 사당)

땅에서나 강에서나 물산이 풍부한 나주는 착취도 심한 지역이라 그에 얽힌 이야기들이 문학 작품으로, 노래로 만들어졌다. 최부의 『표해록』을 비롯하여 백호 임제의 시와 문학 작품, 백성의 삶을 그린 오유권의 소설, 굴곡진 역사 속에서 힘들게 살아가는 사람들의 처절한 삶의 모습을 현실적 감각으로 표현한 승지행의 소설, 37년 반평생이라는 오랜 세월에 걸쳐 문학적 생명을 걸고 혼신의 힘으로 한국 근대사의 격랑기를 집필한 대작 문순태의 『타오르는 강』에 이르기까지 많은 문학인과 문학작품이 있고, 〈엄마야 누나야〉를 만든 안성현의 노래비 등 찾아볼 곳이 많다.

더 많은 사람과 이야기를 다뤄야 하나 일부만을 담아서 매우 아쉽다. 미처 다루지 못한 아쉬움을 나주를 상징하는 시 「영산강」과 「영산포」로 가름하고자 한다.

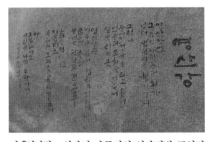

시 「영산강」. 석관정 나루터의 석관귀범 표석비 뒷면에 새겨져 있다.

나해철의 「영산포」를 새긴 비. 영산포 선창가 금성상운 표석 뒷면에 새겨져 있다.

◆ 남평이 낳은 천재 음악가 안성현 노래비
(드들강 유원지, 나주시 남평읍 남석리 779)

안성현의 가계는 내리 5대째를 음악가의 가계를 형성한 '음악세가(音樂世家)'였다. 고조부는 판소리, 증조부는 저대(대금)의 명인, 조부는 꽹과리, 피리, 장구의 명인, 부친 안기옥은 스승 김창조를 이어 자신의 이름으로 가야금 산조를 창안한 가야금의 대가였다.

부친의 뒤를 이은 안성현은 전통 음악을 연마하고 17세가 되던 1936년 아버지 안기옥을 따라 함경남도 함흥으로 이주하여 함흥중학교를 거쳐 일본에 유학하여 1942년 도쿄의 도호음악학교 성악부(테너)를 졸업했다. 일본에서 돌아오자 1944년부터 전남여중(현 전남여고), 광주사범(현 광주교대), 목포항도여중(현 목포여고), 조선대학교 등에서 음악을 가르치면서 낭만적인 노래를 만들어 작곡 발표회를 열고 작곡집을 펴냈다. 1944년에 부인 성동월과 결혼하여 1남 1녀를 낳았다. 고조부터 자녀까지 5대 독자다. 같은 해 부친 안기옥이 최승희 무용단과 광주극장 공연했기에 최승희를 만났고, 동생 안순자(15세)가 폐결핵으로 사망했다. 안성현의 부인 성동월이 말하는 남편의 기억을 잠깐 들어보자.

안성현 선생의 음악활동에서 기억나는 것은 피아노와 기타, 피리를 아주 잘 연주했다. 작곡은 수시로 하여 연주를 들려주곤 했는데, 나는 음악은 모르지만 그런 분위기 속에서 단란하게 살았다. 음악 발표회를 자주 하고 노래도 하고 지휘를 아주 잘하여 너무도 근사한 모습이었다. 무대에 선 남편에게 관중석에서 열광하는 청중의 모습들을 볼 수 있었다. 특히 학생들과 부인들이 열광하면서 '저분의 부인은 누구일까 부럽다'며 떠드는 소리를 들으면서 행복한 한때가 있었다. 남편의 성격은 집에서는 말이 없고 무뚝뚝하지만 가끔 목포에서 돌아올 때 손을 잡아주고 '고생한다. 애 키우며 어머니를 잘 모시고 있어서 고맙다'고 다정하게 대해 주었다.

해방 직후 미군정시절 초등학교 교재에 〈엄마야 누나야〉가, 중등음악

교재에 〈진달래〉가, 당시 이희성 교수의 고등음악교재에 〈봄바람〉(3부 합창곡) 등이 쓰여졌다.

안성현이 어린 시절부터 지석천(드들강) 강물에서 멱 감고 물고기를 잡으며 천렵도 하고 강변의 모래밭에 푹 파묻혀 놀았던 수채화 같은 그리운 추억들을 모태로 하여 고향 사랑의 서정이 묻어있는 아름다운 시와 음악을 함께 엮어서 노래를 만들었다. 그 노래를 통해 암울했던 일제강점기 잔악한 만행과 수탈을 겪어 온 우리 민족에게 희망을 불어 넣어주고 일제로부터 해방과 평화를 갈망한 〈엄마야 누나야〉(김소월의 시)를 고향의 그리운 노래로 작곡하여 널리 애창하게 되었다.

또한 1947년 광주사범학교에서 국어교사였던 시인이며 수필가 조희관이 목포항도여중 교장으로 가면서 같이 학교를 옮겨 교장 관사에서 기거하게 했다. 가족은 광주에 살고 있었다. 1948년 목포항도여중 재직 시 국어교사 박기동이 1년 전인 1947년 세상을 떠난 누이동생을 부용산에 묻고 그 누이동생을 기리기 위해 쓴 시 「부용산」에 안성현이 곡을 붙여 〈부용산〉 노래가 탄생했다.

이 노래가 만들어지기까지는 세 여성의 죽음과 관련되어 있다. 박기동이 항도여중으로 부임한 지 8개월쯤 되던 1948년 10월 10일, 목포의 천재소녀이며 두 사람의 제자인 3학년 김정희가 열여섯 나이로 폐결핵으로 세상을 떠났다. 목포상고 밴드부가 장송곡을 연주하며 장례행렬을 장지까지 유도하고 목포시민들이 모두 거리로 나와 소녀의 마지막 길을 애도했다. 학교가 울고 목포가 울고 세상이 함께 울었다고 할 정도였다. 또 한 명은 1947년 스물네 살에 요절한 박기동 시인의 여동생 박영애이고, 또 한 명은 광주사범 2학년 때 사망한 안성현의 여동생 안순자(15세)다. 이들은 모두 당시의 불치병이던 폐결핵으로 꽃다운 나이에 세상을 떠났다.

그러니까 시인이나 작곡가의 가슴에서 피어나지 못한 채 죽은 여동생과의 이별이 주제가 되고 여기에 김정희라는 애제자의 죽음이 동기가 되어 명곡이 탄생한 것이다. 당시를 박기동 시인은 이렇게 회상한다.

제자 김정희의 죽음을 많이도 슬퍼했던 안성현이 교무실 내 책상 서랍에 있던 시작 노트를 보다가 '부용산'을 발견하고 곧바로 가져다가 곡을 붙였다. 나를 데리고 음악 교실로 가서 피아노를 치기 시작했다. 그것이 작곡을 한 배경인데 그때 안성현 선생님이 나에게 의견을 구했다. 나는 음악을 잘 모르지만 "마지막 부분 '하늘만 푸르러 푸르러'를 상여가 나가는 소리로 하면 어떨까요?" 하며 조언했다. 그때 작곡하는 과정에서 '피어나지 못한 채 병든 장미는 시들고'라는 원래의 대목이 수정되었다. 그렇게 해서 〈부용산〉은 탄생했다.

즉 〈부용산〉은 이들 세 명의 여성 모두를 위한 진혼곡이자 이 세상을 떠난 혈육에 대한 애절함과 제행무상의 보편적 심상을 슬프면서도 아름답게 노래한 연가(戀歌)였다.

부용산은 1절만 있었는데 2절이 만들어진 사연도 서럽디 서럽다. 꽃다운 나이에 죽은 여동생을 추모하면서 쓴 박기동의 시 「부용산」에 북한으로 간 음악가 안성현이 곡을 붙이고 그 노래를 빨치산들이 즐겨 불렀다고 하여 일명 '빨치산의 노래'가 됐다는 이유로 정보기관의 감시대상으로 분류되었다. 그 후 툭하면 가택수색과 연행, 구금을 당하며 평생을 쫓기고 얻어맞고 천대받다가 궁여지책으로 1993년에 이역만리 호주로 떠나가야 했던 박기동 시인이 52년 만에 2절을 추가하여 태어났다.

(1절)
그리움 강이 되어 내 가슴 맴돌아 흐르고
재를 넘는 석양은 저만치 홀로 섰네
백합일시 그 향기롭던 너의 꿈은 간데없고
돌아서지 못한 채 나 외로이 예 서 있으니

(2절)
부용산 산허리에 잔디만 푸르러 푸르러
솔밭 사이사이로 회오리바람 타고
간다는 말 한마디 없이 너만 가고 말았구나

피어나지 못한 채 붉은 장미는 시들었구나
부용산 산허리에 하늘만 푸르러 푸르러

1948년 10월 항도여중 예술제에서 발표된 후 〈부용산〉은 입에서 입으로 빠르게 퍼져갔다. 1948년 여순사건으로 빨치산이 된 사람들이 산에서 하늘을 바라보며 고향의 가족을 그리며 이 노래를 즐겨 불렀다는 이유로 금지곡이 되었고, 작곡자 안성현은 1949년 9월 항도여중에서 면직되었다. 당시 밴드부 출신인 문○○은 이렇게 말한다.

"그때 음악가 동맹 회원들 중에 지리산으로 들어간 친구가 많았다. 아무런 사상적 배경도 없이 휩쓸려 간 그들이 고향의 부모 형제를 그리면서 부용산을 불렀고, 그 후 빨치산들이 이 노래를 즐겨 부르게 되었다."

목포 출신 연극인 김○○씨도 "그 사람들이 달밤에 산속에서 고향에 계시는 부모 형제 처자식이 얼마나 그리웠겠습니까? 그때 자연스럽게 또 조용히 숨죽이며 이 노래를 부르게 됐는데 입과 입을 통해 빨치산들이 즐겨 부르게 되지 않았나 생각이 듭니다."고 했다.

그러나 〈부용산〉을 좋아하는 많은 사람은 "이 노래는 단순히 만들어진 노래가 아니라 실제로 주인공을 배경으로 불리는 것 같아요. 이 노래의 서정성에 끌려 자주 부르게 됩니다. 뭔가 서서히 안개가 걷혀가는 느낌 같은 것이라고나 할까~!"라고 말한다.

부용산이 널리 불려진 배경에 대해 작사가 박기동 시인은 "내 간에는 아름답고 향기로운 것에 대한 무상을 노래한 것인데, 시보다는 곡이 워낙 절절해서 당시의 시대상에 맞아떨어졌는지 빠른 속도로 번져나간 것이었을 뿐이다. 그럼에도 운동권 학생들과 민주투사들의 비밀스런 애창곡이 되어 나에 대한 감시가 더욱 심해졌고, 그래서 난 모든 것을 포기해야 했을 만큼 기구한 삶을 살게 되었다."라고 회고했다. 작곡가 안성현이 여기 살았더라면 어떻게 되었을까를 생각하게 한다.

천재 음악가 안성현에게 씌워진 월북 프레임을 알아보자. 안성현이 평양을 향해 떠나던 날 함께 있었던 곡성 출신 음악 교사인 김재민 선생의 이야기다.

"안성현을 만났을 때 사상성 같은 것은 전혀 찾아볼 수 없었다. 지칠 줄 모르는 창작열에다 한 작품 한 작품이 한국 음악을 선두에서 이끌 만큼 앞서 있었다. 인천상륙작전 전인 9월 15일 최승희의 딸 안성희가 평양에서 내려와 광주를 거쳐 목포에서 무용발표회를 열었다. 날이 어두워지는데 길을 가던 안성현 친구가 '안성희 무용발표회 리셉션에 같이 가자'고 했다. 내가 '무용도 안 봤는데 참석하기가 좀 뭐하지 않느냐'니까 '그래도 본 셈치고 참석하자'고 해서 시간에 맞춰 가게 되었다. 강당에는 학생용 걸상으로 행사장이 차려졌고 장내에는 촛불이 켜져 있었다. 무심코 앉은 것이 주인공 안성희의 옆자리였는데 조금 떨어져서 안성현의 모습도 보였다. 안성희는 건강한 체구에 재치도 있었지만 최승희처럼 예쁘지는 않았다. 발표회와 리셉션을 마친 장내에 촛불이 꺼졌다. 깜깜한 공간에서 많은 사람이 빠져나가고 나도 현관으로 나가다 말고 대기하고 있던 소련제 지프차 앞의 안성현을 만났다. '왜 여기 있느냐?'고 물으니까 '안성희가 음악회 일로 평양에 가자는데 그럴까 한다' 했다. 순간 부럽다는 생각이 들었다. 안성현을 본 것은 이것이 마지막이다. 이틀 후 인천상륙작전이 있었으니까 미군들이 서울로 들어갔다면 평양 길이 끊어졌을 텐데 안성현은 어찌 됐을까 걱정되었다. 그러나 휴전협정이 맺어지고 안성희가 평양에 있다는 풍문이 들려서 안성현도 무사히 평양에 도착했겠구나 하고 생각했다. 안성현이 평양에 가던 9월 15일만 해도 '월북'이나 '월남'이라는 말은 성립되지 않는다. 그때는 부산 외에 모두가 인민군 치하에 접수되어 있었으므로 목포에서 평양을 방문하거나 다녀온다는 말이 맞는 말이다. 이렇게 본다면 안성현의 평양 방문 시점은 대단히 불운한 것이고, 북한에서 붙들린 상황(억북)이 되고 말았다고 생각한다. 따라서 안성현을 '월북'이라고 표현하는 데는 문제가 있다."

이후 안성현은 1954~1957년(35~37세)에는 다수의 작곡과 편곡을 선보였다. 북한의 양강도 예술단과 조선민족관현악단, 조선예술단 등에서 지휘자, 작곡자, 연구사로 꾸준히 활동했다. 1967년(48세) 《조선음악》에 '부드럽고 아름답게'라는 글을 게재하고 자신의 음악미학사상을 보여주었다. 1990년(71세)에는 중국 연변대학교 초청으로 농악과 장단을 강의하고, 1992년(73세) 안성현 딸 안화열이 연변대 초청으로 가야금을 연주했다. 1994년(75세)에 안성현에게 북한 공훈예술가 칭호가 내려지고 78세인 1997년 평양으로 귀환하여 윤이상음악연구소 연구사가 되어 일하다 83세인 2002년에 정년퇴직을 했다. 2006년 4월 25일 87세의 나이로 북한문학신문에 공훈예술가 안성현 별세 소식이 실렸고, 그 후 국내의 여러 신문에 보도되었다. 남한에 부인과 1남 1녀가 있다.

안성현 별세 소식을 들은 나주시에서는 2008년 안성현노래연구회를 만들고, 2009년 4월 남평읍 지석천 솔밭유원지(드들강유원지)에 안성현 노래비를 세웠다. 같은 해 8월 제1회 안성현음악제가 안성현노래연구회와 나주예총 주최로 열렸다. 벌교 부용산 오리길에 부용산 시비, 목포여고 교정에 부용산 노래비가 세워졌다. 이후 안성현기념사업추진위원회가 결성되어 안성현음악회를 해마다 연다. 2016년에는 나주문화원 주최로 안성현 국제학술심포지엄을 개최하고, 2018년 안성현 백서를 발간하면서 천재음악가 안성현의 삶을 전체적으로 조망하며 기린다.

주요 작품으로는 〈엄마야 누나야〉, 〈부용산〉, 〈진달래〉, 〈내 고향〉, 〈앞날의 꿈〉, 〈어부의 노래〉, 〈들국화〉, 〈낙엽〉, 〈봄바람〉, 〈비〉 등이 있다.

◈ 보한재 신숙주 생가(나주시 노안면 금안1길 50-12)

호남 3대 명촌인 나주 노안면 금안마을에 가면 문신 신숙주 생가가 있고, 조금 아래에 무신 정지 장군 사당이 있다. 자그마한 개울을 넘어가면 이들이 뛰어놀고 시문을 즐겼을 쌍계정이 오래된 노거수들과 어울려 널찍하게 자리잡고 있다. 평안한 금성산의 기운을 느낄 수 있다.

신숙주는 외갓집에서 태어나고 자랐다. 조선시대에는 남녀가 결혼하면 남편이 아내의 친정집에서 한참 동안을 살았다. 따라서 아이들은 외가에서 태어나고 어린 시절을 보내게 된다.

신숙주는 1417년 8월 2일 전라도 노안면 금안리 오룡동에서 태어났다.

신숙주 생가 터(사진 이우철)

아버지는 공조좌참판을 지낸 신장이고 어머니는 지성주사 정유의 따님이다. 호는 보한재 또는 회현당이고 시호는 문충공이다.

신숙주는 뛰어난 학식과 실무 능력을 겸비한 유능한 재상으로, 조선 세종·문종·단종·세조·예종·성종의 여섯 왕 밑에서 30여 년 동안 문신, 언어학자·사상가·정치가·외교관·군인·시인으로 크게 활약했다. 한글 창제에 혁혁한 공을 세웠다.

세종 24년인 1443년에 서장관으로 일본에 다녀온 후 일본 지세와 국정, 교린 왕래의 연혁, 사신 접대 절목 등을 기록한『해동제국기』를 저술하여 일본과의 외교 관계에 오랫동안 참고가 되었다. 또한 중국 명나라 음운학자 황찬과 음운(발음)을 연구하여 실질적인 한글 창제의 주역으로 공훈을 세우면서 음운학자, 외교가로 이름을 떨쳤다.

세조 때 핵심 정치가로 활약하는 한편 국방에도 관여했는데, 세조 6년인 1460년 함길도 도체찰사(전쟁 시 최고 군직)로 임명되어 여진족의 일당인 야인들의 소굴을 소탕하여 국경지대가 평정을 찾을 수 있도록 했다.

성종 즉위 후에도 중요한 일들을 많이 했는데, 탁월한 학식과 문장력으로 다양한 책을 편찬하는 데 참여했다.「세조실록」,「예종실록」,『동국통감』,『국조오례의』등을 편찬했다.

이 외에도『고려사』,『고려사절요』,『국조보감』등을 편찬하고, 시·문에 뛰어나 600여 수의 시를 남겼다. 시문집으로『보한재집』이 있다.

◈ 최부의 금남길과 『표해록』(나주시 금계동)

'바다를 표류한 기록'이라는 뜻의 『표해록』은 조선시대의 기록 문화를 상징하는 문화유산으로, 마르코 폴로의 『동방견문록』과 함께 세계 3대 중국기행문으로 손꼽힌다.

최부(1454-1504)는 나주 동강 출신으로, 호는 금남이며 나주에 거주했다. 동강에 사는 최부의 호가 금남인 것은 '금강(예전에는 영산강이 금강이었다) 남쪽에 사는 사람'인 데서 연유한다.

최부는 타고난 성품이 강직하여 남에게 굴하기 싫어하고 사리에 밝았으며 지혜가 출중했다. 성장함에 따라 사서오경에 정연했으며 특히 문장에 뛰어났다. 1477년 진사에 급제, 이듬해에 성균관에 들어갔으며, 이 무렵 해남 정씨와 혼인하고 처가인 해남에서 살았다. 사헌부의 요직을 두루 거치며 문재(文才)로 인정받아 『동국통감』, 『여지승람』의 편찬에 참여했다.

1487년(성종 18) 9월, 33세의 최부는 종5품 홍문관 부교리로 승진, 도망간 노비를 찾는 추쇄경차관으로 제주에 갔다. 이듬해인 1488년 윤달 정월, 부친상을 당해 제주에서 나주로 오는 배가 풍랑을 만나 표류하면서 1488년 2~7월까지 148일간 제주와 명나라 표류 체험을 일기 형식으로 썼다. 온갖 고난 끝에 압록강을 건너와 성종의 명으로 집필한 책이 『표해록』이다.

1496년 5월 호서지방에 큰 가뭄이 들었을 때, 왕(연산군)은 최부를 호서에 보내 중국에서 배워 온 수차(水車) 제조방법을 가르치게 하여 가뭄을 극복하도록 했다. 1498년 7월, 최부는 무오사화로 가택수색을 당한 뒤, 스승 점필재, 김종직의 문집을 소장했다는 이유로 장형(杖刑)을 받고 함경남도 단천으로 유배되었다. 황망 중에도 큰딸에게 『표해록』 등 자신의 모든 저술을 맡겼다. 그러다 1504년 갑자사화로 51세에 참형을 당했다. 가문이 풍비박산된 셈이다.

이러한 때 폐족의 위기를 극복하고 『표해록』과 최부의 여러 저술을 잘 간직한 분이 바로 최부의 큰딸 최씨 부인(1480~1558)이다. 최씨 부인은 다시 자기 큰딸에게 전했고, 이후 동생인 유희춘에게 전달하여 『표해록』이 세상에 알려지게 되었다. 『미암일기』를 남긴 유희춘은 최부의 외손자다.

1507년(중종 2) 최부는 신원(伸冤, 원통한 일이 풀어짐)되어 승정원 도승지로 추증되었다.

나주시는 나라를 빛낸 최부를 기리기 위해, 최부가 나주에 살던 집터에 『표해록』 그림을 걸고, 나주목문화관 앞 광장 위쪽 도로를 '금남길'로 지정했다.

『표해록』은 가는 곳마다 다양한 정보를 모아 기록하여 그 시대상을 알 수 있어서, 후학들이 표해록 코스를 다시 밟고 있다고 한다.

◈ 오유권 문학비(나주시 경현동 806)

1장 14~15쪽 참고.

◈ 소설가 승지행

소설가 승지행(1920-2008)은 나주읍 서내리 출신으로, 한때 금융조합과 교직에 몸담았다. 1950년 중편소설 '종언 아닌 종언'으로 등단하고 '연화도수', '부자'로 현대문학에 추천되었다.

작품 경향은 역사와 사회, 생활에서 좌절하고 패배한 사람들의 처절한 현실 감각적 경향을 보인다. 통곡이나 홍소 같은 냉소적이고 반어적인 작품 세계는 자의든 타의든 간에 밖으로부터 받은 가해와 피해의 상반된 시각을 고수하면서도 그 나름의 작품 형상에서 소재나 주제에 따라 수위를 달리한다. 특징은 꽤 까다롭다. 한수제 위쪽 금성산 자락에 묘소가 있다.

◈ 문순태의 『타오르는 강』 관련 유적(영산포 역사갤러리, 동척 문서고, 불노마을, 정량마을, 가야산, 나주 궁삼면항일농민운동기념비는 나주시 왕곡면 예향로 3580 천곡 군내버스 정류소)

대하소설『타오르는 강』은 9권으로 되어 있으며, 소설가 문순태가 반평생에 걸쳐 문학적 생명을 걸고 집필한 대작이다. 2012년에 완간하면서 그는 이런 말을 했다.

30년 만에 완간되고 보니 참으로 오랫동안 버겁게 지고 있던 큰 짐을 땅에 내려놓은 것처럼 홀가분하다. 돌이켜보니 1974년 작가가 된 후 지금까지 40년 가까이 오로지『타오르는 강』을 붙들고 씨름하듯 낑낑대온 것 같다.

『타오르는 강』은 1981년《월간중앙》에 연재를 시작하여 1987년 '창작과비평사'에서 7권이 발간되었다. 참여정부 때부터 광주학생독립운동을 중점적으로 다루며 실제 인물과 사건에 대한 현장 취재를 바탕으로 8~9권의 연재를 시작했다. 그리고 31년 만인 2012년에 완성했다. 8~9권을 읽으면 1930~1940년대 전남지역 항일운동 인물들을 쉽게 찾을 수 있다.(제1권 대지의 꿈, 제2권 깨어있는 밤, 제3권 역류, 제4권 개항, 제5권 선창, 제6권 의병, 제7권 어둠의 땅, 제8권 아, 그리운 영산강, 제9권 별들의 행진)

『타오르는 강』은 1886년 노비세습제가 폐지된 시기부터 1911년까지(동학농민혁명과 개항, 을사늑약, 치욕적인 강제 한일병합조약) 그리고 3·1만세운동을 거쳐 1929년 학생독립운동까지 폭넓게 다루고 있다. 우리 민족의 수난사를 중심으로 한국 근대사의 격랑을 겪은 이 땅 민중의 이야기다. 개항과 부두노동자의 쟁의, 1920년대 나주 궁삼면 토지반환 싸움, 1929년 나주와

『타오르는 강』표지

『타오르는 강』내용을 소개한 식영정 앞 표석(사진 이우철)

광주를 근거지로 이루어지는 학생 독립운동까지 반세기에 이르는 웅장한 구도 속에 사건이 전개된다. 문순태 문학이 지닌 발랄한 생명력은 새롭게 조명한 한국 문학사의 일대 결실이다. 영산강을 따라 이어진 한스러운 민중사를 추적하며 작가는 민중의 풍속과 생활사, 지

나주 궁삼면 항일농민운동기념비

역 명칭 등 순수한 우리말을 최대한 살리면서 내용을 서술하고 있다.

1886년 노비세습제가 폐지되자 종문서를 받아들고 형식상 자유의 몸이 된 수많은 노비는 살길이 막막했다. 이들은 홍수 때문에 버려진 땅을 찾아 영산강으로 몰려들었다. 그들은 영산강변에 집단으로 모여 살면서 물과 싸우며 삶의 터전을 일구려 했다. 그러나 생활의 바탕이 마련되지 않은 데다가, 지방 관속들과 힘 있는 양반들의 핍박과 수탈이 그치지 않아, 실질적으로 노비 상태가 계속된 것이나 마찬가지였다.

굶주리면서도 제방을 쌓고 홍수로 버려진 땅을 일구어 비로소 삶의 터전을 만들었으나 이 땅이 궁토에서 다시 동양척식회사 소유가 되자, 이들은 일제에 항거하여 투쟁을 계속한다.

이는 역사적 사실로도 확인된다.

영산강은 이 강을 끼고 살아온 사람들에게 소중한 삶의 터전이다. 그러나 영산강 주변은 비옥한 토지가 많아서 나주평야를 이루고 강과 토지에서 나는 풍부한 산물로 인해 지배세력들이 탐내는 곳이 되었다. 그래서 이곳 사람들은 줄곧 지배세력의 수탈에 시달려왔다. 특히 일제강점기 영산강은 개화의 통로이자 수탈의 통로였다. 물류의 중심지였던 남포, 즉 택촌 뒷산에 올라 주변을 바라보면 강과 신작로, 철도가 한눈에 보여, 영산포가 물류의 중심이면서 운송로였음을 쉽게 파악할 수 있다.

일제는 호남평야에서 생산된 쌀·면화 등 농산물을 영산강을 통해 대량으로 본토로 실어갔다. 이 과정에서 목포항에서는 부두근로자들의 쟁의가 그치지 않았다. 그뿐만 아니라 일제는 영산강 유역의 기름진 농토를

무제한으로 차지했고 농민들은 일본인들의 소작인으로 전락했다. 일제강점기에 일어난 궁삼면 농민운동 사건은 자기 땅을 찾기 위해 투쟁한 대표적인 농민운동이다.

그들은 피땀으로 일구어 난생처음 가져 본 생명과도 같은 땅을 지키기 위해 죽음을 두려워하지 않고 싸웠다. 여럿이 한 덩어리가 되어 큰 힘을 발휘했다. 민중의 한은 역사를 바꾸었다. 영산강 유역의 농민들이 식민지 수탈에 항거해온 민족정신은 의병전쟁과 학생독립운동의 씨앗이 되었다.

문순태 작가는 『타오르는 강』을 읽은 독자들에게 바란다.

첫째, 영산강을 중심으로 살아왔던 노비들의 삶에 관심을 가져주기를 바란다. 조선시대 노비들은 지금의 노동자, 농민 즉 건강하게 일하는 사람들이지 않은가?

둘째, 일제강점기 빼앗긴 땅을 되찾기 위해 얼마나 많은 사람이 죽어갔는지 상기하기를 바란다.

셋째, 역사 속에서 영산강이 되살아나 진정으로 강의 세상이 오기를 바란다. 강은 길을 찾아 흐른다. 높은 곳에서 세상의 가장 낮은 곳으로, 인간의 삶과 역사와 함께 흐른다. 사람의 간섭을 거부하며 저절로 흐르는 강은 건강하게 살아있다. 생명과 역사와 문화가 공존하는 강의 세상, 강은 물속과 물 밖의 존재들과 조화롭게 어울리며 흐른다. 강과 사람, 강과 땅, 강은 생명 있는 존재들과 끊임없이 교섭하고 어울리며 건강한 공생관계를 유지한다. 강은 본디 모습 그대로 인간이 살아가는 터전이 되고 또 다른 생명과 교섭하면서 힘의 원천이 된다.

강도 인간들의 삶도 끝없이 흘러가야 하므로 깊이 새겨들을 말이다. 나주 사람들을 포함하여 전라도 사람들 마음속에는 영산강이 흐른다. 전라도 사람들의 핏줄과도 같은 한과 희망을 안고 흐른다. 그래서 영산강은 꺾일 줄 모르는 전라도의 힘이 되었다. 영산강과 함께 흘러온 전라도 사람들의 한은 좌절과 체념의 한숨이나 패자의 넋두리가 아닌, 삶의 원동력이고 생명력이며 빛나는 희망인 것이다.

『타오르는 강』을 통해 우리의 삶과 생명 그리고 희망인 영산강을 잘 가꾸어가야겠다고 다짐하게 된다. 찬찬히 영산강을 생각해보자.

　백호 문학관은 조선시대 나주를 대표하는 문장가 임제의 작품과 삶의 흔적들을 모아 그의 뜻과 정신을 기리기 위해 만든 문학관이다. 백호는 임제의 호다. 임제는 호방한 기품과 재기 넘치는 글로 찬사를 받았다. 혼란했던 현실에서 중심을 잃지 않고 날카로운 시대정신으로 시대를 비판하여 '풍류기남아(風流奇男兒)'라 일컬어진다.

　임제는 29세(선조 10) 때 문과에 급제하여 예조정랑을 지냈으나, 35세의 나이로 평안도 부사로 부임하여 개성을 지나던 중 개성 3절인 황진이의 묘에 제사 지냈다 하여 탄핵받았다.

　임제는 선비들이 동인과 서인으로 나뉘어 다투는 것과 조선이 중국에 속박되어 있음을 개탄했다. 그는 선비정신을 잘 실행하길 바라며 애마, 거문고, 장검, 옥통소와 함께 명산을 찾아다니면서 여생을 보냈다. 문학관 입구에는 적토마 비석과 시비가 세워져 있다.

　임제는 39세로 짧은 생을 마쳤지만 현실에 대한 고뇌와 풍류를 즐겼던 소탈함을 1천여 수의 시와 산문 소설로 남겨 16세기 조선에서 가장 개성적이며 뛰어난 문장가로 평가받는다. 대표 작품으로 「패강가」 10수, 「무어별」, 「청초 우거진 골에」, 「남명소승」, 「수성지」, 「화사」, 「원생몽유록」 등이 있다.

　임제 사후 그의 문학을 기리기 위한 노력이 계속되었다. 사후 20년이 지나 그의 문집을 간행하기 위해 임환이 유고를 수습하고 백사 이항복의 발문을 받았으나 간행치 못하고 세상을 뜨게 되었다.

　그가 가만히 시 짓는 것을 보니 우선 흉중에서부터/ 막힘이 없이 비유를 끌어오고 글을 엮어가는데/ 실로 자유롭게 문자의 밖으로 초탈해서/ 능히 근진(根塵)의 찌꺼기를 깨끗이 털어내되/ 충분히 함양하고 다듬는 것이었다.

_이항복, 『백호집』 서문에서

삶을 담아내는 문화·문학길

백호 문학관

그 후 1617년(광해군 9) 임제의 사촌 동생 임서가 목판본 4권 2책으로 『임백호집』을 발간했다. 그 후 1759년(영조 35) 임상원이 영광군수로 있을 때 옛 장판의 결각을 보충해 다시 간행했고, 근래에 『백호집』 부록으로 넣어 활자본 2책으로 발간되었다. 1958년 석인본으로 출판될 때 「남명소승(南溟小乘)」과 「화사(花史)」가 별책으로 들어가 3책이 되었으며 현재 『백호전집』이 출간되어 있다. 그의 시 「화사」를 감상해 보자.

하늘이 꽃으로 사계절을 펼치면 인간은 꽃으로 사계절을 분간하니
사람이 어찌 꽃처럼 믿음이 있다 하겠는가?

꽃은 변화하면서도 봄바람에 변화함을 감사하지 아니하며
꽃은 떨어져도 가을바람에 떨어지는 것을 원망하지 않으니
사람이 어찌 꽃처럼 어질 수 있으랴?

「남명소승」은 임제가 문과에 급제하고 제주목사였던 아버지 임진에게 인사차 제주도를 방문하여 약 3개월간 머무르며 제주도 유람을 하며 쓴 일기체 여행기다. 제주도의 지리·풍토·민속·언어·토산 등 다양한 이야기를 담고 있으며 개인적 소회와 감상도 있어 제주 여행기로는 조선시대 최초의 것으로 여겨진다. 「남명소승」에 실린 「제주에서 쓴 시」를 감상해 보자.

큰 바다는 아득히 하늘과 맞닿았는데
온 고을 백성과 만물이 섬 위 두둥실 얹혀 사네

한라산 꼭대기의 구름 노을 예와 같고

성주촌 주변에는 초목이 성글어라
과일 중엔 금색 귤이 가장 맛이 좋고
반찬으론 옥두어가 빠지지 않더라
나무통에 물을 길어 아이 업듯 짊어지고
집집마다 담장을 돌로 쌓았구나

창 밖에 감귤나무 십여 그루가 서 있는데
마침 열매가 무르익어 황금이 주렁주렁 달린 것 같았다.
감귤을 따다가 껍질을 벗기니 향기로운 감이 안개처럼 일어나
입에 넣자 금방 녹아서 신선의 음료를 마시는 것 같았다
전날 남도에서 바다 건너온 것을 먹어본 적이 있는데
참으로 모양만 그럴듯하고 맛은 형편없었다.

백호 임제의 삶은 짧지만, 그의 문학은 오래도록 남아 우리의 마음을 울린다.

◈ 한국천연염색박물관과 염색장 정관채 전수교육관
(나주시 다시면 무숙로 571)

백호 문학관을 지나 150m쯤 가면 한국천연염색박물관(나주천연염색문화관)이 있다. 시민을 대상으로 다양한 프로그램이 준비되어 있어 가족 단위, 모임 단위로 참여할 수 있다.

한국천연염색박물관을 지나 나주시 다시면 무숙로 571번지에 가면 예부터 샛골나이로 유명한 염색장 정관채 전수교육관이 있다. 정관채 선생과 사모님이 반갑게 손님을 맞이한다.

국가무형문화재 제115호 염색장 기능보유자인 정관채 선생은 나주시 다시면 샛골마을에서 태어났다. 선생은 가업으로 물려받은 쪽 장인으로 일하면서 나주시 영산고등학교 미술 교사로 재직하다 정년 퇴임했다. 선

쪽염색 국가무형문화재 염색장
정관채 전수교육관

생의 공방이기도 한 천연염색전수관 앞과 인근에는 쪽밭이 있다. 가만 있어도 땀이 줄줄 흐르는 삼복더위에 냄새나고 힘든 노동을 하는 선생을 보고 사람들은 "사서 고생한다"며 혀를 찼다고 한다. 부인은 은행원이었다. 교사와 은행원인 젊은 부부가 쪽물 염색에 매달리자 주변에서는 모두 말렸지만 선생의 어머니만은 지지하고 도와주었다. 정관채 선생은 주변의 따가운 시선에도 불구하고 꾸준히 전통을 계승하여 2001년 당시 공예분야 최연소(당시 42세) 국가무형문화재 염색장 기능보유자로 인정받았다.

선생은 PH 측정기나 온도계 없이 즉석에서 침전쪽과정, 발효과정을 알아차릴 수 있다. 스스로 만든 가마에서 구워 양질의 석회 만들기와 쪽물염색 등 쪽 염색 전 과정의 기능을 보유하고 있다. 또한 전통색을 구현하기 위해 찾았던 유물인 철릭과 신발, 쪽 책표지, 저고리, 쪽이불 등을 수집했다.

그는 부인과 함께 쪽 염색의 가업을 이어가고 있으며, 아들도 쪽 염색에 관심을 보이고 있다. 천연염색 공개강좌와 각 대학 특강을 통해 천연염색 전시회 및 시연회 등 작품 활동을 활발하게 하고 있다. 천연염색의 우수성을 대내외에 알리며 후진 양성에도 힘쓰고 있다.

우리는 파란 하늘과 바다를 '쪽빛 하늘', '쪽빛 바다'라고 표현한다. 쪽빛은 진한 청색을 가리키며 '인디고 블루'라고도 부른다. 청색은 '파란 하늘'처럼 자연에서 쉽게 볼 수 있지만, '쪽빛' 하늘과 바다를 제외하면 소수의 풀꽃과 광물들 외에는 관찰하기 어려운 색이다.

파란빛 염료인 '쪽'을 추출하려면 상당히 복잡한 과정과 막대한 노동이 필요하다. 쪽빛에는 인류의 역사와 함께 내려오는 지혜와 과학이 담겨있다. 쪽 염색은 자연 친화적이어서 엄마 품처럼 친밀감을 주고, 좀벌레가 생기지 않는 방충 효과와 항균, 방부 효과가 있어서 선조들이 많이 사용

쪽염색 전수교육관에 전시된 작품들

했다.

우리나라에서는 상고시대부터 쪽으로 염색했다는 기록이 있고, 고려와 조선시대에는 전문 염장인을 양성했다. 현재 전국 각지에서 쪽을 비롯하여 자연에서 염료를 얻으려는 시도들이 활발하며, 쪽 염료 추출은 주로 따뜻한 남쪽 지방에서 이루어진다.

나주에서 특히 쪽 염색이 발달한 이유는 무엇일까?

나주의 자연환경은 영산강의 풍부한 물과 기름진 토양, 따뜻한 기후로 인해 쪽 재배에 적당하다. 고대부터 자연스럽게 도시가 형성되었고, 곡창지대인 나주평야는 양잠으로 인한 비단과 면직물이 풍부하여 염색 문화가 발전할 수 있는 토대를 형성했다. 여기에 관복의 수요가 많은 점도 염색문화 발달을 촉진시켰다. 육로와 해로의 발달, 교통 요지 등으로 상권이 형성되어 전국으로 팔려나갈 만큼 큰 소비 시장이 있었다. 특히 다시면(샛골)은 영산강과 바닷물이 합류하는 곳으로 영산강변의 잦은 홍수 피해 때문에 농산물의 수확이 어려웠던 탓에 대체 작물로 쪽을 재배하여 성황했다.

그래서 그 흔적들이 많이 남아 있는데, 현재도 대다수의 마을 노인 회관이나 어르신들이 모인 곳에 가면 과거에 쪽 염료를 추출하고 염색했던 이야기를 들을 수 있다. 쪽물 염색 직물로 만든 이불이나 베갯잇, 옷 등을 보관하고 있는 가정도 많다. 어른들이 이야기했던 쪽 재배지와 염색했던 장소는 물론 쪽 색소 추출과 염색에 쓰던 항아리 등 쪽 관련 유물이 많이 남아 있는 곳이 나주다.

그러나 1950년 한국전쟁을 전후로 일상생활의 급격한 변화와 합성염료 사용으로 점차 잊혀져, 현재는 염색장 기능 보유자를 중심으로 재현되어 계승되고 있다. 정관채 전수관 안내 책자 뒤에 있는 김지하의 시 「아!」를 옮겨본다.

그 모시의 쪽빛을 무어라 표현했으면 좋을까/ 한바다였고 깊고 깊은 가을 하늘이었다/ 그것은 차라리 큰 슬픔이었다/ 나는 정신을 잃고 보고 또 보 곤 했다…/ 그 빛깔/ 그 감촉을 무어라 표현해야 할까/ 나는 한 마디밖에 모 른다/ 꿈결!

◈ 삼봉 정도전 유배지(나주시 다시면 운봉리 백동마을)

삼봉 정도전 유배지는 다시면 백룡산 자락에 있다. 정도전이 34세 때, 권문세족의 친원 정책을 반대하던 정도전에게 원나라 사신을 맞이하는 영접사의 일이 맡겨졌다. 정도전이 거부하자 조정에서는 이를 빌미로 그 를 3년 동안 나주 소재동으로 유배시켰다.

인심 후박한 작은 마을인 이곳은 나주의 속현인 회진현 거평부곡에 속 했던 촌락으로, 농사짓는 양민 5가구가 모여 살았다. 정도전은 황현의 집 에서 첫 거처를 마련했는데, 소재동에서 유배 생활을 할 때 농민 생활에 대하여 어느 때보다 깊이 이해할 수 있는 기회가 되었다.

『삼봉집』의 「소재동기」에서 그는 백성과 더불어 생활했던 경험을 나타 냈다. 어느 날 한 농부가 관리들이 국가의 안위와 민생의 안락과 근심, 시 정의 득실, 풍속의 좋고 나쁨에 뜻을 두지 않으면서 헛되이 녹봉만 축내 고 있다며 질책했다. 이를 계기로 정도전은 유배 생활을 통해 민본 정치 의 싹을 틔우게 된다. 통치의 대상이지만, 백성이 다스리는 사람에 의해 일방적으로 이끌리고 종속되는 존재가 아니라는 것을 그는 분명하게 이 해했다.

국운이 기운 고려의 회생보다 새로운 나라의 건설을 택한 정도전은 이

성계를 만나 함께 조선을 세웠다. '조선'이라는 국호를 정하고 국가의 기틀을 잡기 위해 『조선경국전』 등을 만들었다. 한양 천도와 한양도성 축성, 궁궐 건설까지 모든 것을 도맡았던 정도전은 왕권과 신권의 조화 속에서 국가 운영 시스템을 구축했다.

정도전 유배지

정도전이 살던 집은 서울집과 고향 영주의 삼 판서 고택이 있다. 정도전이 살던 집은 지금의 종로구청 자리이고, 종로구청 건물 한쪽에 표지석이 있다. 표지석에는 "조선 개국공신 삼봉 정도전이 살던 집터, 후일 사복시, 제용감이 이 자리에 들어섰고 일제 때

도올 김용옥의 신소재동기비

는 수송국민학교가 있었다"라고 적혀 있다.

소재동은 큰길에서 한참을 들어가야 하는데, 중간쯤에 신소재동기가 쓰여진 안내판이 세워져 있다.

◇ **느러지 전망대와 금남정**(동강로 307-226), **최부 생가**(동강 성지길 41), **최부 묘**(이산2리 회관, 몽탄면 호반로 741-2)

느러지 전망대 주차장에는 『표해록』 기행 과정에 대한 설명이 돌에 새겨져 있다. 주차장에서 강물을 바라보며 4~5미터 아래로 내려가면 금남 최부를 기리며 세워진 금남정이 있다. 여기서 느리게 흐르는 곡강과 느러지마을을 바라보면 건너편에 최부의 묘와 사당이 있다. 이곳은 나주가 아닌 무안 몽탄이다. 느러지 전망대에서는 탁 트인 경치 속의 곡강을 볼

느러지 전망대에서 본 곡강 일대(사진 이우철)

최부 생가 유허비

최부 표해록 이동경로 기념석

금남정

수 있다.

최부 생가는 느러지 전망대를 벗어나서 동강 성지길 41에 터만 남아 있다. 생가터에 들어가기 전 우뚝 솟은 소나무들은 최부의 기개를 나타내듯 큰 키로 군락을 이루며 서 있다. 대나무 방풍림이 있어서 여기가 집터였음을 알 수 있다. 최부의 묘는 느러지 전망대나 금남정에서 느러지(혹은 늘어지) 마을을 바라보면 멀리서도 아련히 보인다.

문화·문학길은 담을 게 너무 많다. 아쉽지만 여기까지 살펴보고 부족한 여러 가지는 다음을 기약한다.

타오르는 강

달이 떠오르자 어둠 속에 파묻혔던 영산강이
은빛 비늘을 일으키며 큰 구렁이처럼 꿈틀거렸다
영산강은 달빛에 젖으면서 다시 살아나고 있었다

검은 머리를 벗듯 달빛이 어둠을 막 털어내리자
해넘이 이후 잠시 모습을 감췄던 삼라만상이
지긋지긋 기지개를 켜며 얼굴을 들었다
나뭇가지 하나 풀이파리 하나까지도
달빛을 머금으며 소롯이 되살아났다
달빛 속에서 뱀처럼 똬리를 트는 영산강의 모습은
햇빛을 머금었을 때보다 훨씬 생명감이 느껴졌다
가만히 손끝을 대기라도 하면 몸살에
몸을 뒤척일 것도 같았다

대하소설 《타오르는 강》제1권 중에서

배움과 쉼, 뜻을 모은 서원·누정길

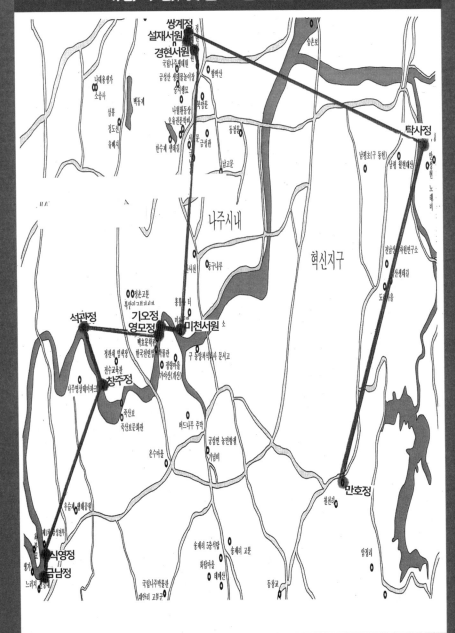

10장

배움과 쉼, 뜻을 모은
서원·누정길

만호정 ➔ 탁사정 ➔ 쌍계정 ➔ 설재서원 ➔ 경현서원 ➔ 미천서원

➔ 기오정 ➔ 영모정 ➔ 석관정 ➔ 창주정 ➔ 식영정 ➔ 금남정

나주의 주산인 금성산 자락과 영산강 줄기 따라 호남의 많은 학자들과 의병들을 기리는 서원과 누정을 아는 것은, 국가적 위기 앞에 의연하게 일어선 의병장을 이해하는 지름길이다. 또한 서원과 누정의 관리와 활용은 오늘날 우리가 선인들의 정신을 얼마나 이어가려고 노력하는가를 나타내는 지표라 할 수 있다.

서원과 누정은 배움과 놀이의 공간이며 뜻을 모았던 의지의 공간이다. 조선시대 배움의 체제는 서당에서 기초 배우기-서원(제례 배우기)-향교(1차 생원.진사 시험)-성균관(2차 문과시험으로 과거 급제로 사회 진출)으로 진행된다. 서당에서의 배움은 모든 학문의 기초와 자세를 이루는 중요한 곳이다.

향교가 지금의 공립학교라면, 서원은 사립학교와 같고, 마을 단위의 서당은 이 누정에서 이루어졌다. 서원은 지역 유지들이 배움의 공간을 만들어 후학들을 가르치는 곳이다. 나주향교는 한때 많은 사람이 과거에 급제하여 유명세를 떨쳤다. 지금으로 말하면 고시에 다수 합격하여, 관립 학교로서의 역할을 톡톡히 한 셈이다.

서원은 각 지방 사림세력의 결집체로서 향론(鄕論)을 주도했다. 특히 향촌 교화를 위한 유교적 이념 전파에 주요한 역할을 했다. 양반문화의 품격을 자랑하는 목사골 나주에 서원 25개소가 남아 있다. 주변을 돌아보면 어렵지 않게 찾아볼 수 있다.

나주에 사액(賜額, 왕으로부터 편액 이름을 쓴 액자가 내려진 것)된 곳은 네 곳이다. 정렬사, 경현서원, 월정서원, 미천서원이다. 서적, 토지, 노비 등을 하사받아 운영하며, 권위를 인정받은 곳이다.

누정은 자유롭게 교류하는 모임의 공간이자 쉼의 공간이며, 배움의 공간, 공동체의 공간이다. 누정은 누각과 정자를 포함하여 부르는 명칭이다. 누각은 사방을 바라볼 수 있도록 문과 벽이 없이 다락처럼 이층이나 삼층으로 높이 지은 집을 가리키고, 정자는 경치 좋은 곳에 쉬기 위해 지은 단층집을 가리킨다.

나주에 현존하는 누정은 68개소다. 다시면은 읍치를 제외하면 누정문화가 가장 발달한 곳이다. 농토가 비옥한 전형적인 농촌지역이면서 교통 요충지로서 특성 때문이다. 영산강을 따라 12개 누정이 있는데, 최근 느러지 전망대 아래 생긴 금남정을 포함하면 13개다.

대부분 누정은 영산강을 따라 늘어서 있다. 이 지역 문인들은 경치 좋은 곳에 누정을 지어 교류하며 시단(詩壇)을 형성했다. 이곳에서 학문을 논하고 강학을 했으며, 음풍농월하고 시문을 창작하기도 했다. 더 나아가 의병을 결성하기 위해 뜻을 모으기도 했으며, 마을의 향약을 만들어 실천하는 대동계를 열기도 했다. 필요한 사람들에게 열려 있는 공간인 셈이다. 그래서 대부분 누정의 관리는 종친회나 마을 단위로 이루어진다.

나주에 있는 서원과 영산강 따라 있는 13개 누정을 살펴보자. 영산강 2~6경의 좋은 경치를 보면서 선열들의 나라 사랑 정신을 이어갈 수 있도록 문화자원을 활용할 방안도 모색했으면 한다.

◈ 만호정(나주시 봉황면 철야길 108)

만호정(挽湖亭)은 나주시 봉황면 철야마을 중앙에 있는 정자로, 마을로 들어오는 사람들을 두 팔로 벌려 반기는 듯한 모습이다. 정면 5칸, 측면 3칸에 팔작지붕인 대청형 정자다. 고려 때 창건되었다고 전해지며, 무송정(茂松亭), 쾌심정(快心亭), 영평정(永平亭), 만호정으로 정자 이름이 바뀌었다. 70여 개의 시판이 걸려 있다. '덕룡산 달빛', '금성 노을', '웅봉 일출', '호현 낙조', '숲쟁이의 바람', '연포에 돌아오는 배', '옥등에서 타는 거문고', '운홍사의 저녁 종소리' 등 이 정자를 에워싼 아름다운 경치를 노래한 팔경시

배움과 쉼, 뜻을 모은 서원·누정길

(八景詩)가 있다. 16개 기둥에는 주련이 하나씩 걸려있다. 작자 미상인 「철야가(鐵冶歌)」라는 노래가 전해온다.

덕룡산 정기 품어 철야장춘 꽃이 핀다/ 만호정 시주풍속 백대문화(百代文化) 천년사라/ 진실로 호남승지(湖南勝地)는 여기인가 하노라(2절)

금하 서상록(1910~1996)은 이 마을 인물로, 정자에 많은 관심을 가지고 전기를 가설하고 국내 명가의 많은 시문을 걸어 사적을 길이 남기는 데 기여했다. 만호정에는 19개의 판액이 있는데, 기문(記文)이 5개, 시문(詩文)이 14개다. 시문 14개 판에는 71명의 인사들의 시가 실려 있는데, 이 가운데 철야마을 출신은 서상록, 서달수, 정도찬, 서중수, 윤영칠 등 5명이다. 만호정의 원운은 강(岡), 향(鄕), 장(長), 상(桑), 향(香)이다. 1967년 만호정 중건에 많은 재정적 도움을 준 서상록도 차운시를 남겼다.

거울 같은 호수의 언덕에 옥처럼 깎아서
영평이란 이 정자가 이 고을에 서 있도다.
옛 고을 관리들의 소리가 바람 따라 들려오니
명문 집안 인물들의 덕음이 길게도 이어졌네
시와 술을 즐기는 낙사기영회를 만들었으니
선비들이 숨어 있는 전원은 그 옛 고향일세
나무 한 그루와 그 숲이 천금같이 중요하니
선인들 가신 뒤에도 최고의 향이 밀려오네

매곡 서몽회(1543-1607)가 쓴 〈정사기〉와 이천 서씨, 진주 정씨, 파평 윤씨의 향약 및 동규인 〈철야대동계안(鐵冶大同契案)〉이 지금까지 전한다.

만호정을 들어서기 전에 '숲쟁이'라 부르는 마을숲이 있다. 아름드리 느티나무 수십 그루가 숲을 이루고 있고, 드문드문 고인돌 3기가 놓여 있다. 마을 사람들은 이 숲이 마을의 기가 빠져나가는 것과 밖의 나쁜 기운을 막아준다고 믿고 있다. 일제강점기에는 헌병대주재소가 있었으며,

6·25 때는 빨치산과 대치하던 경찰이 주둔했던 곳이다. 지금은 마을을 찾는 사람들의 쉼터 역할을 하고 있다. 만호정은 1992년 전라남도기념물 제145호로 지정·관리되고 있다.

◈ 탁사정(나주시 남평읍 남석리 779)

남평읍 내에서 지석강을 따라 능주 방면으로 10리쯤 내려가면 남석교 다리가 나오고 그 아래에 푸른 송림이 눈에 띈다. 80년대까지만 해도 여름 피서지로 각광받던 '솔밭유원지'다. 그림 같은 소나무숲에 휴식처같이 앉은 정자가 탁사정(濯斯亭)이다.

탁사(濯斯)란 '물을 두드린다'는 뜻의 탁(濯) 자와 '이것'이라는 뜻의 사(斯) 자가 합쳐진 말로, '물에 적시어 이것을 막대기로 두드려서 더러운 곳을 빠는 것'을 뜻한다.

탁사정은 1587년(선조 20) 처음 건립된 것으로, 파평 윤씨 지암 윤선기의 휴식처였다. 안쪽 벽에는 1952년 김정채가 쓴 탁사정 중건기가 걸려 있는데, 탁사정 주변의 아름다운 모습을 세심하게 표현했다. 남석리 하남 마을 이야기도 있다.

남평의 옛 관아로부터 강 길을 따라 10리 정도 거리에 청산녹수의 맑은 산수가 좌우 둘러있는 아름다운 한 승지(勝地)가 있다. 병풍처럼 둘러있는 오른쪽 산에는 여러 색깔의 산새가 모여들고 왼쪽 물에는 여러 종류의 물고기가 뛰노는 맑은 풍경이 있을 뿐 아니라 많은 사람이 바위에 앉아 한가로이 낚시를 드리우는 자유자재의 풍경이 그지없다. 이 때문에 이곳을 지나는 길손들이 이 풍경을 보고 발길을 멈추어 정신을 빼앗기는 듯한 느낌이 들 정도다. 그리고 한 언덕 넘어 송림 울창한 전원마을 뒤에 높은 기와집한 채가 있으니, 이 집이 곧 탁사라는 정자다.

조그마한 배를 타고 이곳에 올라 주변을 살펴볼 때, 마음을 즐겁게 하는 많은 승경이 있고, 강 우측에는 남석이라는 마을이 있다. 이 마을은 파평 윤

배움과 쉼, 뜻을 모은 서원·누정길

253

탁사정. 드들강 솔밭유원지 안성현 노래비와 나란히 있다.

씨 본거지로 강을 끼고 돌 때는 빈강대야(濱江帶野)의 위치에 있기에 면, 보리, 벼, 물고기, 뽕, 삼 등의 여러 산물이 생산되는 이점이 많았다. 우리 국조가 창시된 삼사백 년 전부터 오늘에 이르기까지 파평 윤씨 일족이 대를 이어 내려오면서 문학행의의 사적이 끊이지 않는 뛰어난 명촌을 이루었다.

드들강 유원지인 지석강변에 위치한 탁사정은 윤선기가 1587년에 건립한 것으로 추정되며, 그 후 여러 차례 중수되었다. 안쪽 벽에는 김정채가 쓴 〈탁사정기〉를 비롯하여 13편의 시문이 걸려 있는데, 원운에 따라 후손들이 지은 시가 있다. 탁자정의 원운은 안(安), 난(難), 간(竿), 환(歡), 단(端)이다.

탁사정은 드들강 유원지 솔밭 가운데 지어져 있는데, 바로 옆에 안성현 노래비가 있다. 솔밭 사이사이에 텐트나 가림막을 치고 쉴 수 있다.

남평과 드들강 전설은 홍수와 관련이 있다. 남평의 백제시대 이름은 미동부리(未冬夫里)인데, '밑에 있는 들(마을)'이라는 뜻이다. 하천보다 낮은 곳에 위치한 마을을 의미한다.

남평 사람들은 홍수를 방지하기 위해 제방을 쌓는 등 많은 노력을 기울였지만 잦은 비에 무너지고 피해를 입자 인신공양을 하면 효험이 있을 거라는 속설을

지석천 솔밭유원지 안내도

믿고, 가난한 백성의 딸 '드들이'를 생매장하여 제방을 쌓았다고 한다. 그 후로 홍수를 견디었지만 물이 들 때마다 '드들 드들' 하는 한 맺힌 소리가 들렸다 하여 '드들강'이라 불렀다는 전설이 전해온다.

남평현에서는 완성한 제방의 기능을 강화하기 위해 제방 위에 소나무를 심었는데, 그 길이가 무려 10리에 이르러 '십리송', '십리장송', '십리송성'이라고 불렀다. 남평 십리송은 600여 년 전에 만든 것이다.

남평의 아름다움을 표현하는 팔경시는 '지석강의 고기잡이 불빛', '죽림사의 저녁 종소리', '드들강변 십리에 걸친 소나무', '새저울에 비친 달빛', '오산에서 보는 저녁놀', '푸른 송림에서 노니는 두견새', '월현대에 내리는 저녁 눈', '육룡사(육림들)에 날아 앉은 기러기'로 표현된다.

탁사정 판액은 고당 김규태(1902~1966)의 작품이다.

◆ 호남 명촌 금안동에 위치한 쌍계정(나주시 노안면 금안2길 96-6)

먼저 쌍계정(雙溪亭)이 있는 금안동에 대해 알아보자. 열두 마을로 이루어졌던 호남 명촌 금안동은 금안리, 영평리, 용산리, 구정리로 나뉘어 현재는 금안리 일원을 일컫는다. 고려 때 정가신이 한림학사로 원나라 조정에서 벼슬하여 직위가 재상에 이르러 금으로 된 안장을 하고 돌아왔다 하여 금안동(金鞍洞)이라 했다.

호남 3대 명촌 금안동 표석

금안동은 금성산 북쪽 산 높고 골 깊은 곳에 자리하여, 나무는 늙고 시냇물이 깊은 것은 이 마을의 형세요, 시서에 독실하고 농사에 부지런함은 이 마을의 풍속이다. 〈금안동계〉는 금안동의 나주 정씨, 하동 정씨, 풍산 홍씨, 서흥 김씨 등 4성씨가 주축이 되어 만들었다고 전해온다.

쌍계정은 정자 양쪽으로 계곡물이 흐른다 하여 붙여진 이름이다. 금안동 중앙쯤 반송 마을에 자리하고 있는데, 마당에는 1982년 나주시 보호수

배움과 쉼, 뜻을 모은 서원·누정길

쌍계정에서는 많은 시회
가 열렸다. 이곳에 걸려있는
많은 현판이 이를 말해준다.
쌍계정 편액은 근 50편에 이

450년 된 노거수 푸조나무와 쌍계정(사진 이우철)

를 정도로 쌍계정은 시회의

장소로 큰 역할을 한 누정이다. 1736년 중수한 뒤 낙성식과 1938년 중수
할 때도 많은 사람이 모여 누정시를 제작했다. 예부터 자랑으로 여겨 온
전통적인 시풍이 후기 시단에 그대로 계승된 것이다. 쌍계정에는 11개의
편액이 걸려있고 중수기 4편이 전해 오는데, 그 속에서 대동계의 정신을
엿볼 수 있다.

홍천경의 쌍계정을 노래하다(題洪千璟雙溪亭)

박순(1523~1589)

시냇가에 쌍계정 산문을 마주보고 있는데
좋은 모임은 늘 온 마을이 함께 하네
곡식은 겨우 자라 들놀이에 넉넉하고
채소 죽순 거둬오니 술 안주 갖춰 있다
단사의 우물이 있어 마을 사람들 장수하고
시회엔 장원하며 흔히들 글을 숭상하네
내 그대와 함께 결사를 같이 하고자 하니
바라건대 화죽을 나누며 정원을 함께 하세
*홍천경(1553~1632)

쌍계정 안쪽에는 '사성강당(四姓講堂)'이라는 현판이 있는데, 오늘날도 음력 4월 20일에 네 성씨(정, 정, 홍, 김)의 계원들이 모여 그 옛날의 훈훈한 정을 나누고 있다. 쌍계정은 아름다운 계곡이나 언덕 높은 곳에 있지 않기에 풍광을 노래한 시보다는 금안동계의 전통을 이야기하는 작품들이 많은 것이 특징이다. 1938년

정지 장군을 모신 경열사

중수할 때 운은 연(年), 연(連), 연(烟), 천(天), 연(然)이다. 쌍계정은 1973년에 전라남도 유형문화제 제34호로 지정되었다.

쌍계정을 나와 동네로 들어서 왼쪽길로 내려오면 고려시대 경열공 정지 (1347~1391)를 모시는 경열사(景烈祠)와 조선시대 한글학자인 보한재 신숙주 (1417~1475) 생가가 있다. 생가는 외가이며, 경열사는 고려 말 왜구 격퇴의 공을 세운 경열공 정지를 모신 사당이다.

금성산 자락에 포근하게 자리잡은 금안동에서 여러 경치를 즐겨볼 일이다. 금안동은 금안팔경이 전할 만큼 크고 아름다운 마을이다. 금안팔경은 다음과 같다.

① 오리임정(五里林亭): 오리나 뻗어있는 느티나무 숲길로 이른바 숲쟁이
② 천년석주(千年石柱): 천년 동안 꼿꼿이 서서 금안동을 지켜온 돌 수문장
③ 산점행인(山店行人): 영안 마을 청산골을 돌아 떠나는 나그네 모습
④ 보사귀승(寶寺歸僧): 배뱅이 골짜기를 넘어 다보사로 돌아가는 스님 모습
⑤ 반월현암(半月懸巖): 무제봉 아래턱 큰 바위에 비스듬히 걸린 반달
⑥ 쌍계명뢰(雙溪鳴瀨): 쌍계정 앞을 흐르는 두 내의 여울소리
⑦ 금성홍습(錦城紅濕): 금성산 서쪽 자락을 붉게 물들이는 저녁노을
⑧ 서석청람(瑞石靑嵐): 무등산의 맑은 아지랑이

◈ 월정서원(나주시 노안면 금안리 광곡마을)

월정서원(月井書院)은 1659년(효종 10) 나주 금성산 월정봉 아래(현 상밤비가 세워진 곳)에 창건되었으나, 현재는 전라남도 나주시 노안면 금안리 광곡마을에 있다. 조선 중기의 학자이자 정치가인 박순, 김계휘, 심의겸, 정철, 홍천경의 5위를 배향한다.

월정서원은 경현서원과 함께 16~17세기 나주 지역 사족(士族)들의 활동 양상을 보여주는 중요한 유적이다. 1659년 나주 출신으로 선조 때 영의정을 지낸 사임 박순(1523~1589)의 학덕을 흠모하던 도내 유림들에 의해 발의되고, 나주의 홍탁이 상소를 올려 1664년(현종 5)에 금성산 월정봉 아래에 창건되었다. 1669년(현종 10) 사액이 내려졌고, 초대 원장은 만유종, 원이, 남구민으로 주로 서인 노론계 인사들이 원장을 역임했다.

1787년(정조 11)에 중수되었고, 1789년(정조 13)에 유생 38인과 태학 유생의 상소로 김계휘, 심의겸, 정철, 홍천경이 추배되어 제향되었다.

1796년(정조 20)에 강당이, 1802년(순조 2)에 동·서재와 삼문이 중수되었으며, 1832년(순조 32)에 2차 중수가 있었다. 1868년 서원 철폐령으로 훼철된 후 1913년 홍승경이 옛터에 유허비를 건립하고, 1974년 현재 위치에 사우와 강당 등 건물을 옮겨 중건했다.

현재 건물은 외삼문, 강당, 내삼문, 사당으로 구성되어 있다. 사당 입구에는 월정서원유허비와 월정서원묘정비, 반환홍선생유허비가 있다. 이 서원에서는 매년 3월 6일에 향사를 지낸다.

월정서원 강당과 유허비

월정서원에 제향된 홍천경 의병장에 대해 좀 더 살펴보자. 홍천경은 충의정신을 실천한 유학의 대가이자 문학가로서 유명했다. 그는 나주 금안동에서 태어나서 당대 최고의 학자인 기대승, 이이, 고경명의 문하에서 배워 유학에 조예가 깊었으며 충의정신이 강했다.

임진전쟁이 일어나 각처에서 의병이 일어나자 창의사 김천일 의병장의 부대로 나가 군량을 수집하고 수송 등의 임무를 담당했다. 왜적과 싸우지는 않았으나 전투에 중요한 군량 보급의 임무를 맡아 충실히 수행했다. 1597년 정유재란 때는 도원수 권율 휘하에서 문서를 관장하고, 의병 모집의 격문(홍보물)을 작성했다. 격문은 아무나 작성할 수 없는 것으로, 당대 최고의 문장가들이 주로 그 역할을 맡았다. 창주정에서도 홍천경의 글을 발견할 수 있다.

◈ **설재서원**(나주시 노안면 영안길 60)

설재서원(雪齋書院)은 1688년 문정공 정가신을 배향하기 위해 만들어졌으며, 나주 정씨 문중에서 관리하고 있다.

설재서원

정가신(?~1298)은 고려 충렬왕 때의 문신으로 감찰대부, 첨의중찬 등을 지냈다. 전례(典例, 왕실이나 나라에서 경사나 상사가 났을 때 행하는 의식)와 고사(故事, 옛날부터 전해오는 일)에 밝고 문장에 능하여 많은 사명(辭命: 임금이 하는 말이나 명령 또는 사신이 명을 받아 외교 무대에서 하는 말)을 지었다. 정가신이 한림학사로 원나라 조정에 벼슬하여 직위가 재상에 이르러 금으로 된 안장을 하고 돌아왔다 하여 마을 이름이 금안동(金鞍洞)이라 불릴 정도로 나주인들에게는 중요한 분이다.

1868년(고종 5) 대원군의 서원 철폐령으로 헐렸다가 1900년 영모재를 복원했고. 1953년 다시 세웠다.

경현서원(景賢書院)은 조선 전기의 학자 김굉필의 학문과 덕행을 추모하기 위해 1583년(선조 16)에 만들어진 교육시설이다. 조선 유학의 명현들을 모신 곳으로 당시 나주에서 가장 규모가 컸다.

창건 시에는 나주 서문밖 대곡

경현서원 강당

동(현 경현동)에 한훤당 김굉필을 배향하는 금양서원(錦陽書院)이라는 이름으로 건립되었다. 1583년 조정에서 서원 건립이 허락되자, 나주 목사였던 학봉 김성일(퇴계 이황의 수제자. 목사내아 금학헌에 김성일 방이 있고 여러 가지로 나주와 인연이 있다)이 강당, 동서협실, 동·서재, 정문 및 창고 10여 칸 등을 1584년 완공했다.

1589년(선조 22) 나주 유림 나덕준 등의 상소로 일두 정여창, 정암 조광조, 회재 이언적, 퇴계 이황 등 네 선생을 추배하면서 오현사(五賢祠)가 되었다. 주로 동인의 남인 중심의 유생들이 활동했던 서원이다.

정유재란 때 소실되었던 것을 1608년(광해군 원년) 나주목사 목장흠이 중건했으며, 이듬해 김선 등이 사액을 청하는 상소로 조정으로부터 '경현(景賢)'이라고 사액(賜額)되었다. 1693년(숙종 19) 고봉 기대승과 학봉 김성일을 추배하여 일곱 선생을 모시게 되었다.

1655년(효종 6) 서원 운영을 둘러싸고 유생들의 논의가 대립하여 서로 배척하는 등 향전(鄕戰)이 전개되어 을미 옥사의 지경에 다다랐다.

대원군의 서원 훼철령에 따라 철폐된 것을 1977년 나주의 유림 유제수, 정동채, 김희철 등의 헌신적인 노력으로 현 위치에 정면 3칸, 측면 1칸 반 맞배지붕 사당과 정면 4칸 팔작지붕인 강당 그리고 내삼문과 외삼문을 다시 설치했다.

◈ **미천서원**(나주시 미천서원길 14-11)

미천서원(眉泉書院)은 삼영동 택
촌에서 다시 쪽으로 200m쯤 가
면 오른쪽에 있다. 가깝다. 앞문
이 아니라 옆으로 가면 오른쪽에
관리동이 있다. 왼쪽으로 들어가
면 강당 마루를 마주한다. 조용
하고 아늑하다. 옆에 있는 샘을

미천서원 입구

가만히 들어보면, 어린 학생들의
글 읽는 소리가 낭랑하게 들리는 듯하다. 강당 앞마당에 서서 유유히 흐
르는 영산강을 바라보면 아랑사와 아비사의 사랑 이야기를 지닌 앙암바
위가 강 건너에 있고, 문순태의 『타오르는 강』에서 '개산'이라고 하는 가야
산이 바로 앞에 있다. 산책 겸 등산하기 아주 좋은 곳이다. 미천서원에 대
하여 자세히 알아보자.

미천서원은 17세기 조선의 학자이며 남인의 거두인 미수 허목(1595~1682)
의 도학정신을 추모하기 위해 건립된 서원이다. 전라남도 기념물 제29로
나주시 안창동에 위치한다.

허목은 아버지가 현감 허교이고, 어머니는 예조정랑을 지낸 백호 임제
(1549~1587)의 따님이다. 부인은 영의정 이원익의 손녀다. 시호는 문정(文正)
이다.

허목은 과거를 보지 않고 천거로 56세에 벼슬을 시작하여 영의정의 벼
슬에 앉았다. 보통 사람이라면 벼슬에서 물러날 나이에 관에 들어가 정
승까지 올랐다. 한강 정구에게서 수업했고 퇴계 이황에게서 배웠으니 미
수 선생은 영남 성리학의 맥을 잇고 있는 셈이다. 또 아래로 성호 이익의
학문에 영향을 주어 실학을 발전시키는 가교 역할을 했다.

허목은 3대 조정에 걸쳐 재상을 지내면서 세상을 구제할 좋은 계책을
간직하고 경륜할 큰 재주를 가진 인물로 정평이 나 있었다. 또 그는 17세
기 예송(禮訟)에서 남인 예론을 이끌어 갑인예설(甲寅禮說)로 최후의 승리

를 얻어 낸 당대 예론의 1인자이기도 했다. 시호는 문정(文正)이다. 도덕이 있고 문학에 박식하여서 문(文)이라 하고, 정도(正道)로 사람을 복종시켜 정(正)이라 하여 이렇게 시호가 정해졌다. 허목의 성품을 한마디로 알수 있는 시호다. 그래서 다음과 같은 고수들의 아름다운 이야기가 전해진다.

미수 허목은 남인의 영수였고, 우암 송시열은 서인의 거두이자 노론의 영수로 둘은 정적 관계였다. 어느 날 우암이 병이 들어 눕게 되어 치료했으나 백약이 무효였다. 우암 송시열은 아들을 불러 미수 허목께 화제약방문을 얻어오라 했다. 그런데 약방문에는 실제로 독약이 들어 있었고, 이를 본 가족들은 말렸으나 우암은 약을 달여 먹었고 병이 치유되었다.

허목은 서울 창선방에서 태어났는데 어떻게 하여 나주와 인연이 있는 것일까? 외조부 임제가 나주 회진에 거주하고 있었기에 이곳에서 잉태되고 어린 시절을 보내며 컸다. 따라서 나주에 있는 회진마을과는 각별한 인연이 있었다. 호남 유림의 상징 인물인 곤재 정개청의 저작 『우득록(愚得錄)』의 서문을 지어주기도 하는 등, 이 지방 인물과의 인연도 남달랐다.

이런 연유로 호남 유림들이 그 덕을 잊지 않고 학덕을 찬양하기 위해 1690년(숙종 16) 2월에 연명으로 상소하여 그가 자란 나주 금강(현 영산강)의 미천 위에 사우를 세우게 되었다. 1693년(숙종 19)에 서원의 액호를 청하기 위해 함평의 생원 정만재를 비롯하여 유생들이 상경했고 마침내 '사액하라'는 윤허가 내렸다. 여러 차례 중수되고, 훼철과 복원 과정을 거쳤다.

1799년(정조 23)에 미천서원의 13대 원장을 지낸 번암 채제공(1720~1799)이 죽자 그의 존위를 봉안했다. 1870년 대원군의 서원 훼철령에 따라 미천서원도 훼철되었다. 영산의 서당산에 영당을 세우고 선생의 진영을 옮겨 모셨으며, 초가삼간의 장판각을 세워 『기언(記言)』의 판본을 옮겼다. 1893년 서원의 옛터에 영각을 다시 지어 선생의 영정을 모시고 장판각도 개축했다. 1913년 영호남 선비들이 모현계(慕賢契)를 만들고 1930년 강당을 상량했다. 1933년에 외삼문과 원장(垣檣)이, 1937년 허영규가 자력으로 내삼문을 세웠다.

이 해에는 존현계(尊賢契)도 만들어졌다. 1998년에 도 지원으로 새 장판각을 세워 목판의 보존 문제를 해결했다.

미천서원은 영당, 신·구장판각, 강당, 내삼문, 외삼문의 구조다. 영당은 정면 3칸, 측면 1칸 반의 맞배집으로 미수와 번암 두 선생의 영정을 모셔 두었다. 강당은 전후와 양측면으로 반칸씩 퇴(退)를 둔 정면 4칸, 측면 1칸의 팔작집이다. 내삼문은 정면 3칸의 맞배 솟을삼문이고, 외삼문은 정면 3칸, 측면 1칸의 솟을삼문이다.

미천서원의 상징 미천. 마르지 않는 샘이다.

서원의 자랑으로 두 가지가 있다. 하나는 미천이라는 샘이고, 또 하나는 『기언』 목판본이다

먼저 미천서원에는 서원의 이름이 되어버린 '미천(眉泉, 장수하여 눈썹이 긴 사람. '눈썹 미'·'샘 천')'이라는 샘에 얽힌 이야기가 있어 이 서원을 더 신령스럽게 한다.

영천(靈泉)이란 별명이 있는 '미천'은 이 서원의 강당 뒤편에 있다. 이 샘은 옛날 미천서원 활동이 활발한 시기에는 물이 맑으며 달고 시원하면서 줄어들지도 불어나지도 않았다. 그런데 서원이 헐리면서부터 말라버렸다. 그러다가 영당을 중건하자 샘물이 다시 솟아 나왔다. 서원의 성쇠를 지켜보며 서원과 함께 한 미천의 영험한 이야기가 지금도 많은 사람의 입에 오르내린다.

미수 허목의 대표적 저술인 『기언』은 1706년(숙종 32) 홍중하가 전라도 감사일 때 만들기 시작하여 도사(都事) 권공이 이어받고, 각 고을에 나누어 맡겨 1721년(경종 1) 봄에 간역(刊役)을 마쳤고, 이듬해 교정했다. 이때 만든 『기언』 목판 1815장이 장판각에 보관되어 있다.

미천서원을 나오려니 아쉽다. 바로 앞에 흐르는 영산강과 그 앞의 앙암 바위와 가야산의 풍경 또한 참 좋다. 학동들의 글 읽는 소리가 낭랑하게 들리는 듯하다. 보배로운 곳을 발견한 느낌으로 허목이 있는 미천서원을 나왔다. 곧 사람들이 모이는 행사를 한다니 좋은 일이다. 이런 곳에서 사람들이 모이는 좋은 행사들이 자주 열리면 좋겠다. 동네 앞 노거수가 이를 지켜보고 있다.

◈ 나주향교

나주향교에 이르면 먼저 하마비가 눈에 띈다. 모든 사람은 말에서 내려서 몸과 마음을 정리하고 공경하는 조심스런 마음으로 들어오라는 얘기다. 공자님을 모시는 대성전과 학생들이 공부하는 공간인 명륜당이 있기 때문이다. 한번 더 마음을 가다듬게 된다.

명륜당 출입구 오른쪽에는 다양한 비석들이 있는데, 가장 오른쪽에 노비 김애남을 기리는 '충복사 유허비'가 있다.

조선 선조 31년(1597) 향교의 노비였던 김애남이 정유전쟁으로 향교가 위태롭게 되자 죽음을 무릅쓰고 대성전의 위폐를 금성산으로 옮겼다가 왜병이 물러간 후 다시 안전하게 대성전에 모셨다. 이 사실을 알게 된 조정에서는 그를 위해 사우(제사 지내는 집)를 건립토록 했다. 현재 사우는 없어졌으나 그

장원봉 아래 위치한 나주향교 명륜당 (사진 이우철)

명륜당 출입구 앞 역사를 담은 비석군과 충복사 유허비(사진 이우철)

것을 알리는 비가 향교에 서 있으니 그 비가 '충복사 유허비'다.

나주향교는 987년(고려 성종 6) 8월 전국
12목에 향교를 설치할 때 창건되어, 조선
태조 7년인 1398년에 문묘 공간과 강학
공간을 갖추어 중수된 것으로 알려져 있
다. 나주향교는 조선시대 관립 교육기관
으로, 국가로부터 토지와 전적·노비 등을
지급 받아 교관이 교생을 가르쳤다.

나주향교 대성전

나주향교는 나주읍성 서문 밖에 위치하며 금성산 줄기인 장원봉(壯元峯)
의 산자락이 향교를 둥글게 감싸고 있는 안온한 분위기다.

대성전은 1963년 보물로 지정되었다. 앞면 5칸, 옆면 4칸의 단층건물
로, 지붕은 팔작지붕을 올렸다. 공자를 비롯한 중국의 5성, 송조 4현, 우
리나라 선현 18분의 위패 즉 27분의 위패를 모신 건물이며, 나주향교 배
향 공간의 중심이다. 이 건물은 향교 대성전 가운데 규모가 가장 크며, 서
울 문묘 대성전, 강릉향교 대성전과 함께 향교 대성전 건물의 원형이라고
평가되고 있다.

나주향교는 정유전쟁으로 큰 피해를 겪었으나, 인조, 현종, 숙종 연간
에 걸쳐 여러 차례 중수되었다. 이 시기에 대성전과 명륜당, 동재, 서재가
중수되었고, 사마재(생원·진사 등 사마시에 합격한 유생들이 모여 학문을 연마하는 곳)
가 신축되었다. 1894년(고종 31) 과거제도 폐지와 함께 교육기관으로서의
향교의 기능이 거의 무의미해졌다.

그렇지만 나주향교는 유림들이 모이는 곳으로, 한말 의병 때 기삼연의
호남창의회맹소와 나주의병인 나주의소가 연합하여 거병의 의견을 모으
고 맹세하는 회맹 장소다.

나주향교는 현재 학교의 교장에 해당하는 전교 1명과 장의 여러분이
운영을 담당하고 있다. 소장 전적 145종 195책 등이 지방의 향토사 연구
에 귀중한 자료가 되고 있다. 나주향교는 1985년 전라남도 유형문화재로
지정되어 보호되고 있다.

현재 나주향교는 광주-목포 간 1번 국도가 장원봉의 허리를 잘라내어 지나가게 됨으로써, 명륜당 담장 뒤로는 장원봉의 줄기와 분리된 채 큰 도로로 인하여 맥이 끊겨 있는 형국이어서 많은 나주인이 이를 안타까워했다. 또한 근·현대를 거치면서 어떤 이유에선지 향교의 상징목인 은행나무·회화나무 일부와 샘터가 향교 담장 밖에 있다. 이를 원상회복하기 위해 나주시와 나주향교 관계분들이 노력하고 있다고 한다. 지나온 역사를 살피는데 함께 살아온 노거수의 중요성을 다시금 느끼게 된다.

지금도 향교에서는 문화재청의 향교·서원 문화재 활용사업으로 동신대학교 굽은소나무학교센터에서 주관하는 '나주향교 굽은 소나무 학교'를 연다. 지역 아이들과 청소년들이 향교의 넓은 공간에서 마음껏 뛰놀며 다양한 활동을 하는 모습에서 지역이 살아있음을 느끼게 한다. 나주에서 자라는 아이들과 청소년들이 지역에 대한 자부심을 가지며 건강하게 커갈 수 있도록 지역 어른들이 함께 노력하는 모습이 참 좋다.

◈ 기오정(나주시 다시면 회진리 74-1)

기오정

기오정(寄傲亭)은 다시면 회진리 동촌마을에 있으며 영모정 가까이 위치한다. 영산강 강가의 높직한 언덕 위에 있어, 한눈에 주변의 경치를 바라볼 수 있다.

기오정은 정면 4칸, 측면 3칸의 규모로 팔작지붕이다. 서쪽 두 칸은 마루이고 동쪽 2칸은 방과 툇마루로 구성되었다. 기오정은 1669년 반남박씨 박세해(1615~1698)가 처음 건립했다. 박세해는 한양 태생으로 나주 임씨와 혼인하면서 회진에 들어온 뒤 기오정을 건립하고 문인과 교류하거나 후학을 지도하며 지냈다.

기오정 편액은 동국진체의 명필 원교 이광사(1705~1777)의 글씨로 전해온다. 기오정 안에는 13개의 편액이 걸려있고, 중수기 관련이 4개, 중뢰연 관련이 9개다. 편액 수는 적지만 연명이 많아 25명이 지은 시와 기문이 실려있다. 기오정 동쪽에는 백색의 유허비가 서 있다. 유허비 내용은 박씨의 유래와 기오정의 건립 연혁, 박세해의 행적 등을 기록하고 있다.

1745년에 쓴 후손 박사신의 〈중수기〉를 통해 기오정의 건립과 중수 관련 사실과 역사를 자세히 알 수 있다. 다음은 그 일부다.

1669년에 영산강 상류 동촌에 그의 내사를 건립하고 또 그 후 내사의 서쪽에 열 칸의 외사를 지어 기오라는 이름을 불렀다. 기오라는 말은 옛날 도연명의 귀거래사에 있는 '남창기오(南窓寄傲)'라는 글귀의 준말로 어지러운 속세를 벗어나 강호의 맑은 경치를 구경하며, 그의 취미를 즐긴다는 뜻을 담고 있는 아주 훌륭한 이름이다. 그리고 이 정자를 지은 이후로 더욱 노익장의 오랜 장수를 누린 영험이 있기에 사람들이 모두 말하기를 '복이 있는 별다른 정자다'라고 하며 많은 칭송을 아끼지 않았다고 하여 기오정 이름에 대한 설명을 덧붙였다.

이후 박사신은 중수 과정을 기술하면서 시 한 수를 읊는다. 원운은 여(餘), 거(居), 려(閭), 처(虛), 여(如)이다.

강변 집에서 대대로 산지 몇 년이나 지났는지
전성했던 날을 돌이켜 생각하니 뜻이 처연하네
그 당시의 회혼 잔치는 그지없이 즐거웠고
과거급제 영광의 기쁨을 후일까지 전했네
일찍이 지었던 옛 정자를 거듭 중수하니
옛 섬돌가의 늙은 솔이 다시 푸르구나
집 짓는 책임은 막중한데 부끄러움 많은 것은
조상을 계승하는 것이 능하지 못하기 때문일세

이한좌(李漢佐)가 쓴 중뢰연 서문에는 임금의 은전이 있었음을 설명하고 있다. 임금도 부러워한 노부부의 사랑인 셈이다.

계유년(1693) 봄에 외숙부 첨지공이 팔손이 되는 회혼례를 성대하게 거행했다. 공의 막내아들 사심 박태항이 마침 춘궁의 청선(淸選)을 입었다. 임금이 이 일을 듣고 특별히 은전을 베푸니 영광이었다.

◈ 영모정(나주시 다시면 회진리 90)

영모정(永慕亭)은 '시인들이 모여사는 점방'이라는 뜻의 시점(詩店)이라는 별칭으로 알려졌다. 다시면 회진리 회진마을을 옆으로 하고 영산강을 굽어보며 저 멀리 영암 월출산을 바라다보는 언덕 위에 자리 잡고 있다. 비교적 세워진 시기가 빠르고 정형화된 모

영모정

습 때문에 정자 건축의 규범을 보여준다고 평가받는다. 주위에는 400여 년 된 느티나무가 있어 경관이 아름답다.

영모정은 1520년(중종 15) 광주목사를 지내고 기묘사화 때 성균관 태학생으로 정암 조광조를 구출하려 했던 귀래정 임붕이 건립한 정자다. 초기에는 임붕의 호를 따서 귀래정(歸來亭)이라 불렀는데, 1555년(명종 10) 자손들이 부친 임붕을 기리기 위해 재건하면서 어버이를 길이 추모한다는 의미에서 '영모정'이라 이름을 바꾸었다. 현재 건물은 1982년과 1991년에 중건·중수한 것으로 정면 3칸, 측면 2칸에 팔작지붕이다.

영모정에는 자녀 임복이 지은 시의 원운(臺, 廻, 來, 裁)에 따라 후손들이 지은 시가 남아 있다.

옛날 어버이 계신 곳을 그지없이 사모하여

당시 노닌 곳에 이 정자를 지었도다

올라가 이곳저곳 살펴보니

끝없는 감격으로 오랜 시간 보냈도다

종종 소망 이어가는 많은 자손 배출하고

후손 장래 열어주는 높은 명성 떨쳤도다

우리 선조 깊은 뜻을 마음 깊이 간직하니

이 마음의 비통함을 억제하기 어렵도다

특히 이곳은 조선의 걸출한 문인 백호 임제가 시를 짓고 선비들과 교
류하며 활동하던 공간이다. 또한 임진전쟁에서 큰 용맹을 떨치고 '노블레
스 오블리주'를 실천한 습정 임환이 활동하던 공간이다. 임환은 임제의
아우다.

백호 임제(1549~1587)는 임붕의 손자로, 재주가 뛰어나고 성격이 호방하
여 화사, 수성지, 원생몽유록 등 3편의 한문 소설과 시조 3수와 한시 등
을 남겼다. 특히 '물곡사'는 주변 나라가 모두 황제를 칭할 때 조선만이 모
화사상에 젖어 중국을 섬기는 것을 한탄하고 있다. 당시에는 보기 드문
조선 선비로서의 주체성과 자존감이 드러나 있다.

습정 임환(1561~1608)도 임붕의 손자고 시인이다. 따라서 백호 임제와 습
정 임환은 같은 항렬이고 임환은 임제의 동생이다.

임환은 임진전쟁이 발발하자 김천일 의병장을 도와 의병을 모집하고
그 종사관이 되어 군무를 맡았다. 수원과 용인에서 승전한 후 강화에 진
을 치고 김천일의 보고를 가지고 황해도 수안군에 있는 왕세자를 찾아가
보고했다. 임환은 다시 김천일을 따라 영남으로 내려간 왜적의 뒤를 좇
아 갔다. 그러나 병이 심해져 나주 집으로 돌아와 치료를 받았다. 전란으
로 인하여 많은 유민이 생기자 이를 구휼하는 데 힘쓰기도 했다.

1597년(선조 30) 정유재란 때는 나주의 여러 의사들과 창의하여 그 대장
이 되어 보화도(현 목포시 고하도)에 주둔해 있었다. 이때 군량이 없어 고통
받는 이순신에게 사재를 털어 수백 석의 군량을 보냈다. 전쟁의 혼란 속
에서 이순신이 얻은 쌀 수백 석의 가치는 얼마나 컸을까? 임환이 이러한

기부는 왜적을 막아내는 데 큰 힘이 되었다. 그는 진정한 의미의 '노블레스 오블리주'를 실천한 것이다.

임환은 전라도 의병의 대장으로서 왜교(순천시 효룡면 신성리) 전투 때 고두성을 지키고 있었다. 수천 명 왜병이 갑자기 고두성을 습격해 오니 함께 그곳을 지키던 명나라 군대들은 두려워서 모두 도망갔다고 한다. 그러나 임환이 거느린 의병들은 겁내지 않고 대항하여 승리를 거두었고, 이후 '진사군'이라는 군호를 얻게 되었다. 진사군이란 굳세다는 뜻으로 임환의 군대는 '임진사가 거느린 진사군'으로 불렸다. 1605년(선조 38) 호성원종공신 녹권을 받았으며 저서로 『악기탁약』이 있다.

예부터 명승으로 이름이 알려져 찾는 이들의 발길이 잦았으며, 이 정자를 두고 읊은 시편들 또한 많이 전한다. 다음은 청백리로 유명한 재상 안현의 시 「풍암임공행장(楓巖林公行狀)」이다.

부모 위한 효심으로 이 정자를 일으키어
옛날 선인 노닌 곳을 그지없이 기렸도다.
올라서면 꼭 좋은 감상 하는 것은 아니니
지난 옛날 생각하니 돌아갈 줄 몰랐도다
아름다운 맑은 하늘 구름없이 청명하니
뜰에 있는 나무 위로 맑은 바람이 부네
추모하는 마음을 그 무어라 말할손가
나이 먹은 오늘까지 가늠하기 어렵도다
〈금성읍지〉〈수은집〉

지금은 나주임씨 문중공회소로 이용되고 있다. 이 영모정 바로 밑 구릉에는 '귀래정나주임붕유허비'와 '백호임제선생기념비'가 있다. 1987년 전라남도 기념물 제112호로 지정되어 보호하고 있다.

석관정(石串亭)에 들어가기 전 석관나루터 입구에는 영산강 제3경 석관 귀범이 쓰여져 있다. 나루터 흔적이 아직도 있어서 배를 타고 누군가가 올 것 같아 설렌다. 그래서 돛단배가 돌아온다는 석관귀범(石串歸帆)인가?

(왼쪽) 석관정 (오른쪽) 석관귀범 나루터(사진 이우철)

영산강 제3경인 석관귀범에는 이런 이야기가 있다. "나라를 구하기 위해 의병으로 출병하는 남편이나 애인을 가까이 있는 이별 바위에서 헤어져 석관나루에서 떠나보내고, 그들이 다시 돛단배를 타고 돌아오기를 어머니와 아내(애인)가 기다린다고 해서 석관귀범이라고 했단다." 영산강변을 따라 많은 의병이 나라를 지키기 위해 일어났음을 볼 때 충분히 이해되는 이야기다. 석관귀범 바위 뒤에는 영산강 시가 있다.

석관정 앞 나루터는 건너편 공산면 신곡리로 건널 수 있었고 나루터를 지나면 금강정이 있었다. 1980년 후반까지만 해도 석관정 쪽에 음식을 먹을 수 있는 가게가 있어서, 줄로 된 나룻배로 서로 소통할 수 있었다. 석관정 건너편 금강정이 있는 산 전체가 주몽 촬영지인 '나주영상테마파크'이고, 바로 옆에 '나주유스호스텔'이 있어 숙박할 수 있다. '나주영상테마파크' 자리에는 '남도의병역사박물관'을 짓는 중이어서 어떻게 변할지 기대된다. 가까이에 죽산보가 있고, 앞에는 넓은 들녘이 있어서 탁 트인 전망과 풀 내음을 맡으며 '죽산춘효'(봄철 새벽이슬 머금은 들꽃이 손 흔드는 듯한 모습. 죽산보의 제4경)를 느낄 수 있는 곳이다. 죽산보는 '오토캠핑장'이 있고 부

남도의병역사박물관이 들어설 나주영상테마
파크(사진 이우철)

대시설이 갖추어져 있어서 캠핑
하기에 참 좋은 곳이다.

석관정은 다시면 동당리 동백
마을에 위치하며 현감 이진충이
1530년에 지었다. 이진충은 영산
강을 동정호수의 물결로, 석관산
을 무산의 봉우리로 묘사하며 이
곳을 '영산강 제1경'이라 불렀다.
1695년에 중수한 후손 이시창의 시가 원운으로 후손이나 장헌주 등이 차
운한 작품들이 현존한다. 이탁헌(1842-1914)의 시 「삼가 석관정 현판시에 차
운하다」(『남파유고』 권3)를 감상해 보자.

하늘은 높은 산 바위는 물가가 되니
제멋대로 왕왕 갈매기 조각조각 노니네
부용은 옥 깎아 벽을 푸르게 두르고
버들개지 바람에 흔들려 흰 물결 가득하네
문을 여니 천 리 달 문득 가없고
마루에 오르니 일 년의 가을 가장 좋네
집에 완연한 인생살이 있으니
헛되이 물가에 미동하는 배 어떡할까

석관정은 1530년(중종 25)에 지어져 1755년(영조 31)에 중수하고, 1998년
정면 2간, 측면 2간, 석조 8작 골기와 지붕으로 중건했다. 〈석관정기(石串亭
記)〉와 기문·시문을 적은 현판들이 걸려있다.

영산강 제3경 석관정에 올라 굽이굽이 흐르는 영산강 건너 나주영상테
마파크와 남도의병역사박물관을 바라보며 남도정신을 다시 생각해보자.

◈ 창주정(나주시 다시면 신석리 산29)

창주정(滄洲亭)은 나주시 다시면 신석리 석봉마을 뒷산에 있다. 정면으로는 넓은 들판과 영산강이 보이고 그 너머에는 영암 월출산이 보인다. 눈앞의 들판이 조선시대에는 바닷물이 드나들던 넓은 영산강이었다. 석봉마을 앞에는 나주의 세곡(稅穀) 저장창

창주정

고인 서창(西倉)이 있던 곳이며, 예전에 배를 매었다고 전해오는 돌을 찾아볼 수 있다.

창주정은 16세기 말, 설재 정가신의 9세손인 창주 정상(1533~1609)이 지었으며 1953년에 중수했다. 건물은 정면 3칸, 측면 2칸의 팔작지붕 형태로 재실형이다. 이후 한 차례 중건되었고, 1950년 전쟁으로 소실되자 1953년 후손들에 의해 복원되었다.

정상은 나주 노안 금안동 사람이다. 문장으로 이름이 높았으며, 1574년(선조 7) 문과에 급제 후 벼슬은 형조정랑까지 이르렀고, 1576년 11월부터 1577년 1월까지 남평 현감으로 재직했다. 임진전쟁이 일어나자 이순신을 따라 정운, 송희립 등과 함께 종사했으나 한산도 전투에서 병을 얻어 귀가한 후 아들 여린을 시켜 이순신의 군진에 쌀을 보내기도 했다. 1953년 나주 노안면에 있는 설재서원에 아들과 함께 추가 배향되었다.

〈금성읍지〉에는 수다면에 있는 '창주공 정상이 은적하면서 지은 곳'이라 하면서 송간 홍천경의 시를 소개하고 있다. 홍천경은 임진전쟁 때 나주에서 의병장 김천일의 진중으로 나가 군량의 수집, 수송 등의 임무를 담당했다. 1597년 정유재란 때에는 도원수 권율의 휘하에서 문서를 관장하고 의병 모집의 격문을 작성했다. 1609년(광해군 1) 증광시에 급제한 후 전적, 나주향교와 남원향교 교수 등을 역임했다. 나주 월정서원에 배향되었다.

창주정에는 창주가 직접 쓴 두 편의 시와 후손이 쓴 두 편의 시 그리고 초동팔현의 칭송시 등 다섯 명의 시가 걸려있다. 창주정의 풍광도 팔경시로 읊었다. 10세손 정삼의 「창주정팔경」이다.

동산의 맑은 달빛/ 서산의 저녁 노을
복암사의 저녁 종소리/ 모래밭에 날아든 기러기
사암의 짙은 안개/ 결포로 돌아오는 돛단배
단교에서 들려오는 피리 소리/ 봄밤에 고기 잡는 불빛

창주정 회랑에 앉아 멀리 영산강을 바라보면 그야말로 눈이 훤해지는 느낌이다. 누구든지 마음이 한가해지고 여유가 생겨 시 한 수 읊어보고 싶은 곳이다.

깊이 들여다보면, 정자에서 모여 나라를 지키는 의지를 모은 곳이란 것을 생각하니 마음이 울컥해지고 소중해진다.

◈ 무안 식영정(몽탄면 이산리 551)

무안 식영정(息營亭)은 담양 식영정과 한글은 같으나 한자가 다르다. 영산강변 마지막에 만들어진 몽탄노적(몽탄에 울려 퍼지는 풀피리 소리)으로 알려져 있다. 물과 바람이 쉬어간다는 영산강 제2경 식영정은 무안 몽탄면 이산마을에 위치한다. 앞에는 영산강 하류 물줄기가 구부러져 이루 말할 수 없이 경치가 아름답다.

식영정은 병자호란 때 남한산성 방어에 참여했던 한호 임연(1589~1648)이 만들어 세상 경영의 구상을 한 장소여서, 담양의 식영정이 그림자 영(影)을 쓴 것과는 달리 경영할 영(營)을 썼다. 식영정 뒤에는 한호의 비석이 있으며, 앞에는 영산강이 곡강으로 느리게 흐르고 있어서 영산강 느러지를 볼 수 있는 전망 좋은 곳이다.

이러한 인문적 측면에서 식영정은 영산강 유역의 대표 정자라 해도 손

색이 없다. 현재의 건물은 1983년과 2004년에 고쳐 지은 것이다. 정면 3칸, 측면 3칸 규모의 팔작지붕 정자로 중앙에 방 한 칸과 이를 둘러싼 마루로 구성되어있다. 정자 안에서는 정면으로 펼쳐진 영산강 풍경과 멀리 들판을 바라보기에 알맞다. 영산강과 그 주변 경

몽탄노적, 곡강의 운치를 느낄 수 있는 식영정
(사진 이우철)

관이 잘 어울려 많은 시인 묵객이 찾아와 교류한 문인도제영(제목을 붙여 읊은 시)이 확인된 경우만도 28명 92편에 이른다.

◈ 느러지 전망대 아래 금남정(나주시 동강면 옥정리 주차장 아래)

영산강이 목포 하구언으로 흘러가기 직전에 거의 360도를 휘돌아 흘러가는 자유곡류하천인 곡강이 있다. 그 안쪽으로 곡류 사주로 형성된 곳에 위치한 마을인 무안군 몽탄면 느러지 마을이 한반도를 닮았다고 하여 한반도 지형이라고 한다. 이 한반도 지형인 느러지 마을에는 금남 최부의 묘와 사당이 있다.

곡강의 흐름과 한반도 지형인 느러지 마을, 그 안에 있는 최부의 묘와 사당을 바라볼 수 있는 곳이 금남정과 느러지 전망대, 주차장 안쪽의 곡강정인데, 나주시 동강면에 위치해 있다. 느러지 전망대 주차장 표지석에는 세계 3대 중국 기행문인 〈표해록〉을 쓴 최부의 표해록 기행 과정을 돌에 새겨놓았다.

주차장에서 느러지 쪽으로 산 아래 4~5m 내려가면 금남 최부를 기리며 세워진 금남정이 있다. 금남정에서 곡강의 느린 물흐름과

금남정

275

느러지 마을과 둥그렇게 흐르는 곡강
(사진 이우철)

느러지 마을을 바라보면 전망대에서보다 훨씬 가까이 보인다.

금남 최부를 기억하며 살필 수 있는 곳으로 최부 생가터, 묘소와 사당, 느러지 전망대와 최부 길, 금남정, 곡강정, 나주 시내의 금남길 등이 있다. 중국에도 최부의 표해록 코스가 있다고 하니, 최부 표해록길을 만들어 함께 가보고 싶다. 곡강정 옆에 있는 느러지 안내문을 보자.

호남의 젖줄로 불리는 영산강의 발원지는 담양군 용면 용추봉이다. 이곳 기슭에서 시작된 물줄기는 가마골 용소를 시작으로 제 모습을 갖춘 뒤 장성, 나주, 무안평야를 적시며 목포 하구언과 바다로 흘러든다.

나주평야를 지날 때는 강폭이 넓어지며 유속도 느릿하다. 더욱이 나주시 동강면 옥정리와 무안군 몽탄면 이산리 사이를 지나면서 몸을 S자로 뒤튼다. 그러면서 튀어나온 두 개의 지형이 손을 맞잡듯 태극 모양을 하고 있다. 이러한 물돌이 땅 모양은 영락없는 한반도 모습을 하고 있다.

국내에 산재한 한반도 지형은 댐을 세우면서 인위적으로 발생된 지형이 대부분이지만, 이곳 지형은 자연적으로 형성된 것이 특징이다. 이곳을 '늘어지' 혹은 '느러지'로 부르는데, 물결이 느려진다는 뜻이 스며들어 있다. 이곳의 아름다움은 안동 하회마을 앞 낙동강 물줄기와 비견된다.

느러지 전망대에 올라 느러지 마을과 곡강의 흐름을 구경하면서 호연지기를 길렀을 우리네 선조들을 생각하며, 내 삶을 되짚어 본다. 하늘도 바람도 물도 땅도 사람도 나무도 수국꽃도 모두 참 좋다.

서원과 누정은 배움과 쉼 그리고 의지를 모으는 공간이었다. 서원과 누정을 알아가면서 선조들이 어떻게 살아왔는지 이해할 수 있었다. 국가의 위기 앞에 의연하게 일어선 의병장들의 삶을 살피면서, 오늘 이 땅에 우리가 살아있음에 감사한다.

　서원과 누정의 관리와 활용은 우리가 선인들의 정신을 얼마나 이어가려고 노력하는가를 나타내는 지표다. 지자체와 시민단체가 함께 노력할 일이다.

참고문헌 ─────────────

단행본

김남철, 남도 임진의병의 기억을 걷다. 살림터, 2022.

김덕진 외 20인, 한 권으로 보는 나주(나주시민역사교과서), 나주시, 솔솔협동
    조합, 2021.

김종, 안성현 백서, 나주문화원, 디자인감, 2018.

김철민·박소영·이정민, 당당하고 정의로운 항쟁 나주의병, 전라남도나주교육지
    원청, 오월후협동조합, 2020.

나상필, 문희숙, 엄찬영 국역, 선현들의 詩文 속에서 나주(羅州)를 읽다1, 나주
    문화원, 디자인 감(感), 2021.

노성태 외 5인, 영산강 고대문화 마한, 나주시, 도서출판 로뎀나무, 2019.

노성태·이건상·신봉수, 경상도 땅에서 싸운 남도인물, 광주광역시교육청, 전남
    일보사, 디자인풍경, 2021.

노성태·이건상·신봉수, 광주전남 독립운동 사적지 30선, 광주광역시교육청,
    광복회 광주광역시지부, 디자인 풍경, 2022.

노성태·이건상·신봉수, 어마어마한 마한 이야기, 전라남도·전라남도문화재단·
    전남문화재연구소·전남일보, 로뎀나무, 2021.

노영기·김남철·박오성, 전남의 5·18민주화운동, 전라남도교육청, 나코디자인
    그룹, 2019.

문순태, 타오르는 강(전 9권), 소명출판, 2014.

박경중, 나주읍성 안 남파고택, 나주시, 2021.

박해현, 박해현의 새로 쓰는 마한사, 국학자료원, 2021.

박해현·김철민·김동석, 이야기가 있는 전남 마한의 역사, 전라남도교육청, ㈜
    디자인그룹오월후, 2021.

신정일, 신정일의 동학농민혁명 답사기, 푸른영토, 2019.

윤선자 외, 나주독립운동사, 나주시, 전남대학교출판문화원, 2015.

이상식·박맹수·홍영기, 전남 동학농민혁명사, 전라남도, 전남대학교출판문화원, 1996.

이이화, 발굴 동학농민전쟁 인물열전, 한겨레신문사, 1994.

임경렬, 羅州樓亭, 나주문화원, 2018. 10, 디자인 감.

전남일보, 문답으로 보는 영산강 고대문화 원형 마한, 전남일보, 디자인이즈, 2022.

조동수·홍영기·김만호·윤현석, 신 남도의병사, (재)한국학호남진흥원장, 디자인날마다, 2021.

최기복 외 7인, 5·18과 나주사람들, 5·18민주유공자나주동지회, 도서출판 나노, 2020.

최부 지음, 최기홍·최철호 옮김, 표해록, 연암서가, 2016.

홍영기, 한말 의병에서 독립군으로, 독립기념관한국독립운동사연구소, 도서출판 선인, 2017.

학회지, 자료집

강봉룡, 한국 고대 해양사의 흐름과 강(江), 2022년 제2기 영산강 인문아카데미 '강의 인문학을 넓히다' 발표문, 나주시, 국립목포대학교 호남문화콘텐츠연구소, 2022.9.16.

국립나주문화재연구소, 국립나주문화재연구소, 디자인창작소 사월.

김갑동, 왕건과 전남 세력의 동향, 2022 나주학 강좌 발표문, 나주문화원, 2022.9.20.

김경수, 영산강 수운, 2022년 제2기 영산강 인문아카데미 '강의 인문학을 넓히다' 발표문, 나주시, 국립목포대학교 호남문화콘텐츠연구소, 2022.10.28.

김남철, 나주의병의 기억을 걷다, 2022 나주학 강좌 발표문, 나주문화원, 2022.10.18.

김남철, 동학농민혁명과 나주, (사) 제3회 나주학회 월례집담회 발표문, 나주학회,

2021.5.1.

김덕진, 김봉곤, 이영기, 이재진, (사) 나주학회 7차 답사자료집 발표문, 나주 지역
의 서원 및 향교(1), 경현서원, 월정서원, 나주향교, 미천서원, 2022.10.1.

김명진, 고려 건국의 모태 영산강, 2021년 제1기 영산강 인문아카데미 '강의 인문
학을 열다' 발표문, 국립목포대학교 호남문화콘텐츠연구소, 2021.8.12.

김선태, 영산강의 문학과 노래, 2022년 제2기 영산강 인문아카데미 '강의 인
문학을 넓히다' 발표문, 나주시, 국립목포대학교 호남문화콘텐츠연구소,
2022.10.14.

나주반 전수교육관, 소반장 김춘식 기획전시, 2019.9.29.

나천수, 다시 쓰는 동학, (사) 제11회 나주학회 월례집담회 발표문, 나주학회,
2022.6.4.

노성태, 나월한의 광복군 참여와 피살, (사) 나주학회 창립 2주년 기념 학술대회
발표문, 나주시민회관, 2022.10.28.

노성태, 나주 동학농민혁명 전투지 현장 이해, (사) 제3회 나주학회 월례집담회
발표문, 나주학회, 2021.5.1.

노성태, 한국광복군 제5지대장 나월한, (사) 제12회 나주학회 월례집담회 발표문,
나주학회, 2022.9.3.

동신대학교굽은소나무학교센터, 나주향교 굽은 소나무학교, 나주시, 2022.

동학농민혁명기념재단 기념관운영부, 동학농민혁명 바로 보기—교원직무연수 자
료집, 동학농민혁명기념재단, 2021.

박용규, 나주 동학농민혁명의 실체와 선양 방안, 나주시민화관, 민주노총 나주시
지부 주최. 2023.03.25.

변남주, 영산강 강 이름의 역사, 2021년 제1기 영산강 인문아카데미 '강의 인문학
을 열다' 발표문, 국립목포대학교 호남문화콘텐츠연구소, 2021.7.22.

신춘호, 뜻밖의 표류와 견문! 나주선비 최부의 '표해록' 현장을 가다, 2022 나주학
강좌 발표문, 나주문화원, 2022.10.11.

염색장 정관채 전수교육관, 샛골 쪽염색 마을학교, 문화재정·나주시, 2022.

이계표, 나주의 불교문화, (사) 나주학회 제6회 나주학의 길 답사 자료집, 다도불

회사, 2022.7.2.

이계표, 불호사(佛護寺)가 불회사(佛會寺)로, 2022년 나주학 시민아카데미 4회 강
좌 발표문, 나빌레라문화센터, 2022.11.17.

이상준, 소설 '타오르는 강'의 공간현황 및 활용방안-영산포 지역을 중심으로,
(사) 나주학회 창립 2주년 기념 학술대회 발표문, 나주시민회관, 2022.10.28.

이재수, 건재 김천일 선생의 창의와 외가 양성이씨의 역할, (사) 나주학회 창립 2
주년 기념 학술대회 발표문, 나주시민회관, 2022.10.28.

한정훈, 영산강과 조운, 2021년 제1기 영산강 인문아카데미 '강의 인문학을 열다'
발표문, 국립목포대학교 호남문화콘텐츠연구소, 2021.8.5.

신문 및 언론 매체

강성만, 일본이 동학군에 저지른 일 알리려 17년째 동학 답사 옵니다, 한겨레신문,
2022.10.19.

네이버 검색, 문화원형백과 한민족 전투, 한국콘텐츠진흥원, 2002.

삶의 행복을 꿈꾸는 교육은
어디에서 오는가?

● **교육혁명을 앞당기는 배움책 이야기** 혁신교육의 철학과 잉걸진 미래를 만나다!

● 비고츠키 선집 시리즈 발달과 협력의 교육학 어떻게 읽을 것인가?

● 경쟁과 차별을 넘어 평등과 협력으로 미래를 열어가는 교육 대전환! 혁신교육 현장 필독서

참된 삶과 교육에 관한
생각 줍기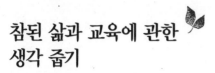